『十四五』安徽省重点出版物规划项目

万绳楠全集

莊養峰 敬題

中国古代史论集（二）

万绳楠 ◎ 著

安徽师范大学出版社
ANHUI NORMAL UNIVERSITY PRESS

· 芜湖 ·

图书在版编目（CIP）数据

中国古代史论集.二/万绳楠著.—芜湖：安徽师范大学出版社,2023.10（2024.7重印）
（万绳楠全集）
ISBN 978-7-5676-6258-2

Ⅰ.①中… Ⅱ.①万… Ⅲ.①中国历史－古代史－文集 Ⅳ.①K220.7-53

中国国家版本馆CIP数据核字（2023）第181814号

安徽省高峰学科安徽师范大学中国史建设项目

中国古代史论集（二）

万绳楠◎著

ZHONGGUO GUDAISHI LUNJI ER

封面题字：庄华峰　　　　　　　策划编辑：孙新文

责任编辑：何章艳　　　　　　　责任校对：孙新文　庞格格

装帧设计：王晴晴　冯君君　　　责任印制：桑国磊

出版发行：安徽师范大学出版社

　　　　　芜湖市北京中路2号安徽师范大学赭山校区　　邮政编码：241000

网　　址：http://www.ahnupress.com/

发 行 部：0553-3883578　　　5910327　　　5910310（传真）

印　　刷：江苏凤凰数码印务有限公司

版　　次：2023年10月第1版

印　　次：2024年7月第2次印刷

规　　格：700 mm×1000 mm　　1/16

印　　张：16.25　　　插页：4

字　　数：256千字

书　　号：ISBN 978-7-5676-6258-2

定　　价：136.00元

万绳楠先生

（1923—1996）

序　言

　　曹操诗，古往今来，没有人为之编年。说实在的话，难度较大。然而，如果不知道曹操写的二十首诗的写作年代，就会对曹操的思想看不清楚。人们常说曹操"性不信天命之事"，在济南禁断淫祀，是一个唯物主义的思想家，可是却为他的游仙诗与诗中所表现追求仙道与神药的思想所困惑。人们常说曹操的游仙诗，是我国古典诗歌中游仙诗之祖，可是却为他不信天命的思想与禁断淫祀的行为所困惑。人们常说曹操的诗歌是现实主义的，但是注释起来，又变成理想主义的了。因此亟待为曹操诗作出笺证，进行编年。

20×15=300　　　　　　　　　安徽师范大学教务处编印

万绳楠先生手迹之一

大家都承认建安文学所表现出来的"建安风力"或风骨，标志着我国"文艺复兴"时代的刹临。而曹操是建安风力的开创者，或如鲁迅先生所说，是"改造文章的祖师"。但是如果分开来，认为曹操诗是：理想的诗写理想，现实的诗写现实，游仙的诗写游仙，那就大大地降低了曹操诗的价值，这样的诗，无论如何也不能开创建安一代文学的风力；这样的诗人，无论如何也不能成为改造文章的祖师。

曹操诗的价值之高，就在于能把理想主义、浪漫主义与现实主义作高度的结合。有些诗，看起来是理想主义的，其实那种理想完全建立在现实的基础之上。如《对酒》写的，看来是纯理想主义的东西，其实却是当时的政局在陈蕃、窦武上台后，实现清明的反映。他心目中

党人

20×15=300

1103006913

安徽师范大学教务处印制

万绳楠先生手迹之二

的"太平时"，是当时千家万姓心目中的太平时。非他一人闭门造车，突发奇想。有些诗看来神仙思想很浓，其实是浪漫主义的，而这种浪漫主义往往又与现实主义结合在一起。他一直都没有被仙道思想所俘虏，且叹惜过"痛哉世人"，见欺神仙。他的游仙诗都不是坐在家里想出，而是到过、看过被称为有仙迹之地，生出连想，才搦笔赋诗，诗中必有他当时的感情与志趣。如《游君山》、《华阴山》以及"歌以言志"的《愿登泰华山》、《晨上散关山》，都是这样的作品。还有一些诗，在历史上便是一个谜，没有人解释清楚，如《短歌行·对酒当歌》。

陈寅恪先生常说文与史应当结合起来考察，才能把文章的内容、历史的事实弄清楚。本稿即是采用以史证文和以文证史的方法，阐述曹

20×15=300
1103000913

万绳楠先生手迹之三

《万绳楠全集》整理工作委员会

治学贵在求真创新
——写在《万绳楠全集》出版之际

卜宪群

2023年是我的老师万绳楠先生诞辰一百周年，母校安徽师范大学历史学院组织整理的《万绳楠全集》（简称《全集》）也即将由安徽师范大学出版社出版。《全集》十卷，近300万字，比较系统地收录了万绳楠先生一生的学术论著。2023年初，负责这项工作的刘道胜院长给我打电话，约我给《全集》写个序。论在先生门下的资历、年龄和学问，我都深感不足以承担这个重任。后与同届师姐陈力通电话，她也认为我应该来写写万先生，因为师兄师姐们大都已经退休，寻找资料不方便，有的则联系不上，而我尚在科研岗位上，对各方面的情况熟悉一些。鉴于此，我也不再推脱了。当然也有另外一层因素，我从安徽师范大学硕士毕业后，学术研究的范围大体不出秦汉魏晋南北朝，随着年龄和阅历的增长，我对先生学问的敬仰之情益发浓厚，对先生在人生理想信念上的追求、在学术上的追求也理解得更通透一些。因此，我便不揣浅陋，以"治学贵在求真创新"为题，谈一点对先生史学研究思想与成就的粗浅看法。

一、治学信奉马克思主义

万绳楠先生是当代著名的魏晋南北朝史学家，在20世纪后半期的魏晋南北朝史学界和中国古代史学界有较大影响。但由于种种原因，关于他的生平事迹、学术经历，大家知道的很有限，对他的学术思想研究得也很不够。我认为，他是一位信奉马克思主义的史学家，这里谈几点看法。

万绳楠先生是一位坚定不移跟党走的史学家。先生1923年11月22日出生于江西南昌县。1929年9月至1935年7月在南昌市滕王阁小学学习，1935年9月至1939年在南昌第二中学学习，1940年至1942年7月在吉安市第十三中学学习，1942年9月至1946年7月在昆明西南联合大学历史系学习，1946年9月至1949年3月在北平清华大学历史研究所学习。在那个风雨如晦的时代，先生不仅饱受社会动荡、外族入侵的苦难，也历经了从小丧失双亲的痛苦。艰苦岁月培育了先生坚强的品格，也培养了他勤奋刻苦、依靠自己努力改变命运的顽强毅力，这是他能够考取西南联大历史系（同时还考取了交通大学电机系和浙江大学土木工程系），后又考取清华大学历史研究所的原因所在。随着解放战争的节节胜利，先生投笔从戎，加入解放军，先是在位于河北正定的华北大学学习（1949年3月至1949年6月），后在解放军南下工作团二分团十四中队（1949年6月至1949年8月）、第十五兵团政治部民运工作队（1949年8月至1950年）、第四十一军政治部宣传部（1950年至1953年）、中南军区文化速成学校与文化师范学校（1953年至1956年）、解放军军委文化师范学校（1956年至1958年）、北京市第五中学（1958年至1960年）工作。1960年，先生从北京来到安徽，先后在安徽大学历史系（1960年至1964年）、合肥师范学院历史系（1964年至1973年）、安徽师范大学历史系（1973年至1996年）工作。[①]从20世纪40年代末到60年代，先生转换这么多的工作岗位，在当时的环境下，岗位转换显然不完全是出自他自己的挑选，而是服从组织需要的结果。作为一名知识分子，万先生的一生是比较坎坷的，特别是"文革"期间，几乎九死一生。由于他在西南联大时是吴晗教过的学生，后又参加过吴晗主编的《中国历史小丛书》的写作，"文革"初期被作为"三家村"在安徽的代表进行批判，下放基层接受教育改造，直到"文革"结束后，先生才彻底平反回到教学科研岗位。虽然经历了常人难以忍受的痛苦，但丝毫没

---

① 以上先生的学习工作经历均根据安徽师范大学档案馆提供的1988年由其本人填写的"干部履历表"编写。

有动摇先生对党的信念、对教育工作的热爱。在1988年保存的"干部履历表"中，有一份先生亲笔书写的"本人总结"，其中写道："自党的十一届三中全会以来，国家生机蓬勃，四化速度加快，人的精神振奋。我决心把'文革'中失去的时间补上来，为四化多做一些工作，因此不辞教学任务重，科研项目多。当党要我同时担任低年级基础课、高年级选修课并招收指导研究生的时候，我愉快地接受下来。在教学和科研上，我永远是年轻的。任务多且重，是党对我的信任，是我有生之年价值之所在。"文中满满的正能量，哪能看得出这是出自一位曾经饱受文革之苦的人之手呢！对党的热爱是万先生的真诚信念，加入党组织是他一生的追求。1984年12月，万先生被接受为中国共产党党员，实现了他多年来的梦想。在"本人总结"中他写道："1984.12，我实现了自己多年来的梦想，被接受为光荣的中国共产党党员。当此改革之年、充满希望之年，我愿本着共产党员奋斗不息的精神，为教育改革更好地培养青年一代，为发展马克思主义的史学，分秒必争。"那时我在系里读研究生，也幸运地参加了先生入党的支部大会，我清楚记得会上先生是含着热泪说出这段话的。政治上的执着追求是万先生工作上异常勤奋的重要原因，体现了一位知识分子对党的真诚热爱。1996年10月3日，安徽师范大学在先生逝世的"讣告"中写道："万绳楠同志早年投身革命，拥护中国共产党的领导，热爱社会主义祖国，为革命和党的教育事业献出了毕生精力。"这个评价完全符合先生一生的实际。

万先生是一位善于运用唯物史观观察分析历史的史学家。新中国成立前，先生分别求学于西南联大历史系和清华大学历史研究所，那时的大学，马克思主义理论是进不了课堂的。我猜想，他系统学习并接受马克思主义理论应当是他进入革命队伍以后的事。从那时开始，先生的研究就彰显出以马克思主义唯物史观为指导的鲜明色彩。

一是坚持人民是推动历史前进的群众史观。人民群众是历史的创造者，是推动历史前进的动力，这是唯物史观的一条基本原理。评价历代统治阶级的统治政策是否具有进步意义，主要是看这些政策是否能够顺应时代和人民的要求，先生的研究贯穿着这一指导思想。根据"干部履历表"中的《万绳楠著述编年》（据字迹判断应当是先生自己所写），新中国成立后先生发表的第一篇论文是1956年的《关于曹操在历史上的地位问题》。这篇文章否定了历来将曹操作为"一个反面典型"的历史观，从曹操对中国古代经济文化发展所起的积极作用上，得出了"他对社会发展所起的促进作用比他所起的破坏作用是要大的，他在历史上的地位是应该肯定的"①观点。这篇短短五千多字的文章，有8处提到"人民"二字（不计算注释），强调曹操的政策符合人民的愿望、解放了人民的思想。这是非常有说服力的看法。关于曹操，先生还写了一系列文章，秉持的都是曹操顺应了历史发展潮流的观点。在《论诸葛亮的"治实"精神》一文中，先生充分肯定了诸葛亮治蜀的政策"符合黄巾起义以来客观存在的要求"②，这个"客观存在的要求"当然就是人民的希望与时代的要求，诸葛亮死后"黎庶追思"，就是人民对他的怀念。在《魏晋南北朝史论稿》中，先生认为淝水之战前东晋"镇之以静"的政策"为宽众息役，发展生产，稳定江东社会经济形势，开拓了一条道路"③，这个看法一反过去认为东晋政府只是门阀士族利益代表的观点。需要看到的是，虽然先生充分肯定曹操、诸葛亮、王导等人的历史作用，但他认为他们只是统治阶级的代表，真正发展生产、推动历史前进的还是广大劳动人民群众。这种从历史进步的群众史观出发分析历史的立场，在先生的论著中随处可以看到。

二是坚持阶级分析方法。阶级分析是观察历史非常重要的一种方法，唯物史观与阶级分析相结合，是把握一定时期社会经济关系和政治关系变动的钥匙。万先生的论著中，始终秉持这一原则，《曹魏政治派别的分野及其升降》就是一篇具有代表性的作品。此文不仅首次揭示了曹操手下存在着汝颍、谯沛两大政治集团的事实，而且揭示了这两大集团的历史渊源

---

① 万绳楠：《关于曹操在历史上的地位问题》，《新史学通讯》1956年第6期。

② 万绳楠：《论诸葛亮的"治实"精神》，《安徽师大学报（哲学社会科学版）》1978年第3期。

③ 万绳楠：《魏晋南北朝史论稿》，安徽教育出版社，1983年，第162页。

和经济基础的不同，指出汝颍集团可溯源于后汉的党锢之祸，而"党锢人物都是后汉形成起来的大田庄主或田庄主的子弟"[①]，他们是世族地主势力的代表，谯沛集团则代表了庶族地主的利益，他们在镇压黄巾起义的过程中联合起来，但政治集团上的分野又使他们最终分道扬镳。经济关系是阶级关系的基础，汝颍集团在斗争中战胜谯沛集团，是"封建大土地所有制的胜利，屯田制的失败。这是当时历史发展的必然结果"[②]，先生将两大集团的政治升降和汉魏政治权力的转移最终归结为经济关系的变动，并视为历史发展的必然，是阶级阶层分析方法的科学运用，有很强的说服力。阶级往往是由等级构成的，等级研究是阶级研究的重要内容。在《南朝的阶级分化问题》一文中，先生对南朝士族和寒门中出现的等级分化做了精辟的分析，认为士族的衰落与寒门的兴起体现的是历史进步[③]，这使我们对南朝出现的诸多关于士族贫富升降的历史现象有了科学认识。经济基础决定上层建筑是唯物史观的基本观点，也是阶级分析方法的基本出发点。在《从南北朝社会经济与政治的差异看南北门阀》一文中，先生提出北方重农、南方重商，经济基础不同，政治形态也不同。"南方士族既然立脚于家庭与商业之上，聚居于都邑，其社会经济基础自然不及北方士族雄厚。这种士族及由此而形成的士族制度，容易腐朽，经不起风浪。"[④]这就使我们对为什么南朝士族较北朝士族分化衰落得要快找到了一个答案。阶级分析方法是一把利器，但万先生并不盲目运用阶级分析，即使在十分重视阶级斗争的年代，也能够坚持实事求是的精神。在《魏末北镇暴动是阶级斗争还是统治阶级内部的斗争》一文中，先生对北镇暴动即六镇起兵的性质提出了不同看法。先生坚持阶级观点与历史主义相统一的原则，认为暴动由豪强这一阶级发动并左右，不是人民起义，只能是统治阶级内部

---

① 万绳楠：《曹魏政治派别的分野及其升降》，《历史教学》1964年第1期。

② 万绳楠：《曹魏政治派别的分野及其升降》，《历史教学》1964年第1期。

③ 万绳楠：《南朝的阶级分化问题》，《安徽师大学报（哲学社会科学版）》1983年第2期。

④ 万绳楠：《从南北朝社会经济与政治的差异看南北门阀》，《安徽大学学报》1963年第1期。

的斗争。①在《五斗米道与孙恩起兵》一文中，先生本着这一原则，同样否定其起兵是农民起义的性质。先生还专门写了《什么是农民起义？什么人才可以称为农民起义军的领袖？——评〈简明中国通史〉关于农民起义问题的论述》，借对吕振羽《简明中国通史》中关于农民起义问题的评价，系统阐释了他对历史上农民起义问题的看法。

三是坚持辩证唯物主义的联系观。辩证唯物主义重视事物之间的普遍联系，用辩证的、联系的观点把握事物的前后关系、局部与整体的关系，把一定的历史现象放到一定的历史环境之中去考察。万先生在《研究问题要注意事物之间的联系》一文中指出："对于历史上的任何一个问题，都不能作孤立、静止的研究，必须充分掌握资料，注意事物之间的联系。"②先生例举了陈寅恪将华佗的记载与佛经故事联系起来看的事例，指出"他（指陈寅恪）不只是根据我国的史籍，孤立地研究华佗，而是比较中印记载、语音影响，在一个大系统中进行全面研究"③，先生用此来强调联系的方法在史学研究中的重要性。他又例举了自己用联系的方法对曹操《短歌行·对酒》一诗解读的事例，指出"曹操的《短歌行·对酒》是建安元年在许都接待宾客时，主人与宾客在宴会上的酬唱之辞，并非曹操一人所写"④。纵览先生的研究，辩证联系的方法始终贯穿其中，正是这种辩证联系观，使先生能够在同一事物之间、众多事物之间或不同事物之间找出其中的联系，每每使他的文章能够发前人之所未发，给人耳目一新之感。

除了上述之外，唯物史观的社会形态学说在先生的论著中也十分突出。他注重奴隶社会和封建社会不同社会形态下的政治经济文化制度特点研究，秉持封建地主土地所有制说，肯定魏晋南北朝时期各民族政权封建化的历史进步意义，强调政治集团与阶级关系演变背后的经济因素，都是坚持社会形态学说的典型表现。从以上这些可以看到，先生虽然毕业于新

① 万绳楠：《魏末北镇暴动是阶级斗争还是统治阶级内部的斗争》，《史学月刊》1964年第9期。

② 万绳楠：《研究问题要注意事物之间的联系》，《文史哲》1987年第1期。

③ 万绳楠：《研究问题要注意事物之间的联系》，《文史哲》1987年第1期。

④ 万绳楠：《研究问题要注意事物之间的联系》，《文史哲》1987年第1期。

中国成立前的大学，但新中国成立后他学习马克思主义，坚持马克思主义，运用马克思主义，完全可以说他毕生追求马克思主义，是一位新中国培养起来的马克思主义史学家。

二、广博的治学领域与突出成就

万绳楠先生的治学领域很广博，涉及魏晋南北朝史研究、宋史研究和区域经济史研究等，尤以魏晋南北朝史研究见长。

（一）魏晋南北朝史多领域的突出成就

20世纪中国古代史在通史、断代史、专门史等各研究领域都取得了很大成绩，其中在断代史研究上，魏晋南北朝史所取得的成绩尤为突出。从20世纪初开始，人们逐步改变了对中国历史上分裂时期的历史或所谓"乱世"历史的一些不全面认识，运用新的历史理论与方法，开启了魏晋南北朝历史的新探索。曹文柱、李传军在《二十世纪魏晋南北朝史研究》一文中，将20世纪中国魏晋南北朝史研究以1949年为限划分为前后两个时期。前一个时期可分为1901—1929年和1930—1949年两个阶段。后一个时期可分为1949—1966年、1966—1978年和1978—2000年三个阶段。[1]万先生在魏晋南北朝史研究上，基本上完整经历了后一个时期的"三个阶段"。厚实的史学功底，敏锐的洞察力，勤奋的治学精神，长期的不懈探索，使他在魏晋南北朝史多个领域取得了十分突出的成就，他所思考的许多问题，在当时也明显具有学术前沿的性质。这里我选取若干领域做一简要介绍。

政治史领域深耕细耘。万先生继承了中国史学向来重视政治史研究的传统特点，又得20世纪上半叶以来中国实证史学派的方法精华，以唯物史观为指导，在魏晋南北朝政治史研究领域取得了突出成就，这是他一生学

---

① 曹文柱、李传军：《二十世纪魏晋南北朝史研究》，《历史研究》2002年第5期。

术成就的主要代表。首先，关于曹操和曹魏政治派别的研究。历史上对曹操的评判大体不离正统史观，史家、政治家根据各自的需要取舍，毁誉参半，缺乏科学的指导。受宋元以后戏曲小说的影响，在普通民众中曹操更成为一个反面典型。先生在《关于曹操在历史上的地位问题》一文中，从汉末黄河流域经济衰败的客观历史出发，认为曹操的屯田、抑制豪强兼并、减轻田租、提倡节俭等经济措施具有积极进步的意义。[①]先生又从曹操在思想文化上的贡献，肯定了他破除汉代以来儒家思想束缚的作用和倡导现实主义文风的意义。因此，先生认为"从曹操总的方面来衡量，曹操在历史上的地位是应该肯定的"[②]。这是新中国成立后率先对曹操历史地位提出肯定的史学家。先生对曹操的研究深入细致，《廓清曹操少年时代的迷雾》一文十分精彩，将曹操少年时代的事迹考证揭示出来，有力说明了曹操少年时品行不好却又能举孝廉入仕的原因，也说明了后来曹操政治思想与政治行为与他少年时的经历有十分紧密的关系。[③]在《曹魏政治派别的分野及其升降》一文中，先生对曹魏内部政治集团的精湛划分及其阶级基础的深刻揭示，可以说是为解剖曹魏政治演变和门阀政治的形成提供了一把崭新的钥匙。[④]其次，关于蜀、吴政治和两晋南北朝政治的研究。在《论诸葛亮的"治实"精神》一文中，先生将诸葛亮治蜀的精神归纳为"治实"，并从哲学、政治军事、自然科学三个方面对诸葛亮的治实精神进行了深入阐释。[⑤]这篇文章发表在"文革"结束后不久，澄清了在诸葛亮问题上被"四人帮"搞乱了的是非，并对诸葛亮这个历史人物，力求作出合乎科学的解释。在《魏晋南北朝史论稿》一书中，先生对孙吴立国江东问题做出了深入考察。先生指出，孙吴政权是靠江东名宗大族的支持建立

---

① 万绳楠：《关于曹操在历史上的地位问题》，《新史学通讯》1956年第6期。

② 万绳楠：《关于曹操在历史上的地位问题》，《新史学通讯》1956年第6期。

③ 万绳楠：《廓清曹操少年时代的迷雾》，《安徽师大学报（哲学社会科学版）》1988年第2期。

④ 万绳楠：《曹魏政治派别的分野及其升降》，《历史教学》1964年第1期。

⑤ 万绳楠：《论诸葛亮的"治实"精神》，《安徽师大学报（哲学社会科学版）》1978年第3期。

起来的，论孙吴的治国之道，必须先明江东经济的发展与大族的产生。孙吴的"限江自保""施德缓刑"以及"外仗顾、陆、朱、张，内近胡综、薛综"等治国方针与政策，是孙吴复客制、世袭领兵制、屯田制等重大政策形成的阶级基础和社会基础。①这是史学界较早全面对孙吴政权立国基础的政治考察，对我们理解孙吴政治与魏、蜀政治的区别有重要启示。在《东晋的镇之以静政策和淝水之战的胜利》一文中，先生将东晋前期的政治总结为"镇之以静"，并在王导、桓温、谢安时期一以贯之，认为这是东晋之所以取得淝水之战胜利的原因。②这个观点一改东晋政权只是偏安江南的旧识，推进了东晋政治史研究的深化。历史的必然性与人的主观能动性是相辅相成的。在《从陈、齐、周三方关系的演变看隋的统一》一文中，先生对为什么由继承北周的隋朝来统一，而不由北齐或者陈朝来统一做了细密周到的分析，指出"可知统一之所以由北不由南，而北又不由北齐而由北周及其继承者隋朝，是因为本来要与北齐结好的南朝，却偏偏走上了联周反齐之路"③。这一观点较以往只重视隋文帝在统一中的作用的观点更加全面。先生的政治史研究不限于魏晋南北朝，如《论隋炀帝》《武则天与进士新阶层》等文章，在隋唐政治史研究上都有新见解。

经济史领域开拓创新。20世纪魏晋南北朝经济史研究主要集中在社会性质问题、土地制度问题、赋税制度问题、户籍制度问题、部门经济与区域经济等问题上。万先生在上述领域中大都有创新性的研究。关于土地制度问题，先生在《魏晋南北朝史论稿》中对曹魏小块土地所有制、屯田制、田庄制三种土地所有制形式进行了比较，认为曹魏以保护自由农为主体的小块土地所有制为主体，但又能使三种土地所有制在一定时期内并存，发挥各自的作用，使汉末受到严重破坏的生产力，得以复苏。④这是曹操在经济政策上强于其他军阀之处所在。田庄经济是魏晋南北朝经济的

---

① 万绳楠：《魏晋南北朝史论稿》，安徽教育出版社，1983年，第62—71页。

② 万绳楠：《东晋的镇之以静政策和淝水之战的胜利》，《江淮论坛》1980年第4期。

③ 万绳楠：《从陈、齐、周三方关系的演变看隋的统一》，《安徽师大学报（哲学社会科学版）》1985年第4期。

④ 万绳楠：《魏晋南北朝史论稿》，安徽教育出版社，1983年，第26—35页。

重要组成部分，先生在很多论著中都谈到这个问题，比如上述曹魏三种土地所有制比较中，就谈到了曹魏时期的田庄"无疑起着组织生产的作用，有一定的活力，不失为当时一支重要的、仍占主导地位的生产力量"①。田庄经济不是一成不变的，随着时代变化，田庄经济也在发生变化，先生正是用这种发展变化的观点看待田庄经济，并分别写出了《南朝时代江南的田庄制度》和《南朝田庄制度的变革》二文。在前文中，先生对南朝江南田庄兴起的历史背景和南朝江南田庄的特点进行了仔细分析，得出了南朝时代江南的田庄制度，是随着江南的开发与庶族地主、商人的兴起而发展起来的，是建立在家族而非宗族地主对佃客、奴隶的剥削与压迫的基础之上的重要结论。②在后文中，先生指出，南朝的田庄主土地占有形态，和唐朝是一个类型，和汉、魏已自不同。唐朝的庄园制度源自南朝。南朝田庄制度的变革，是中古土地制度的一个重大变化。先生在文中还对南朝大家族（宗族组织）的破坏、田庄中部曲组织的消亡、剥削方式的变化进行了详细论证。③先生的系列研究将南朝江南田庄与之前及同时代其他政权下的田庄制度清楚地区分开来，使我们看到了田庄经济在不同时期的发展变化和历史影响。魏晋南北朝是一个人口大流动大迁徙的时期，人口流动所带来的行政区划变化以及户籍制度的新形态，是影响魏晋南北朝社会经济发展的重要问题。侨郡县是东晋南朝时期安置迁徙流动人口的一项行政措施，它是一个政治问题，更是一个经济问题。在《晋、宋时期安徽侨郡县考》和《江东侨郡县的建立与经济的开发》二文中，先生分别对安徽境内和江东地区的侨郡县进行了详细考证，前文首次对晋、宋时期安徽境内的侨郡县状况，以及北方流民进入安徽和安徽本部人向南流动的大致情况进行了系统梳理④，后文则对江东侨郡县的分布特点以及江东政权对侨

① 万绳楠：《魏晋南北朝史论稿》，安徽教育出版社，1983年，第35页。

② 万绳楠：《南朝时代江南的田庄制度》，《历史教学》1965年第11期。

③ 万绳楠：《南朝田庄制度的变革》，《安徽师大学报（哲学社会科学版）》1980年第2期。

④ 万绳楠：《晋、宋时期安徽侨郡县考》，《安徽师大学报（哲学社会科学版）》1982年第2期。

民的政策进行了全面分析①。侨郡县的设置不仅在政治上稳定了因战乱而造成的流动人口，更重要的是推动了安徽特别是皖南和江东地区的经济开发与文化发展。江东地区尤其是沿江地区经济的开发，与江东政权对待流人的政策不可分。正如先生所指出的那样："论江南经济开发的文章，我所见到的颇为不少，惜乎语焉不详，且不中肯綮，故立论如上。"②从侨郡县的设置及其政策看安徽和江东地区经济开发是一个新的视角，先生的研究走在了当时经济史研究的前列。户籍向来是经济史研究的重要内容，魏晋南北朝的户籍问题因人口迁徙和侨郡县的设置尤其显得复杂化，文献上出现的"白籍""黄籍"究竟何指，"土断"与黄、白籍究竟什么关系，古今史家莫衷一是。先生在《论黄白籍、土断及其有关问题》《江东侨郡县的建立与经济的开发》等文中，对这些问题做了细密考证。先生指出："黄籍是两晋南朝包括士族和庶民在内的编户齐家的统一的户籍。士族的黄籍，注有位宦高卑，庶民无之。士族可凭黄籍上的爵位证明为士族，免去徭役。庶民已在官役的，可以在黄籍上注明何人。白籍则是在特定时期产生的、有特定含义的户籍。它出现在东晋初，为自拔南奔的侨人所持有。他们大都住在侨郡县中。之所以谓之为白籍，是因为夹注有北方原地的籍贯，好作将来回到北方入籍的凭证。持白籍的不交税，不服役。"③由于人口不断南迁给东晋政府带来严重的社会经济问题，因而有了咸和二年（327）土断。这次土断中整理出来的黄籍，称为《晋籍》。它是南方土著人民和以土著为断的北方侨人的统一的户籍，此籍一直沿用到宋元嘉二十七年（450）。咸康、兴宁、义熙年间的阅实编户与依界土断，是咸和二年（327）土断的整顿与补充。侨人一经土断，白籍即换成黄籍。南齐大力进行土断，罢除侨邦，是白籍行将消亡的反映。其最后消亡，可以梁天监元年（502）罢除最后一个侨邦南徐州为标志。此后所谓土断，是土断杂居

---

① 万绳楠：《江东侨郡县的建立与经济的开发》，《中国史研究》1992年第3期。

② 万绳楠：《江东侨郡县的建立与经济的开发》，《中国史研究》1992年第3期。

③ 万绳楠：《论黄白籍、土断及其有关问题》，载《魏晋南北朝史研究》，四川社会科学院出版社，1986年，第286页。

流寓的人户。①先生的这些观点，厘清了复杂多变的东晋南朝政权下户籍变化的线索，辨清了史书上模糊不清的土断、白籍、黄籍等概念，为经济史研究提供了基本的史实基础，可以说是一个重大贡献。先生在经济史上的研究还有西晋的经济制度、北魏的均田制和地主土地所有制以及江南经济开发等诸多问题，彰显出他在经济史研究上的深厚功力。需要指出的是，先生的经济史研究坚持以唯物史观为指导，将地主土地所有制作为观察分析魏晋南北朝经济史的基本出发点，并将经济变化与政治变化相联系，使他的经济史研究充满了时代感。

思想文化史领域视野宽阔。与两汉相比，魏晋南北朝思想文化突破了经学独尊的束缚，呈现出多元化的趋势，域外文化与华夏文明交往交流，开启了文化交融的新时期。20世纪后半期，特别是改革开放以后，魏晋南北朝思想文化史研究呈现出繁盛局面。其中，万先生以其宽阔的学术视野，在魏晋南北朝思想文化史领域独树一帜，取得了突出成就，其研究涉及政治文化、哲学思想、宗教思想、史学思想、艺术与科技、少数民族文化等诸多领域，特别是《魏晋南北朝文化史》一书，是他关于魏晋南北朝思想文化史研究的系统思考。这里我选取若干角度做一介绍。首先，关于文化史研究的理论思考和魏晋南北朝思想文化的整体史观。早在20世纪90年代初，先生在《对文化史研究的思考》一文中就对文化史的概念与研究对象做过界定，指出："现在文化与文明两个概念常被混淆。按照摩尔根所说人类自野蛮时代进入文明时代，以文字的发明为标志，而文字的发明又是文化的开端。可知文化者，乃用文字写下来的各科知识也。"②但是先生认为，文化史又不仅只是各科知识史、有关制度史，而且要把各科知识所达到的深度及所反映的文明程度揭示出来。易言之，即要揭示出黑格尔所说的"时代精神"。③后来他又指出："因此，凡属文化知识领域中的问

---

① 万绳楠:《论黄白籍、土断及其有关问题》,载《魏晋南北朝史研究》,四川社会科学院出版社,1986年。

② 万绳楠:《对文化史研究的思考》,《文史哲》1993年第3期。

③ 万绳楠:《对文化史研究的思考》,《文史哲》1993年第3期。

题，都应当是文化史所应讨论的问题。如果缺了一个部门或项目，那就不是一部全面的文化史，就无从窥探某个时期或时代文化的全貌、相互作用、发展停滞或萎缩的总原因与具体原因。"①文化史绝不是儒术史，也绝不是哲学史。文学、史学、艺术、自然科学、各派经济思想、政治思想、社会思想、各族文化状况、文化交流……无一不在文化史探讨的范围中。从这个角度出发，先生把职官制度、选举制度、学校制度、哲学思想、政治思想、经济思想、社会组织与社会风俗、文学、艺术、史学、自然科学、道教、佛教以及各族文化状况、中外文化交流等内容，都纳入了他考察的范围，形成了他以制度文化和精神文化为主体的文化史观。关于魏晋南北朝思想文化的历史地位，先生认为，魏晋南北朝时代是各科文化蓬勃发展的时代，把汉朝远远抛在后头。现在已经没有人相信甚么"黑暗时代"的陈旧说法。先生还具体指出了这个时期文化长足发展的原因是专制主义的削弱、儒术独尊地位的跌落、官营王有制度的失败、大家族的解体和个性的解放。其次，深入挖掘时代的思想文化精华。在立足魏晋南北朝思想文化整体史观的基础上，先生对这一时期思想文化及其流派和代表人物等很多问题都有自己深刻独到的见解，是他史学思想极具闪光的一面。在《嵇康新论》一文中，先生将嵇康的思想从所谓"竹林七贤"中其他人的思想分离开来，高度赞扬了嵇康反对封建儒学，富有民主精华的进步思想。②在《略谈玄学的产生、派别与影响》一文和《魏晋南北朝史论稿》第五章第二节，以及《魏晋南北朝文化史》第三章中，先生对魏正始年间何晏、王弼创立的玄学及其意义和派别分野进行了开创性研究。他指出："玄学并非消极的东西。它好比一颗灿烂的明星，进入魏晋时代的思想界天空，放出了奇光异彩。"③但是正始之音并不是只有一种声音，何晏标榜无为，把无和有对立起来，是二元的；王弼标榜无为，把无当本体，把有当派生的东西，是一元的，因此何晏与王弼是玄学内部两种不同的声音。究其原因，

---

① 万绳楠：《魏晋南北朝文化史·序言》，黄山书社，1989年，第1页。

② 万绳楠：《嵇康新论》，《江淮论坛》1979年第1期。

③ 万绳楠：《略谈玄学的产生、派别与影响》，《孔子研究》1994年第3期。

是他们各自代表了不同政治集团的思想，是当时曹魏政治上两大派别斗争的反映。先生将玄学研究与政治派别分野结合起来分析，是一卓识。尽管玄学在这一时期高调登场，但先生认为魏晋南北朝时期的主流思想仍然是儒学而不是玄学①，先生在20世纪50年代得出的这个结论，在后来的魏晋南北朝思想史研究中应该是得到了大多数人的认同。在思想文化史研究中，先生始终高举唯物史观大旗，高扬唯物论思想的积极意义，批判唯心论的消极作用，特别是在对君主专制的批判上毫不留情，是他思想文化史研究上极富战斗性的一面。在宗教思想研究上，先生多有发明。在《"太平道"与"五斗米道"》一文中，先生对《太平经》的性质及其与黄巾起义的关系做了细致辨析，认为它们之间既有联系更有本质区别，不能把《太平经》与作为"异教"的"太平道"混为一谈，而五斗米道从一开始，就是地主阶级的宗教，是地主阶级用来剥削、压迫与愚弄农民的宗教组织，教义上没有任何积极的东西，只有消极的影响。②先生的这个思想产生在20世纪60年代初，那个时期对阶级斗争和农民起义高度重视，能够用这样冷静客观的态度对待太平道和五斗米道，是十分可贵的求真精神。先生对道教的研究并不限于这些局部，而是从整体上对魏晋南北朝时期道教的产生与发展做了系统梳理，新意迭出。③在佛教研究上，先生不仅对佛教传入中国的过程及其地位的确立有细致考证，而且提出了佛教"异端"思想产生的背景与斗争这一重要问题，明确指出"中国的佛教异端，是在南北朝时代，在北方形成的"，其原因乃是北朝佛教的僵化所致。④从思想文化史的视角出发，先生还对魏晋南北朝时期的史学、艺术、文学、风俗、科技以及社会生活与文化交流等诸多内容也有精湛研究，这里不再一一介绍。

---

① 万绳楠：《魏晋南北朝时代的思想主流是什么》，《史学月刊》1957年第8期。

② 万绳楠：《"太平道"与"五斗米道"》，《历史教学》1964年第6期。

③ 参见万绳楠：《魏晋南北朝文化史》第十二章"我国道教的产生与发展"，黄山书社，1989年，第298—325页。

④ 参见万绳楠：《魏晋南北朝史论稿》第十五章"论佛教在南北朝时期的传播"，安徽教育出版社，1983年，第330—350页；万绳楠：《魏晋南北朝文化史》第十三章"佛教的勃兴与弥勒异端的产生"，黄山书社，1989年，第326—348页。

（二）宋史研究的倾力奉献

万先生是一个学术旨趣十分广泛的学者，他不仅在魏晋南北朝史领域取得了突出成就，在宋史领域也收获不菲，为宋史研究做出了一定的贡献。先生在宋史领域的贡献主要体现在《文天祥传》和《关于南宋初年的抗金斗争》《关于王安石变法的几点商榷》《宋江打方腊是难以否定的》《诗史奇观——文天祥〈集杜诗〉》等系列文章上，这里重点介绍《文天祥传》。文天祥是南宋后期民族矛盾尖锐时期产生的一位民族英雄，他去世后，事迹广为流传，自古就有不少人为他立传。但如同先生所说的那样，所有的文天祥传都有两个基本缺陷，一是从忠君立论，二是但述事实经过，而又偏重起兵勤王以后的经历。新中国成立以后关于宋代民族英雄的研究明显又偏重于岳飞，对文天祥的研究稍显不足。先生的《文天祥传》就是在这样的背景下从史学传记的角度写作而成的。该传用近30万字、十章（另附事迹编年）的篇幅，详述了文天祥的生平事迹、爱国思想、文学成就、事迹流传等重大问题，首次全面揭示了文天祥的一生经历，考证了很多模糊不清的史事，并对与之有关的宋元历史进行了评论，是传、论、考相结合的典范。《文天祥传》发明甚多。首先，廓清了文天祥籍贯和生平事迹问题。通过详细辩证，先生认为文天祥的籍贯应该是吉州庐陵县富川镇，而不是以往所认为的富田，宋时只有富川而无富田，富田替代富川是元朝以后的事。宋代富川是镇，地位与乡相等，不属于淳化乡，亦不属于顺化乡，将富田归属于淳化乡，是清朝以后的事。[1]籍贯问题虽然很具体，但是研究文天祥必不可少的基本问题。先生还对文天祥中状元时的年龄、某些重要作品的写作年代等问题进行了考证，为进一步研究文天祥奠定了扎实基础。其次，深入挖掘了文天祥的爱国思想。先生认为，文天祥不仅是一个爱国者，而且是一个政治家、思想家，他的爱国思想不是古已有之，而有他的特殊点，这个特殊点就是他的哲学思想和政治

---

① 万绳楠：《文天祥传》，河南人民出版社，1985年，第1—7页。

表现。先生指出："七百年来，都以为文天祥爱国是受儒家思想乃至理学熏陶的结果。殊不知他的爱国思想扎根于他的生气勃勃的唯物思想中，具有强烈的反理学意义。"①与宋代死守祖宗之法不同，文天祥的哲学思想根植于《易》学的唯物辩证思想，特别是他强调自强不息精神对个人和国家的重要意义，正是他一生爱国不息、斗争不息、改革不息的哲学基础。②这个看法虽不无可商榷之处，但却在一定程度上揭示了文天祥为什么能够在社会危机和民族危机深重的南宋后期，坚决为国奋斗不息直至献出生命的根源所在。先生认为，文天祥爱国思想在政治上的表现不只是抗元，更重要的方面"是他不仅要求改革，而且要求改革不息；不仅要求改革宋太祖、太宗制定下来的祖宗之法，而且要求一直改下去，直到实现天下为公"③。先生还具体指出了文天祥主张改革不息"三个具体的、带根本性的问题"④，即地方问题、三省六部问题和用人问题。文天祥的改革思想虽然"近于空想"，不可能在当时的南宋实现，但"应当承认它在我国政治思想发展史上所具有的划时代的意义和里程碑的地位"⑤。改革不息论是文天祥政治思想中也是爱国思想中最本质的东西，也是最重要的内容。不改革便不能抗元，爱国首先就应要求改革。这是我们研究他在抗元中所表现出来的爱国思想时，必须理解的东西。文天祥的抗元是与他"法天不息"的唯物主义思想联系在一起，而非与儒家的忠孝仁义相联系，是为了"生民"的利益，而非与地主阶级、赵家王朝的利益相联系。⑥这些看法都极大丰富了我们对文天祥爱国思想内涵的认识。第三，对宋元之际历史变化的深刻洞察。既往研究文天祥较少考虑宋元之际历史变化的必然性和偶

---

① 万绳楠：《文天祥传》，河南人民出版社，1985年，第266页。

② 参见万绳楠：《文天祥传》第八章第一节"文天祥爱国思想的哲学基础"，河南人民出版社，1985年，第266—275页。

③ 万绳楠：《文天祥传》，河南人民出版社，1985年，第275页。

④ 万绳楠：《文天祥传》，河南人民出版社，1985年，第277页。

⑤ 万绳楠：《文天祥传》，河南人民出版社，1985年，第282页。

⑥ 参见万绳楠：《文天祥传》第八章第三节"文天祥爱国思想在抗元方面的表现"，河南人民出版社，1985年，第282—289页。

然性问题。先生指出，文天祥生活在南宋内忧外患十分深重的年代，"但这个时代并非南宋注定要灭亡、元朝必定要统治全中国的时代，而是黑暗中有光明。这光明就是：只要南宋改革导致社会危机和民族危机的守内虚外之法，就不会是元兵南进，而是宋旗北指"①。但南宋政权并不采纳文天祥的主张，一再错过历史给予的机遇，抱住祖宗之法不放，致使拥有军队七十多万，经济力量远胜于蒙古，且有文天祥这样贤才的南宋，不断屈膝投降，根本原因就是以皇帝为首的最高统治集团的守内虚外的国策，"这个国策培育出来的最高统治集团，对外以妥协投降，对内以镇压人民、削弱地方、排斥贤才、反对任何改革为特征。这个国策不变，统治集团也就不会倒；统治集团不倒，这个国策也就不会变"②。南宋不是必然灭亡，元朝不是必然胜利，文天祥不是愚忠献身。先生对宋元之际历史的深刻洞察，使我们对文天祥抗元斗争直至献出生命的历史意义有了比以往更加深入的认识。第四，确立了文天祥在中国文学史上的地位。先生在传中用一章四节的篇幅论述了文天祥在文学上的成就，指出"文天祥在文学上的成就，比之唐、宋各大名家，毫无逊色"③。文天祥一改南宋文体、诗体破碎、卑弱，朱熹以后鬼头神面之论，"不赞成有意为诗""主张动乎情性"，提出了"自鸣与共鸣之说"，先生认为与自鸣相结合的共鸣论，"是文天祥对文学理论尤其是现实主义文学理论的一大贡献"④。先生还对文天祥的诗歌进行了分期，对其不同时期诗歌的内容与特点进行了细致分析，深刻揭示了文天祥作为"现实主义文学巨匠"，其诗歌具有"振起过一代文风""是我国文学宝库中的无上珍品"的历史地位。⑤先生一生的学术重点不是宋史，但从《文天祥传》中可以看到他不仅对文天祥有深入研究，也对宋代政治史、思想史和文化史有独到的见解。

---

① 万绳楠:《文天祥传》，河南人民出版社，1985年，第18页。
② 万绳楠:《文天祥传》，河南人民出版社，1985年，第97页。
③ 万绳楠:《文天祥传》，河南人民出版社，1985年，第290页。
④ 万绳楠:《文天祥传》，河南人民出版社，1985年，第291—293页。
⑤ 参见万绳楠:《文天祥传》第九章"文天祥在文学上的成就"，河南人民出版社，1985年，第290—336页。

（三）区域经济史研究的开辟

有学者指出："区域经济的研究是80年代以来学者们着意很多的课题，取得的成就相当可观。"①但万先生从20世纪60年代开始就十分关注魏晋南北朝区域经济史的研究，从60年代到90年代，他撰写了《六朝时代江南的开发问题》《南朝时代江南的田庄制度》《南朝田庄制度的变革》《江东侨郡县的建立与经济开发》等一系列论文，对长江中下游区域经济史就有了深入研究。在此基础上，1997年，万先生等著的《中国长江流域开发史》一书出版，该书是原国家教委"八五"社会科学重点科研项目的结项成果，也是国家"九五"重点规划图书。全书用八章50万字的篇幅，从历史纵向角度，全面考察了从石器时代到明清时期长江流域开发的整体历程，是我国第一部全面论述长江流域社会经济与文明发展进程的著作。该书首次对长江流域各历史时期的经济开发与文明发展历程做了系统总结。例如关于石器时代的长江流域，该书指出，与黄河流域一样，长江流域也有它自己的石器时代与人类。论文化并不比黄河流域有任何逊色。该书用丰富的考古资料论证了旧石器时代的长江流域是人类起源的重要地区、新石器时代晚期的良渚文化是长江流域跨入文明门槛的前夜。从青铜器的制作和江西清江吴城出土的刻划文字符号看，"炎帝神农氏时期，南方长江流域当已进入文明时代。其文明程度不会下于轩辕氏所代表的北方文明"②，甚至"南方长江流域当比北方更早地进入文明时代"③。关于列国时期的长江流域，该书认为这是一个经济、文化突飞猛进的发展时期，楚、吴、越、巴、蜀等国农、工、商业综合发展，但秦的征服，则使整个长江流域的开发，遇到了一次大顿挫。关于秦汉时期的长江流域，该书使用了"曲折性"三个字来概括。秦的落后政策，将长江流域的开发拉向后退，开发无闻。汉初政策调整，长江流域的开发也在继续抬头。两汉长江

---

① 曹文柱、李传军：《二十世纪魏晋南北朝史研究》，《历史研究》2002年第5期。

② 万绳楠、庄华峰、陈梁舟：《中国长江流域开发史》，黄山书社，1997年，第25页。

③ 万绳楠、庄华峰、陈梁舟：《中国长江流域开发史》，黄山书社，1997年，第23页。

流域开发虽在继续，但又不断受到"虎狼之政"的破坏，是"曲折性"的反映。关于魏晋南北朝时期的长江流域，该书用"迅速发展与几度猝然跌落"来概括。吴、魏、蜀时期长江流域的交通运输业、城市与商业、农业发展迅速，西晋由于政治原因，长江流域开发陷于停滞状态。东晋"镇之以静"的政策，以及侨郡县的设置与对待流人的政策，促进了江东社会经济的发展，江南腹地及沿海地区得到开发。南北朝末年至隋，由于侯景之乱和隋的政策原因，长江流域开发又陷于停顿。关于唐五代时期的长江流域，该书用"继续发展与经济中心的逐渐南移"来概括。唐继承了南北朝以来的重要经济制度和隋朝留下的大运河，长江流域整体经济结构与发展水平上了新台阶，天宝以后，经济重心南移。五代十国，长江流域有八国，仍可见到长江流域农、工、商业在唐朝开发的基础上进一步深入发展。关于宋元时期的长江流域，该书认为两宋长江流域又获得了进一步的开发，农业、手工业、交通运输业、商业与城市都有了新的发展，经济形态呈现出新变化，四大发明是在长江流域完成的。但由于两宋在政治上都执行"守内虚外"的政策，这种开发仍旧受到限制。到蒙古入主中原，甚至一度逆转。关于明清时期的长江流域，该书用"经济开发的新发展"和"艰难曲折性"来概括。由于统治政策的调整，明清时期长江流域社会经济有了长足发展，生产力水平的提高，资本主义生产关系的萌芽已在明中后期，出现于长江中下游地区商品经济极为发达的苏、杭一带，并逐渐扩展至其他地区。这是一个新现象。清前期，我国资本主义萌芽继续缓慢发展，在整个长江流域显现得更为突出。然而，由于种种历史条件未能具备，中国资本主义的胎儿始终没有冲出孕育了它的封建社会的母体，滋长壮大，这不能不是中国历史发展进程中的一个极大的令人深以为憾的曲折和不幸。纵览该书，其特点非常鲜明：一是十分重视我国历史上统治阶级的政策与经济发展的关系，将经济发展与政治环境相联系，深刻阐明了上层建筑对经济基础的反作用；二是十分重视经济发展与科技文化发展的关系，该书几乎在论述每个时代经济开发之后，都要论述该时期科技文化发展的状况，可以说该书也是一部长江流域科技文化发展史。总之，通过该书，我们不仅可以认识到长江流域文明发展史在中华文明发展史上的重要地位，把握长江流域经济开发的历史经验教训，也能为今天长江流域的开发提供历史借鉴。

　　以上总结虽远远不能涵盖先生的全部学术成就，但从中也可以窥见先生广博的学术视野、深刻的问题意识和极具前沿性的探索精神。

三、丰厚的治学思想遗产

　　万绳楠先生用其一生的心血，给我们留下了300余万字的史学论著，这是一笔宝贵的史学遗产。据我目力所及，对先生史学成就评价、总结和研究的文章目前有周一良《评介三部魏晋南北朝史著作》[①]，朱瑞熙《宋人传记的佳作——评〈文天祥传〉》[②]，彦雨《一部反映出时代精神的新文化史——评万绳楠教授的〈魏晋南北朝文化史〉》[③]，汪姝婕《简评〈中国长江流域开发史〉》[④]，卫丛姗《万绳楠史学成就研究》[⑤]等，这些文章从不同侧面对先生的史学成就进行了评述和研究。还有不少学者和先生的学术观点进行商榷。[⑥]无论是评述还是商榷先生的论著，也无论是赞

---

　　① 周一良：《评介三部魏晋南北朝史著作》，《北京大学学报（哲学社会科学版）》1985年第2期。

　　② 朱瑞熙：《宋人传记的佳作——评〈文天祥传〉》，《中州学刊》1986年第3期。

　　③ 彦雨：《一部反映出时代精神的新文化史——评万绳楠教授的〈魏晋南北朝文化史〉》，《安徽史学》1991年第1期。

　　④ 汪姝婕：《简评〈中国长江流域开发史〉》，《光明日报》1999年8月13日。

　　⑤ 卫丛姗：《万绳楠史学成就研究》，鲁东大学硕士学位论文，见"中国知网"，2021年。

　　⑥ 如曹永年、周增义：《论隋炀帝的"功"与"过"——兼与万绳楠先生商榷》，《史学月刊》1959年第12期；魏福昌：《隋炀帝是不折不扣的暴君——与万绳楠同志商榷》，《史学月刊》1959年第12期；孙醒：《试论文天祥的哲学思想——兼与万绳楠同志商榷》，《河南大学学报（哲学社会科学版）》1989年第1期；王琳祥：《赤壁战地辨析——与万绳楠先生商榷》，《安徽师大学报（哲学社会科学版）》1992年第4期；高华平：《也谈陈寅恪先生"以诗证史、以史说诗"的治学方法——兼与万绳楠先生商榷》，《华中师范大学学报（哲社版）》1992年第6期；张旭华：《梁代无中正说辨析——与万绳楠先生商榷》，《许昌师范学院学报》1993年第3期；等等。

同或不赞同先生的观点，都说明先生的论著产生了十分广泛的学术影响。先生取得的这些学术成就与他的治学思想是不可分割的，在前人研究的基础上，我对先生的治学思想谈三点感想。

（一）吸收三种史学的精华

观察万先生治学方法，明显可以看到三种史学思想对他的影响。首先是受我国传统史学求真致用思想的影响。"多闻阙疑，慎言其余"①，"故疑则传疑，盖其慎也"②。我国传统史学倡导严谨求实的治学态度，在追求史实真相上不遗余力，从不随意揣测，历代史学秉笔直书精神和发达的考据学，就是这种求真思想的具体体现。求真是对事物本来面貌的揭示，对史学研究而言，全面掌握史料是求真的基础。先生十分强调在史学研究上要打好基础，在读书上下功夫。先生指出："说基础知识浅，容易学，这表现出对基础知识缺乏了解。一般来说，基础知识包括三个方面，一是基本理论知识，二是基本专业知识，三是基本技能或基本治学能力。三者缺一，都不能说基础好。"③打好基础的关键是读书，先生说："历史上凡是维护真理的人，没有一个不苦功读书。"④读书要有一定的方法，先生总结出古人读书的方法，指出："批点、注释和校补，是古人成功的读书方法。"每一种方法都有其独特的价值和作用，"我们总是说要读几本基础书，同时要多读其他书，但总是苦于不知怎么读，怎么掌握，如果能分别或同时采用以上三法，我觉得不管哪一类的书，都可读深读透"⑤。仅仅读书还不行，还要做卡片，"卡片一万张，学问涨一丈"是先生的一句名言，就是强调知识积累的重要意义。仅仅有卡片也不行，还要思考，先生说："读书最怕思之不深，览之不博，不然，是会出错误的。"⑥刻苦读书

---

① 何晏注，邢昺疏：《论语注疏》卷二《为政》，北京大学出版社，2000年，第22页。

② ［汉］司马迁：《史记》卷十三《三代世表》，中华书局，1982年，第488页。

③ 万绳楠：《基础容易打吗？》，《安徽日报》1962年1月5日。

④ 万绳楠：《"百家争鸣"三题》，《安徽日报》1961年9月27日。

⑤ 万绳楠：《批点、注释和校补》，《安徽日报》1961年11月17日。

⑥ 万绳楠：《白门新考》，《南京史志》1992年第2期。

勤于思考，使先生的论著在很多方面能够发前人之所未发，读过他的论著的人应当感受到，他的许多真知灼见，就是在广博的知识积累和勤奋思考之上而产生的。致用是我国传统史学的又一大特色，是我国传统史家治史的重要追求。我国传统史学的致用思想体现在为现实政治提供借鉴，为社会教化提供是非善恶标准，为文化自信提供精神向导等方面。我国史学的这一优秀传统同样深刻体现在先生身上，他的群众史观思想，就是反映了他的历史研究是为中国共产党领导下的新中国人民服务的。他用唯物史观的基本原理来分析历史人物、历史思潮、历史事件、历史变迁，不仅为史学界，也为社会大众提供了评判历史是非功过的马克思主义观点。他书写的魏晋南北朝政治史、经济史、思想史、文化史、民族史，以及宋史和长江流域开发史等等，为增强文化自信和对中华文明的统一性与多样性认识提供了丰富的精神源泉。其次是受近代实证史学思想的影响。近代实证史学（过去也经常称为近代资产阶级史学）是在吸收传统史学的精华和近代西方史学理论方法基础上产生的，它突破了传统史学方法和视野的局限，开创了中国历史研究的新局面。作为近代实证史学的重要代表人物陈寅恪先生的学生，先生的史学研究明显受到陈寅恪的影响。陈寅恪先生精于史实考证，学术视野宽阔，注重从地域、集团、阶级、文化出发分析历史，"还很重视历史现象的前因后果和历史发展的基本线索，往往能提出一些独到的见解"[①]。先生还将他于1947年至1949年在清华大学历史研究所听陈寅恪先生的讲课笔记整理出来，出版了《陈寅恪魏晋南北朝史讲演录》一书，极大丰富了陈寅恪先生关于魏晋南北朝史研究的系统理论观点，弥补了陈寅恪先生史学思想研究资料缺乏的重大缺憾，这是先生的又一重大史学贡献。先生在史学研究中，明显使用了地域、集团、文化、阶级等理论方法分析魏晋南北朝史中的许多历史问题，如论曹魏时期的政治派别划分及其阶级基础、正始之音与集团斗争、孙吴立国的阶级基础等，都充分运用了这些方法。以诗证史、以史说诗是陈寅恪扩展史料、开拓史学新领

---

① 林甘泉：《20世纪的中国历史学》，载《林甘泉文集》，上海辞书出版社，2005年，第353页。

域的重要方法，先生受其影响不仅对魏晋南北朝文学研究情有独钟，而且经常将这一时期的政治经济状况与诗歌产生的背景相联系，对相关问题进行研究，如《木兰诗》和《孔雀东南飞》的写作时间及故事发生背景，以及运用诗歌中描写的景色来论证江南的开发等等。先生还撰写了《曹操诗赋编年笺证》一书，是他继承老师诗史互证传统并运用于史学实践的最好说明。第三是全面接受马克思主义唯物史观。我认为，传统史学和近代实证史学对万先生的史学思想影响虽然很大，但也只限于方法论层面，决定先生史学研究的根本指导思想还是唯物史观，唯物史观的社会形态理论、群众史观、阶级分析方法、辩证联系的方法，我在前述"治学信奉马克思主义"一节中已经有过分析，这里再做一点补充。在《陈寅恪魏晋南北朝史讲演录》的"前言"中，万先生认为，阶级分析和集团分析（实际上也是阶级分析）方法"贯穿在陈老师的全部讲述之中"，并提出了"陈老师不仅是我国近代资产阶级史学的开创者和奠基人，而且是从资产阶级史学过渡到马克思主义史学的桥梁"的观点。①那么先生的阶级分析方法与陈寅恪的阶级分析方法是什么关系呢？我以为先生秉承的是唯物史观的阶级分析方法，与陈寅恪先生的阶级分析有区别。陈寅恪先生在讲述中确实使用了"社会阶级"这个概念来分析魏晋南朝社会的变化，但是很明显，陈寅恪先生使用的"社会阶级"或指文化（主要指儒家文化）背景不同的"豪族"与"寒族"，或指"高门"与"寒门"（士族与庶族），它与唯物史观以一定生产体系中所处的地位不同、对生产资料的占有关系不同、在社会劳动组织中所起作用的不同来划分阶级的标准是不一样的。纵观万先生的研究，他使用的阶级分析方法显然是唯物史观的阶级分析法而不是前者。我的看法是否符合万先生的原意已不可求证，但我想学术界可以研究。

---

① 参见万绳楠整理：《陈寅恪魏晋南北朝史讲演录·前言》，黄山书社，1987年，第2页。

（二）秉持创新思考的精神

治学贵在创新。万先生学术研究的一个突出特点就是始终秉持创新思考的精神，从不人云亦云。在《魏晋南北朝史论稿》的"前言"中他讲到该书的三个宗旨：一是努力运用马克思主义的立场、观点、方法，研究这段历史，力求得到一个接近科学的解释。二是对这段历史中尚未解决的问题，进行探讨。三是各章各节概以论为主，提出个人的看法，力求言之有理、有据。不重复众所熟知的东西，不作如同教材一类的叙述，并保持一个较为完整的系统，以窥全豹，故也不同于论集。这也可以说是体例上的一个"创新"吧。[①]可见先生的这部书，除了理论上他使用了"运用"一词之外，其他都是在追求"个人的看法""不重复众所熟知的东西"，甚至书稿的体例也试图"创新"。在《魏晋南北朝文化史》的"序言"中他说道："不因袭，重新思考，在科学的基础上，写出一个综合性的、能反映出时代精神的新文化史，是我写这本书时，对自己所作的要求。"[②]创新需要一定的方法，先生一生谈治学方法的文章不多，《史学方法新思考》是其中少有的一篇，此文虽然极短，但却是他总结治学方法的一个缩影："要推动历史学向前发展，我感到历史研究的方法，似亦有重新考虑的必要。我深感我们的史学工作者虽然研究各有重点，但无妨去涉猎中外古今的历史；虽然以研究政治经济史为方向，但无妨去学一点文学史、宗教史、思想史。有时候一个问题的解决，有待于运用经、政、文三结合或文、史两结合的方法，以求互相发明。研究问题，列宁是主张全面占有材料，掌握一切媒介的。这确是一个好方法。"[③]有专攻、通古今、跨学科、求关联、文史结合、相互发明与全面占有材料，正是先生治学的基本方法。读过先生论著的人都可以感受到，他的论著从标题到文风都有自己的特点，从标题上看，每级标题的问题意识都极强，从具体问题入手，抽丝

①参见万绳楠：《魏晋南北朝史论稿·前言》，安徽教育出版社，1983年，第1页。
②万绳楠：《魏晋南北朝文化史·序言》，黄山书社，1989年，第3页。
③万绳楠：《史学方法新思考》，《社会科学家》1989年第4期。

剥茧，层层深入；从文风看，语言洗练干净，抓住问题直奔主题，不绕弯子。这种治学精神，使先生的论著以解决历史问题作为基本出发点，以深厚的史学素养和理论素养洞察历史变化，在众多领域取得了很多创新性认识。限于篇幅，我不再一一例举。

（三）充满时代进步的气息

如何处理历史与现实的关系是古往今来史学家都要面临的问题，往往也要对他们的史学研究产生一定的影响。万先生是一位经历了民国时期、新中国建立直至改革开放后的史学家，长期活跃在新中国的史坛和教坛上。在近50年的革命、教学和研究生涯里，他坚持马克思主义立场，立足现实，以辩证唯物主义和历史唯物主义的观点观察分析历史，使他的研究充满着时代进步的气息。首先，对封建君主专制制度的深刻批判。新中国的建立推翻了压在中国人民头上的帝国主义、封建主义、官僚资本主义三座大山，但影响中国两千多年的封建主义思想在人们的脑海中并不容易消除，对封建主义特别是其总代表君主专制制度的批判，是史学界的重要任务。先生的史学论著中，对封建专制制度的揭示和批判是深刻无情的。在《嵇康新论》一文中，先生指出君主专制制度的最大特点就是"宰割天下，以奉其私"，嵇康主张"以天下为公"，反对"割天下以自私"，抨击君权，把这当作是一切祸害的总根，具有民主进步意义的色彩。[1]君主专制还是一切政治动荡的总根源，先生运用马克思主义观点阐释了中国古代君权产生的政治和经济基础，指出我国君主专制制度是建立在自由农的小块土地所有制和地主的土地所有制基础之上的。这个基础很牢固。但君主专制又表现为个人和"行政权力支配社会"。"当皇帝和封建官僚机构是强有力的时候，或者说个人和行政权力能够真正支配社会的时候，国家尚能保持稳定或苟安；但当皇帝昏庸，官僚机构又转动不灵的时候，那就必然要变乱丛生。"[2]西晋的八王之乱不是分封制度造成的，其内在的或最后的原因，

---

① 参见万绳楠：《嵇康新论》，《江淮论坛》1979年第1期。

② 万绳楠：《魏晋南北朝史论稿》，安徽教育出版社，1983年，第121页。

应当从君主专制制度本身去找。①这一论断改变了过去只从分封角度去看八王之乱的窠臼，令人耳目一新。除了嵇康外，先生还高度肯定了魏晋南北朝时期鲍敬言、陶潜反君主专制的思想。先生指出，产生于两晋之交的鲍敬言的无君无司论，是世界上最早的无政府主义论，鲍敬言看出了"有君"是一切祸害的总根源，看清了"君权神授"的谎言，要求把皇帝连同国家机器一起废掉。君主专制是封建政治制度的骨髓，在我国中古时代，产生这样一种有君有司为害，无君无司为利的思想，无疑是封建长夜中出现的一颗明星。先生认为，陶潜所理想的世界，是一个无君长，无官吏的世界。②"《桃花源诗并记》表现的陶潜思想，可用一言以蔽之——反对君主专制主义及其所维护的封建制度。"③其次，对儒家专制思想的尖锐批判。自汉武帝独尊儒术，以纲常思想为核心的封建儒学与天、神相结合，严重束缚了人们的思想。基于这一认识，先生在其论著中对儒家思想阻碍历史的进步予以深刻揭露，对历史上批判儒家思想、突破儒家思想束缚的种种行为给予高度评价。在评价汉代选举制度中的重"德"因素时，先生指出："而所谓德，是和神学结合在一起的、标榜王道三纲来源于天的儒学。这种儒学，是统治阶级加在人们思想上的桎梏，是图抹在选举制度上的神光。"④君为臣纲是儒学理论的核心，是封建专制主义的灵魂。先生高度赞赏嵇康，也正是从他猛烈地反对儒教、在反对"割天下以自私"的斗争中，形成了他"以天下为公"的带有民主性的政治思想角度出发的。先生在《对文化史研究的思考》一文中认为，魏晋南北朝时代是各科文化蓬勃发展的时代，把汉朝远远抛在后头，其中的重要原因就是这个时期专制主义的削弱和儒学独尊地位的跌落。⑤在《魏晋南北朝文化史》"序言"中

---

① 参见万绳楠：《魏晋南北朝史论稿》第六章第四节"八王之乱"，安徽教育出版社，1983年，第119—123页。

② 参见万绳楠：《魏晋南北朝文化史》第三章第三节"反对封建君主专制主义的思想闪光(嵇康、鲍敬言与陶潜)"，黄山书社，1989年，第81—88页。

③ 万绳楠：《魏晋南北朝文化史》，黄山书社，1989年，第87页。

④ 万绳楠：《魏晋南北朝史论稿》，安徽教育出版社，1983年，第23页。

⑤ 万绳楠：《对文化史研究的思考》，《文史哲》1993年第3期。

先生更明确指出：孔孟之道"并不能代表我国的文化传统。不但不能代表，儒家的三纲五常之教一旦被突破，我国文化便将以澎湃之势向前发展。在文化领域，无疑始终存在着以儒术为代表的封建专制文化与进步的、民主的、科学的文化的斗争"①。先生对儒家思想的批判是要区别古代文化遗产中民主性和革命性的东西，是要剔除其封建性的糟粕，吸收其民主性的精华，是要肃清"四人帮"的流毒，扫除两千多年来地主阶级所散布的封建儒学思想的影响，这正是先生史学思想与时代同呼吸的精神所在。需要看到的是，先生所批判的是儒学中的三纲五常、君权神授等腐朽糟粕，并不是一股脑否定儒学的文化价值。比如先生高度肯定各少数民族政权崇尚儒学、学习传播儒家文化的历史价值，如后秦姚兴大力提倡儒学和佛教"对封建文化和佛教文化的传播，是起了作用的。而这却是一个羌人做出的贡献"②。第三，始终站在人民的立场。万先生批判君主专制和儒学中的封建糟粕，目的都是为了人民，这是他群众史观在历史研究中的具体表现。对一种思想、一种政策、一种制度，一个人物、一个集团的评价，就是要看是否有利于人民，有利于历史的进步。先生指出，东汉的外戚尤其是宦官的统治，给人民带来了巨大的灾难，曹操维护和发展小块土地所有制的政策就是有利于人民的，曹操统一北方是有利于人民的，孙吴对待山越的政策是不利于人民的，是应当否定的，西晋士族地主的腐朽统治和军阀混战是人民大流亡的根本原因，各族人民是推动民族融合的力量，氐族人民对祖国历史发展作出了成绩，《孔雀东南飞》充分体现了我国人民运用文学形式反对封建压迫的优良传统，《吴歌》《西曲歌》形象地反映出劳动人民的情操，孝文帝推行汉化政策使黄河流域的人民生活比较安定，凡此等等，在先生的论著中随处可见，是先生一切皆以人民群众为中心的历史观的生动体现。

先生离开我们近三十年了，今天的魏晋南北朝史研究较三十年前无论在史料的扩展、理论方法的更新、研究视角的转化等方面都发生了很大变

---

① 万绳楠：《魏晋南北朝文化史·序言》，黄山书社，1989年，第2页。

② 万绳楠：《魏晋南北朝史论稿》，安徽教育出版社，1983年，第181页。

化，但是我想，以唯物史观作为历史研究的指导思想没有变，实事求是的史学方法没有变，史学为人民服务的经世致用精神没有变。《全集》是先生给我们留下的丰富史学遗产，它一定会、也能够会为新时代中国史学"三大体系"的构建发挥重要作用，也一定会深深慰藉先生的在天之灵。最后，作为先生的学生，我代表各位师姐师兄师弟，向安徽师范大学历史学院表示深深敬意！向安徽师范大学出版社表示深深谢意！向所有为《全集》出版付出辛勤劳动的各位同志及万先生的亲属、向长期以来关心万绳楠先生的各位同志表示衷心的感谢！

（作者系中国社会科学院古代史研究所所长、研究员）

万绳楠先生的学术成就与治学特色

庄华峰

2023年11月是我国著名历史学家万绳楠先生诞辰一百周年，回忆跟随先生攻读历史学硕士学位、有幸忝列门墙至今已有36个年头，翻阅案头珍藏先生的几部经典著作，顿时百感交集。在感慨先生的论著论证严谨、考述精致、新见迭出之余，也感觉学界对于先生学术成就、治学精神和治学方法的研究尚属滞后，至今鲜见有这方面的成果问世。鉴于此，笔者谨就自己所知，对先生的治学道路、学术成就及其治学特色作一论述，以期对后学有所启迪，同时也借此表达我对先生的崇敬和缅怀之情。

一、风雨兼程：万绳楠先生的治学道路

了解万绳楠先生的人都知道，他的一生充满坎坷，尤其是其前半生苦难总是与他如影相随。先生是江西南昌人，1923年11月出生于一个国文教员家庭，兄弟姐妹4人，4岁时母亲离世，12岁时父亲又撒手人寰。两个哥哥在抗日战争初期当了兵，妹妹也迫于生活压力给人家当了童养媳。先生自己则几乎沦为孤儿。悲凄的家庭命运铸就了先生坚毅的品格，正是这种优良的品格使先生在数十年的风雨历程中踔厉奋发，勇毅前行。

先生天资聪颖，七八岁就开始读《论语》《孟子》《中庸》等书，进入小学、中学后，又广泛阅读其他一些经、史、子、集方面的典籍。还阅读

了包括《诗经》《左传》《庄子》《楚辞》等在内的古典文学作品。先生读书有两个习惯，对于一般图书泛泛浏览即可，而对于重要书籍或文章则反复精读，甚至将其背诵下来，由此锻炼出超强的记忆力。他给学生授课，常常征引大量史料来论证自己的观点，他对史籍十分熟悉，往往达到了信手拈来、如数家珍的程度。他说，这都得益于平时的知识积累。他常跟自己的研究生说，他做学问的一条重要经验是"熟读深思"。他说："旧书不厌百回读，熟读深思子自知。"对于一些重要的书，必须反复阅读，最好能把书中精要的部分背诵下来，使其成为自己的东西，这样，在思考问题时，就能够信手拈来，运用自如。

先生在少年时代所经受的这些训练，为其以后的学术研究奠定了扎实的基础。他不止一次这样谆谆告诫学生说："基础材料如果没有弄清楚，就及早微言大义，肯定不会得出科学的结论。"所以他一直主张做学问要从基础工作做起，要靠日积月累，而积累知识的一种有效途径就是要善于做读书卡片。他曾说："卡片一万张，学问涨一丈。"

由于先生基础扎实，加之学习勤奋，他成为学校的尖子生。读初中时，先生因成绩优异被南昌二中将其姓名刻入石碑；高中时，先生的论文获得过政府奖励，被全班同学传读。1942年，由于成绩优异，先生同时被西南联大历史系、交通大学电机系和浙江大学土木工程系录取。由于家庭经济拮据，先生上了三所学校中助学金较为丰厚的西南联大历史系读书。西南联大，这所"抗战"时由清华大学、北京大学和南开大学合并的集北国学者精英的特殊高校，对先生有着极大的吸引力。先生没有想到，他将在这里与吴晗、陈寅恪这两位著名历史学家相遇、相知，更不会想到他们俩为自己种下一生的因果。在本科学习阶段，先生过人的禀赋和治史才华博得陈寅恪的赏识。四年后，先生如愿考取清华大学历史研究所研究生，师从陈寅恪先生治魏晋南北朝史和隋唐史。陈寅恪被后世称为"教授中的教授"，有幸成为陈寅恪先生的关门弟子，对于当时还是一个青葱小伙的先生而言是一件多么幸运的事情。三年的研究生学习，先生打下了坚实的基础，特别是陈寅恪先生的治学方法和治学精神对先生产生了极大影响。

先生曾在其整理的《陈寅恪魏晋南北朝史讲演录》一书"前言"中说：

> 陈老师（按：指陈寅恪）的学问博大精深，兼解十余种语言文字，为国内外所熟知，无待我来讲。我当年感觉最深的是，陈老师治学，能将文、史、哲、古今、中外结合起来研究，互相发明，因而能不断提出新问题，新见解，新发现。而每一个新见解，新发现，都有众多的史料作根据，科学性、说服力很强。因此，陈老师能不断地把史学推向前进。那时我便想如果能把陈老师这种治学方法学到手上，也是得益不浅的，更不消说学问了。[①]

在课堂上，先生也曾对研究生如是说："我的老师陈寅恪先生有'三不讲'，就是书上有的不讲，别人讲过的不讲，自己讲过的不讲。我想这里的'三不讲'，是不讲而讲，不重复既有，发前人所未发，成自家独创之言。老师的'三不讲'是我的座右铭，无论是讲课还是搞研究，我都力求有新的东西呈现。"可见，对于老师的治学方法，先生是拳拳服膺，并身体力行的。

1948年12月上旬，东北野战军包围了平津一线国民党的50万大军，12月15日，清华园一带已解放。先生受"学运"思潮影响很深，这时，他和无数要求进步的学生一起，穿上军装参加了东北野战军。一向持"独立自由精神"思想的陈寅恪了解到先生这一举动后，大为恼怒，要不是师母唐篔的再三劝说，险些与先生断绝师生关系。我想，先生并非要忤逆老师的尊严，他的所作所为，实质上是在诠释着"我爱我师，我更爱真理"的深刻内涵。

1960年，先生从北京来到安徽，先后执教于安徽大学、合肥师范学院历史系。自此，先生一边给学生讲课，一边研究魏晋南北朝史，每有心得，写成文章，在报刊上发表。此时，先生已在史学界崭露头角。这段时

---

① 万绳楠整理：《陈寅恪魏晋南北朝史讲演录·前言》，黄山书社，1987年，第1页。

间里，他发表了《关于曹操在历史上的地位问题》（《新史学通讯》1956年第6期）、《关于南宋初年的抗金斗争》（《新史学通讯》1956年第9期）、《魏晋南北朝时代的思想主流是什么》（《史学月刊》1957年第8期）、《论隋炀帝》（《史学月刊》1959年第9期）等文章。这些文章多发前人之所未发，彰显出很高的学术造诣和敏锐的学术眼光。如1959年初，学术界曾经掀起过一场为曹操翻案的运动，郭沫若、翦伯赞等历史学家纷纷撰文替曹操翻案。而先生早在1956年就发表了《关于曹操在历史上的地位问题》一文，对曹操在历史上的地位予以肯定，认为他对我国历史所起的推动作用比破坏作用要大。用今天的眼光看先生的观点几乎是"常识"，但在当时确属"惊世骇俗"的见解。先生的观点在史学界引起很大的反响。从1961年到1965年的几年间，先生发表了《从南北朝社会经济与政治的差异看南北门阀》（《安徽大学学报》1963年第1期）、《六朝时代江南的开发问题》（《历史教学》1963年第3期）、《曹魏政治派别的分野及其升降》（《历史教学》1964年第1期）、《"太平道"与"五斗米道"》（《历史教学》1964年第6期）、《魏末北镇暴动是阶级斗争还是统治阶级内部的斗争》（《史学月刊》1964年第9期）、《南朝时代江南的田庄制度》（《历史教学》1965年第11期）等十多篇文章。这些文章视角新颖，考订精审，为学界所重视。李凭先生充分肯定了万先生对学术研究的贡献，指出："他一直远离学术研究的中心，却独立地作出过大量的深入的研究，是值得我们纪念的。"[①]诚哉斯言。

先生从北京来到合肥后，吴晗邀请先生为其主编的《中国历史小丛书》写几本小册子，很快，先生撰写的《文成公主》《冼夫人》《隋末农民战争》等相继而成，在安徽，先生与吴晗的师生关系因此被许多人知晓。恰因如此，先生在"文革"中受到牵连，全国批"三家村"，安徽批万绳楠，先生成为安徽"文革"初期第一个被全省批判的"反动学术权威"。1966年6月3日省内一家大报发文批判先生，指责他是"吴晗的忠实门徒，

---

① 李凭：《曹操形象的变化》，《安徽史学》2011年第2期。

'三家村'的黑闯将"。1971年，先生被下放到淮北利辛县农村。在那里，先生经受了精神与肉体上的双重折磨，罚沉重劳役，险些丧生。

面对如此险恶的环境，先生仍不忘初心，一有闲暇时间，就埋头看书、做学问。虽身处逆境，仍心系天下，忧国忧民，并敢于针砭时弊，彰显出一个正直知识分子敢说真话的赤诚之心。

阳光总在风雨后。随着十年"文革"梦魇的终结，先生获得彻底平反，重新回到他魂牵梦绕的大学校园，随合肥师范学院历史系整体搬回位于芜湖市的安徽师范大学历史系任教，找回了一度失落的书桌和讲坛。当时，先生现身说法告诫他的研究生们："人要有一点奋斗精神。对我来说，被耽误的时间实在是太多了，我要用有生之年，为教育事业多做些有意义的工作。"他在实践中践行着自己的诺言。先生重返校园时虽已年近花甲之年，但他仍然牢记使命，壮心不已，一面教书育人，一面笔耕不息，在学术上更臻新境。自20世纪80年代已降，先生先后发表《东晋的镇之以静政策和淝水之战的胜利》（《江淮论坛》1980年第4、5期）、《安徽在先秦历史上的地位》（《安徽史学》1984年第4期）、《廓清曹操少年时代的迷雾》（《安徽师大学报（哲学社会科学版）》1988年第2期）、《江东侨郡县的建立与经济的开发》（《中国史研究》1992年第3期）、《略谈玄学的产生、派别与影响》（《孔子研究》1994年第3期）、《武则天与进士新阶层》（《中国史研究》1994年第3期）等40多篇文章，这些文章或被转载，或被引用，在学界产生很大反响。同时，在这一阶段，先生还出版了5部著作，即《魏晋南北朝史论稿》（安徽教育出版社，1983年）、《文天祥传》（河南人民出版社，1985年）、《陈寅恪魏晋南北朝史讲演录》（黄山书社，1987年）、《魏晋南北朝文化史》（黄山书社，1989年）、《中国长江流域开发史》（黄山书社，1997年）。5部著作总计150余万字，几乎是每两年推出一部专著，而且在大陆和台湾同时出版。先生治学具有不因陈说、锐意创新的特点，因此他的论著阐幽发覆，多有创见，获得一致好评。如对于《魏晋南北朝史论稿》一书，著名历史学家周一良先生指出："本书读起来确实多少给人以清新之感。"①《魏晋南北朝文化史》出版后，有学者指出："万著以扎实的文献材料、考古材料为基础，提出许多创见"，是"一部反映出时代精神的新文化史"②。《陈寅恪魏晋南北朝史讲演录》一书是陈寅恪 1947—1948 年在清华大学开设"魏晋南北朝史研究"的课程讲义，由先生根据其听课笔记整理而成。陈寅恪著作甚富，但在其已出版的著述中，尚无系统的断代史之作，本书的出版能补陈书之阙，因而被誉为"稀世之珍"。卞僧慧先生评价道：本书"由万教授精心整理，厥功甚伟，至可珍惜"③。先生也因其非凡的学术成就，成为史学界公认的魏晋南北朝史研究大家，被誉为魏晋南北朝研究领域的"四小名旦"之一。④

1995 年底，万先生因积劳成疾住进医院，接受治疗。在病床上，他仍为《今注本廿四史》笔耕不辍。在弥留之际，他还念念不忘自己的导师，他用颤抖的手作七律一首《怀念陈寅恪先师》："忆昔幽燕求学时，清华何幸得良师。南天雪影说三国，满耳蝉声听杜诗。庭户为穿情切切，烛花挑尽夜迟迟。依稀梦笑今犹在，独占春风第一枝。"1996 年 9 月 30 日，先生带着对教育事业的无限眷恋匆匆地告别了人世。已故北京师范大学著名教授黎虎先生在唁电中说："万绳楠先生学术上正达炉火纯青境界，他还可以做出更多更辉煌的成就。先生的学问和道德堪称楷模。他走了，真是太可惜了！"

万先生一生致力于教学和科研工作，取得了丰硕的研究成果，培养了大批优秀人才，他曾于 1984 年被评为"安徽省劳动模范"，第二年又获全国"五一劳动奖章"和"全国优秀教育工作者"光荣称号。

---

① 周一良：《评介三部魏晋南北朝史著作》，《北京大学学报（哲学社会科学版）》1985年第 2 期。

② 彦雨：《一部反映出时代精神的新文化史——评万绳楠教授的〈魏晋南北朝文化史〉》，《安徽史学》1991 年第 1 期。

③ 卞僧慧：《陈寅恪先生年谱长编（初稿）》，中华书局，2010 年，第 245 页。

④ 在魏晋南北朝史研究领域，有"四大名旦""四小名旦"之称誉，前者指唐长孺、周一良、王仲荦、何兹全，后者指田余庆、韩国磐、高敏、万绳楠。参见刁培俊、韩能跃：《探索中国古史的深层底蕴——高敏先生访谈录》，《史学月刊》2004 年第 2 期。

二、孤明独发：万绳楠先生的学术成就

万先生从事史学研究近50载，一直致力于中国古代史的教学与研究，发表论文80多篇，出版著作多部，为我国的史学发展做出了突出贡献。先生精于魏晋南北朝史研究，同时在中国古代史其他领域也取得了丰硕的成果。综合起来看，先生的学术成就主要表现在以下几个方面：

（一）魏晋南北朝史研究成就

万先生在魏晋南北朝史研究领域著作等身，成就卓然，限于篇幅，难以悉数呈现，这里仅就其最具代表性的成果略作评述。

1.曹魏政治派别研究。六十多年前，陈寅恪先生在《书世说新语文学类钟会撰四本论始毕条后》一文中说："魏为东汉内廷阉宦阶级之代表，晋则外廷士大夫阶级之代表，故魏、晋之兴亡递嬗乃东汉晚年两统治阶级之竞争胜败问题。"[1]陈寅恪用他的阶级分析学说，阐述汉晋之际的政治变迁，指出"作为一个阶级来说，儒家豪族是与寒族出身的曹氏对立的"[2]，具体到曹操本人的作为而言，就是"寒族出身的曹氏"与"儒家豪族人物如袁绍之辈相竞争"。陈寅恪的阶级分析方法很有影响，对后续相关研究具有发凡起例的意义。万先生师承陈寅恪的研究方法，把曹魏政治派别的研究向前推进了一步。他在1964年发表的《魏晋政治派别及其升降》一文中指出，曹操统治集团中有两个以地区相结合的派别，即"汝颍集团"和"谯沛集团"。汝颍集团标榜儒学，主要担任文职。谯沛集团则以武风见称，主要担任武职。在汝颍与谯沛两集团之间，有尖锐矛盾，这种矛盾到曹操晚年就逐步明晰化。高平陵事件成为曹魏政权转移的转折点，最终以

---

① 陈寅恪：《书世说新语文学类钟会撰四本论始毕条后》，《金明馆丛稿初编》，生活·读书·新知三联书店，2001年，第48页。

② 万绳楠整理：《陈寅恪魏晋南北朝史讲演录》，黄山书社，1987年，第13页。

司马师为代表的汝颖集团取得了胜利，"亡魏成晋"之势已成。①先生对政治派别研究范式的学术推进，具有重要意义。时至今日，"汝颖集团"和"谯沛集团"的概念仍被学界屡屡援引和强调。

万先生对陈寅恪阶级升降、政治集团学说的拓展主要表现在两个方面。一是在研究的时段上，陈寅恪的研究侧重分析曹魏后期曹、马之争的性质，而对曹魏中前期的政治问题则未涉及，而先生则主要论述曹魏中前期的政治史，通过对汝颖、谯沛这两个政治集团的考述，弥补了陈寅恪东汉末年士大夫和宦官斗争一直持续到西晋初年这一假说在时间链条上所缺失的一环。二是陈寅恪主要以社会阶层、文化熏习来区分曹、马两党，而先生则引入了地域这一分析维度，强调汝颖、谯沛两个政治集团的地域特征，同时揭示了汝颖多任文职、谯沛多为武人这一文武分途的特征。②

2.南朝田庄制度研究。史学界历来把汉、魏、两晋及南北朝时代的田庄主土地占有形态，看作是同一个类型。万先生则认为南朝田庄主的土地占有形态与唐朝是一个类型，和汉、魏已有不同。他认为，南朝田庄主土地占有形态的变化主要表现在以下三个方面：一是汉魏田庄主是聚族而居的，社会经济的基本单位是一个个名宗大族。直到东晋和北朝，北方仍然是"百室合户，千丁共籍"。而南方大家族在南朝已经分崩离析，个体家庭已经成为社会经济的基本单位。二是南朝在个体家庭所有制基础上形成起来的田庄或庄园，没有部曲家兵，只有农奴。凡是南朝史料中所见的部曲，都是国家的兵。南朝部曲家兵随着宗族组织的解散而解散，是一个自然的普遍的现象。三是南朝田庄是地主阶级个体家庭的庄园，它实行农业、手工业和商业等多种经营，雇佣和租佃都已在南朝出现。这是一种进步。③先生指出，南朝田庄制度的变革，是中古土地制度的一个重大变

---

① 万绳楠：《曹魏政治派别的分野及其升降》，《历史教学》1964年第1期；万绳楠：《魏晋南北朝史论稿》，安徽教育出版社，1983年，第78—92页。

② 参见仇鹿鸣：《魏晋之际的政治权力与家族网络》，上海古籍出版社，2015年，第3页。

③ 万绳楠：《魏晋南北朝史论稿》，安徽教育出版社，1983年，第208—217页。

化。①先生的这些观点发人之所未发，得到学界的充分肯定。有学者指出："《论稿》关于南朝田庄制度的变革之说，是近几年来，在土地制度研究上作了一次值得重视的探讨。这可能影响到对南北朝以及隋唐社会历史的认识。"②先生所撰《南朝田庄制度的变革》一文也被1981年版《中国历史学年鉴》作为重点文章予以推介。③

3.东晋黄白籍研究。一直以来，学界对于东晋土断后黄、白籍的关系问题都存有不同的看法，有的学者认为户籍的黄白之分即士庶之别，更多的学者又认为土断是改黄籍为白籍。万先生不同意这些看法。他认为，黄籍是两晋南朝包括士族和庶民在内的编户齐家的统一的户籍，白籍则是在特定时期产生的、旨在安置侨民的临时户籍。由此可知白籍是"侨籍"。持白籍的不交税，不服役。而咸和二年（327）土断整理出来的"晋籍"是黄籍，是征发税收徭役的依据。持白籍的侨人，一经土断，白籍就变成了黄籍，编入当地闾伍之中，按照规定纳税服役。那么，史学界为何普遍认为土断是改黄籍为白籍呢？先生认为这种颠倒来自胡三省。胡三省在《资治通鉴》中，为成帝咸康七年（341）的令文"实编户，王公已下皆正土断白籍"做注时误解其意，以为此令意为土断后将南迁的王公庶人著之白籍，学者据此便认为土断是将黄籍改为白籍了。先生认为此令的重点在于"实"字，即查验编户的户籍是否皆为黄籍。这说明胡三省对黄、白籍并未研究过。④

万先生关于黄白籍的论说不仅博得国内史学界的首肯，还蜚声海外，受到国外史学界的关注。1980年5月，先生接受了美国华盛顿大学历史学

---

① 万绳楠：《南朝田庄制度的变革》，《安徽师大学报（哲学社会科学版）》1980年第2期。

② 卞恩才：《一部勇于创新的断代史专著——读〈魏晋南北朝史论稿〉》，《安徽史学》1984年第3期。

③《中国历史学年鉴》，人民出版社，1981年，第30—31页。

④ 万绳楠：《论黄白籍、土断及其有关问题》，载《魏晋南北朝史研究》，四川社会科学院出版社，1986年；万绳楠：《魏晋南北朝史论稿》，安徽教育出版社，1983年，第157—161页。

博士孔为廉的慕名专访，先生如数家珍地解答了孔博士提出的东晋南朝的土断与黄、白籍的关系问题。孔博士指出，日本和中国学者对此问题有不同的意见，日本学者认为黄、白籍为贵贱之别；中国学者认为侨人包括贵族在内，经过土断，纳入白籍。万先生根据自己深入的研究，认为白籍为侨籍，黄籍为土著户籍，土断变侨民为土著，变白籍为黄籍，变不纳税服役户为纳税服役户，并回答了以往中日学者何以出错的原因。孔博士十分信服地接受了先生的学术观点，激动地说："万先生的回答不仅为我本人，而且也为我的美国同行解决了一个历史疑难问题，我不虚此行！"

4.魏晋南北朝民族问题研究。魏晋南北朝时期的民族大融合给中国历史带来长久而深远的变化，并直接为隋唐大一统和经济文化的高度繁荣奠定了基础。恰因如此，大凡治魏晋南北朝史者，都会关注这一时期的民族问题。万先生也不例外。他在这方面的成果主要体现在其力作《魏晋南北朝史论稿》中。该书凡十六章，涉及民族问题的有五章（第七章、第九章、第十二章、第十三章、第十四章），足见先生对民族问题用力之勤。在论及"五胡十六国"历史时，先生强调，各民族要求和平、友好、融合，是一种历史发展趋势。尽管历史有曲折，不过这种曲折不是倒退，而是历史的更高一级的循环。基于这样的认知，先生考察了五胡各国政权的政策。他一方面阐明早期有像匈奴刘氏、羯胡石氏那样采取依靠"国人"武力，背离民族融合大势的举措，同时又指出前燕鲜卑慕容氏凭借汉人和魏晋旧法，消除民族之间的冲突与隔阂，顺应了民族融合的发展趋势。先生指出，在民族问题上，苻坚一反西晋以来民族压迫的弊政，采取了"魏降和戎之术"，这一政策，是永嘉以来，在民族融合的道路上，迈出的极可贵的一步。苻坚的政治眼光，较西晋以来各族统治者为远。在论及淝水战后后秦等政权时，先生也多从它们在民族融合方面所发挥的作用这个角度讨论。在论及"淝水战后北方各族的斗争、进步与融合"问题时，先生这样写道："淝水战后，是北方分裂得最细但也是各少数民族与汉族接触最频繁的时代。透过这一时期各族斗争纷纭复杂的现象，我们可以看到，在北魏统一北方之前，进入中原的各族，都在这一时期与汉族融合。"因此可以说："这一百三十六年（指304年到439年）是北方各个少数民族获得进步之年，与汉族自然同化之年，各族大融合之年，我国这个多民族的国家获得发展之年。"①著名历史学家周一良先生对万先生的这一看法予以肯定，指出："作者这样的估计是不为过分的。"②

5.魏晋南北朝南方经济发展研究。万先生充分肯定魏晋南北朝四百年历史的进步性，其中包括充分认识到这一时期生产力的发展，特别是南方经济的开发和社会的进步，这一认识集中体现在其代表作《魏晋南北朝史论稿》和相关论文中，并在学界产生了很大的反响。

万先生对于此时期南方经济开发的研究，有一个鲜明的特色，即注意揭示政治、经济政策对于经济发展的影响。如先生在论述江左政权对待侨民的政策时指出："建置在丹阳江乘县与毗陵丹徒、武进二县即建置在自今南京东至无锡沿江一线所有的侨郡县中的侨民，在咸和二年第一次土断前，凭所持白籍与政策规定，都曾免除税役多则十一年，少则以太宁元年（323）计算也有五年。这对江东自建康以东至无锡一线侨郡县的开发，无疑是有益的。"③在讨论南朝经济政策的变化与江南的开发问题时，先生坚持"促进江南普遍获得开发的重大因素，是南朝田庄制度的变革，经济政策的变化，生产关系的改造"④的基本判断，指出"占山格"的颁布，第一次以法律的形式肯定了山林川泽的私人占有，是汉末以来南方大土地所有制的一个重大发展；以"三调"为形式的财产税（赀税）的出现，对无财产或少财产的人来说，减轻了负担，提高了他们从事生产的积极性；而营造工人"皆资雇借"，不再是征发而来，是役法上的一个重大进步，这对农业和民间手工业的发展，大有好处。⑤先生同时指出，江东政治的发展，与六朝江南经济开发次第，是相适应的。这表明一点，那就是政治与

---

① 万绳楠：《魏晋南北朝史论稿》，安徽教育出版社，1983年，第188页。

② 周一良：《评介三部魏晋南北朝史著作》，《北京大学学报（哲学社会科学版）》1985年第2期。

③ 万绳楠：《江东侨郡县的建立与经济的开发》，《中国史研究》1992年第3期。

④ 万绳楠：《魏晋南北朝史论稿》，安徽教育出版社，1983年，第223页。

⑤ 万绳楠：《魏晋南北朝史论稿》，安徽教育出版社，1983年，第218—227页。

经济是不可分割的关系。[①]

6.对于魏晋南北朝文化若干问题的思考。万先生对于魏晋南北朝文化的研究，用力甚勤，除了出版《魏晋南北朝文化史》一书外，还发表了系列论文，直接推动了此时期文化史的研究。"不因袭，重新思考"是先生研究魏晋南北朝文化的立足点，因而他在许多地方都提出了不少持之有据、言之成理的新论点，这是十分难得的，仅举几例说明。

先生认为孔孟之道并不能代表中国的传统文化。指出"儒家的三纲五常之教一旦被突破，我国文化便将以澎湃之势向前发展"。"在文化领域，无疑始终存在着以儒术为代表的封建专制文化与进步的、民主的、科学的文化的斗争。进步思想家嵇康以反对儒家纲常的罪名被杀；科学家祖冲之将岁差应用于历法，被指责为'违天背经'。"所以他认为研究文化史的重要任务之一，便是揭露这两种文化之间的斗争，阐发进步文化所蕴藏的生命力与发展的曲折性。[②]这样的论点对于我们深入研究魏晋南北朝文化史无疑具有启发意义。

先生提出了"正始之音"不同一性之说。对于魏晋玄学的分派问题，学界往往将曹魏时期何晏、王弼这两个玄学创始者的言论不加区别地都称之为"正始之音"。而先生则认为何晏和王弼虽然都祖述《老》《庄》，都标榜"无""无为"，但他们所论有本质上的区别。何晏讲圣人无情，认为无和有是相互排斥的，无和有是二元；而王弼则讲圣人有情，认为无和有不是对立的关系，无和有是一元（无生有）。因此，"正始之音应当说是两种声音，不是一种"。先生同时指出，何晏在政治上属于谯沛集团，而王弼的言论所反映的则是以司马氏为首的汝颖集团的要求。值得一提的是，先生不是孤立的研究何、王二人的玄学思想，而是把他们思想的重大差异同"九品中正制"和"四本论"联系起来加以考察，从而说明汝颖和谯沛两大集团在正始时期进入决斗之时，玄学的产生绝不是偶然的。先生把玄

---

① 万绳楠：《六朝时代江南的开发问题》，《历史教学》1963年第3期。
② 万绳楠：《魏晋南北朝文化史·序言》，黄山书社，1989年，第3页。

学思想与当时的政治风云结合起来考察，使研究得到了深化。①

先生还提出了佛教异端之说。认为"中国的佛教异端是在南北朝时代，在北方出现的。高举'新佛出世，除去旧魔'旗帜的法庆起义，揆其实质，即佛教异端的起义"。唐长孺先生在《魏晋南北朝史论拾遗》一书中，也曾提出弥勒信仰为佛教异端的看法。②在佛教异端上，万先生与唐先生同时提出同一个结论，不过万先生讨论的问题更多，他分析了佛教异端产生的佛经依据，又论述了佛教异端产生在北方而不是南方的原因。③这是研究佛教史的一项重要成果。

他如，曹魏时期的外朝台阁制度与选举制度、五斗米道与太平道的关系、"苍天已死，黄天当立，岁在甲子，天下大吉"口号的含义等问题，先生都进行了探讨，提出了颇具洞见的观点。

（二）宋史研究成就

万先生对宋史研究倾心倾力，除了发表《关于南宋初年的抗金斗争》（《新史学通讯》1956年第9期）、《关于王安石变法的几点商榷》（《安徽日报》1962年1月6日）、《宋江打方腊是难以否定的》（《光明日报》1978年12月5日）、《诗史奇观——文天祥〈集杜诗〉》（《中华魂》1996年第5期）等多篇论文外，还于1985年推出了他的精心之作《文天祥传》。本书是作为史学传记来写的，通过文天祥的一生活动，把历史上一个兼具哲学家、政治家、文学家的民族英雄的形象，呈现在读者眼前，并借此对南宋晚期的历史，作些必要的清理工作。综观全书，有这样几个特色：一是叙述全面，内容丰赡。此前有关文天祥的著作，其篇幅都相对较小，最多的也不过13万字。而先生的著作则洋洋洒洒，有近30万字的篇幅。该书对文天祥的生平事迹，尤其是对他的政治、哲学思想和文学成就，作了富有创见的论述，不仅是文天祥传中最为丰富详实之一种，也是宋元之交的一

---

① 万绳楠：《魏晋南北朝史论稿》，安徽教育出版社，1983年，第88—89页。

② 唐长孺：《魏晋南北朝史论拾遗》，中华书局，1983年，第203页。

③ 万绳楠：《魏晋南北朝文化史》，黄山书社，1989年，第346页。

部信史或实录。二是做到传、论、考相结合。书中对以往被忽略的问题，如文天祥的哲学思想、政治思想、文学成就以及具体事迹的思想基础等，进行了论述。对以往记载有出入的问题，如文天祥究竟是哪里人，多少岁中状元，某些作品写于何时等，作了考证。对以往记载较为混乱的问题，如南宋太皇太后谢氏投降的经过，利用各种史料，进行了梳理。对事迹本身，则力求言之有据。凡此，都做到史论结合。三是提出了一些新看法。如先生认为，文天祥是在南宋内忧既迫、外患又深的年代里成长起来的。但这个时代并非南宋注定要灭亡、元朝必定要统治全中国的时代，而是黑暗中有光明。只要南宋政府改革导致社会危机和民族危机的守内虚外之法，就不会是元兵南进，而是宋旗北指。先生进一步指出，如果只看到蒙古兵南犯时所取得的局部胜利及其不可一世的嚣张气焰，那就会得出元朝必胜，南宋必亡的错误结论。而如果既能看到蒙古胜利中也有困难，也看到南宋只要"一念振刷，犹能转弱为强"，那就不仅可以理解南宋本来不会灭亡的道理，而且还可以理解文天祥所进行的斗争其意义之重大。①又如在论及文天祥的诗歌成就时，先生指出，文天祥的诗文，尽洗南宋卑弱、破碎、凡陋、装腔作势的文体与诗体，揭开了我国文学史的新的一页。②先生还强调，不应当忘记"他在南宋文坛上，振起过一代文风；不应当忘记他是我国古典作家中，现实主义文学巨匠之一"③。这样的新见解，都发前人所未发，言前人所未言，颇有学术价值。书中类似的新观点还能举出许多。著名宋史研究专家朱瑞熙先生对该书给予了高度评价，指出"与同类著作相比，万绳楠同志的著作别开生面，具有一些新的特色"，是"宋人传记的佳作"。④

---

① 万绳楠：《文天祥传》，河南人民出版社，1985年，第18页。

② 万绳楠：《文天祥传》，河南人民出版社，1985年，第346页。

③ 万绳楠：《文天祥传》，河南人民出版社，1985年，第336页。

④ 朱瑞熙：《宋人传记的佳作——评〈文天祥传〉》，《中州学刊》1986年第3期。

（三）长江流域经济开发研究

万先生的《中国长江流域开发史》一书于1997年出版，该书是原国家教委"八五"社会科学重点科研项目的结项成果，也是国家"九五"重点规划图书。全书按朝代对荆、扬、益三州的农业、工业、商业、科学技术、城市经济以及户口、赋税、生态环境等方面进行了有益探索，是我国第一部全面系统阐述长江流域开发的开创性力作，具有很高的理论意义和学术价值。该书体大思精，屡有创获。例如，对于秦始皇修驰道，学界认为其有利于商业往来，万先生在查阅《史记》后认为这与始皇封禅书"尚农除末"不符，指出"商人都被赶到南方戍守五岭去了，秦朝根本无商业（除末）。从裴骃《集解》中，我们又发现秦驰道为'天子道'，封闭式，只有始皇封禅的车子才能通行"[①]。它如关于唐朝雇佃、雇借、和市、赀税与南朝的关系的论述、关于五代时期长江流域诸国的政策与开发的关系的论述、关于宋代长江下游圩田开发与生态环境关系的论述，以及关于明清长江流域赋役制度的论述等，也都不囿于传统的观点，提出了具有较高学术价值的新见解。还值得一提的是，先生还着力揭示经济开发与文化兴盛之间的互动关系，如老庄哲学及楚辞的出现之于战国经济的发展，南方文人的涌现之于唐宋经济的开发，明清长江流域的开发与科学技术的兴盛等，都有独到分析，给人耳目一新的感觉与启迪。该书出版后，学界给予了高度评价。有学者指出，该书"是国内外第一部全面、系统研究长江流域经济开发的学术力作"，其特点有四：一、史论结合，析理深邃；二、不囿陈说，推陈出新；三、充分利用考古资料；四、注意经济开发与文化发展之间的相互关系。[②]

---

① 万绳楠、庄华峰、陈梁舟：《中国长江流域开发史·序言》，黄山书社，1997年，第2页。

② 汪姝婕：《简评〈中国长江流域开发史〉》，《光明日报》1999年8月13日。

（四）学术普及工作

让学术走向大众，用通俗易懂的方式向人民传播优秀的历史文化，这是当代哲学社会科学界专家学者的神圣使命。在这方面，万先生为我们树立了榜样。先生不是一位象牙塔里的专业研究者，只会写高头讲章和专业论文，而是在从事学术研究的同时，十分关注学术普及工作，写了许多深入浅出、通俗易懂的图书与文章，为历史学走向大众做出了较大贡献。这也彰显了先生"经世致用"的治学理念。

20世纪五六十年代，由于当时以青少年为主要阅读对象的历史知识普及性优秀读物很少，于是以吴晗为首的一批学者组织编写了《中国历史小丛书》，万先生受邀为小丛书撰写了《文天祥》《文成公主》《隋末农民战争》几本小册子；20世纪80年代初，吴晗主编的"中国历史小丛书"恢复出版时，先生又为丛书撰写了《冼夫人》。1981年先生又出版《安徽史话》（合著）一书。先生撰写的这几册书虽是"史话"体例，具有普及推广的性质，却不乏学术性和思想性，加上文风活泼，内容生动，所以备受读者青睐。时至今日，几十年过去了，这几本小书并未过时，仍是值得一读的优秀通俗读物。

我们注意到，万先生撰写的通俗性文章，大多是其学术研究的拓展和延伸，并用通俗化的方式将其呈现出来。比如，《鲍敬言：横迈时空的预言家》一文，先生写了东晋时期鲍敬言与葛洪在栖霞山上的几次争论，其中的一次论辩先生是这样描述的："鲍、葛二人攀上了栖霞山巅。山巅风光吸引了鲍敬言，他游目四望，发出了一声慨叹：'江山谁作主，花鸟自迎春。'葛洪眼光一闪，似乎抓到了机会，应声道：'江山君为主，临民有百官。'鲍敬言也不看葛洪，只是一连摇头道：'不行，不行，不行。有君不如无君，有司不如无司……''无君无臣，天下岂不是要大乱？''不会的，先生。'鲍敬言眼里出现了异彩。'上古之世，无君无臣，民自为主，穿井而饮，耕田而食，日出而作，日入而息……势利不萌，祸乱不作，干戈不用，城池不设……但闻天下大治，不闻天下大乱。'葛洪闻言含笑道：

'老弟才高八斗，出口成章。上古之世，无君无臣，民自为主，祸乱不作，诚如弟言。但当今之世，却不可无君无臣，道理何在？老弟自明。'鲍敬言笑道：'晚生并未说现在就要把君臣废掉，但君臣必废，时间或迟或早而已。'葛洪正色道：'天不变，道亦不变。君臣之道，现在不会废，将来也不会废。'鲍敬言哂道：'先生又说天道了。晚生读百家之言，察阴阳之变，以为天地之间，但有阴阳二气。二气化生万物，决定万物的属性。万物各依其性，各附所安，乐阳则云飞，好阴则川处，无尊无卑。若论天道明阳，反足可证天地之间，本无君臣上下。君臣现在虽然存在，可以预言，将来必归于无有。一旦君臣都被取消，太平世界立可出现。''老弟思路何至于此！这是叛逆思想，太危险了！'葛洪叹惜道。'哈！哈！哈！哈！哈！'鲍敬言站在山头，向着苍穹大笑。"①又如，在《萧墙祸——侯景之乱》一文中，先生这样描写江南的繁荣景象："秦淮河的北边有大市场一百多个。连接秦淮河南北两岸的浮桥——朱雀桁，每天天明通桁，过桥的人熙熙攘攘。商人挑着与推着商品，付了过桥税，也就可以把他们的商品运到秦淮河北岸的大小市场中去卖掉。市场里有官员，对每个商人的商品进行估价与征税。商税是梁朝朝廷的大宗收入。江南腹地经济也有起色。永嘉（今浙江温州市）成了闽中与会稽郡（今浙江绍兴市）海上交通的要埠与货物集散的中心。抚河流域的临川（今江西抚州市）成了一个新的粮仓，家家有剩余……江南变得很美。文学家写道：'暮春三月，江南草长，杂花生树，群莺乱飞。'年轻的姑娘们唱道：'朝日照北林，春花锦绣色。谁能不春思，独在机中织？'照这样下去，经济还会有发展，江南还会变得更美。可是，梁武帝老了，八十五岁了，活在世上的日子不多了，他的儿孙正在酝酿着一场争夺皇位的斗争。侯景之乱，成了这场斗争的导火索。自侯景乱起，在南方，历史的车轮突然逆转。"②在这里，先生

---

① 万绳楠：《鲍敬言：横迈时空的预言家》，载范炯主编：《伟人的困惑：古中国思想者卷》，辽宁人民出版社，1992年，第145—146页。

② 万绳楠：《萧墙祸——侯景之乱》，载范振国等撰：《历史的顿挫：古中国的悲剧·事变卷》，中州古籍出版社，1989年，第81—82页。

用准确简洁、引人入胜的文字，把从来是枯燥难读、只为业内人士独自享用的"史学"，变成通俗的"讲历史"，将点滴菁华烩成众多人可以分享的精神食粮，其意义自不待言。

值得一提的是，万先生在安徽区域历史的普及方面也做出了不俗的成绩。从20世纪80年代以降，先生先后发表了《"江左第一"的音乐家桓伊》（《艺谭》1981年第3期）、《睢、涣之间出文章》（《安徽日报通讯》1981年8月）、《夏朝的建立与安徽》（《安徽师大报》1981年12月16日）、《安徽是商朝的发祥地》（《安徽师大报》1982年2月22日）、《淮夷——安徽古代的重要民族》（《安徽师大报》1982年4月8日）、《安徽是相对论的故乡》（《安徽师大报》1982年6月3日）、《秦末起义与安徽》（《安徽师大报》1982年9月6日）等二十多篇文章。先生的这些文章深入浅出，兼具趣味性和叙事性，既具有深厚的学术底蕴，又充实丰富了相关问题，同时也为宣传安徽，增强安徽文化软实力做出了贡献。

三、沾溉学林：万绳楠先生的治学特色

万先生近50载甘之如饴地奉献着自己的学术智慧，积累了丰厚的治史思想和治学方法，沾被后学良多，厥功甚伟。其治学特色，概而言之，约有五端。

（一）注重运用阶级分析方法

万先生在魏晋南北朝史研究中十分注重阶级的分析，如对于孙恩起兵，先生引用《晋书》卷六十四《会稽文孝王道子传附子元显传》所记，指出司马元显"又发东土诸郡免奴为客者，号曰'乐属'，移置京师，以充兵役"，结果"东土嚣然，人不堪命，天下苦之矣，既而孙恩乘衅作乱"。对照《晋书》卷七十七《何充传》所记庾翼曾"悉发江、荆二州编户奴以充兵役，士、庶嗷然"，先生认为，司马元显征发东土诸郡免奴为"客"者当兵，这样便大大地影响到了士庶地主的利益。"所谓'东土嚣

然’与骚动，十分明白，是士庶地主的不满，与庾翼发奴为兵，引起‘士、庶嗷然’正同。”所以，先生得出结论说：（孙恩起兵）“不是农民起义，而是一次五斗米道上层士族地主利用宗教发动的、维护本身利益的反晋暴动。就阶级属性来说，是东晋淝水战后，统治阶级内部斗争的继续与扩大。”①

在讨论六镇起兵的性质时，先生也从对领导人的阶级分析出发，提出自己新的看法。他指出，“分析六镇起兵性质时，必须分析镇人中的阶级性”。他认为破六韩拔陵的起兵，“应看到它是由地位降低了的镇民发动的，且有铁勒部人参加，有起义的意义”。而后期葛荣的斗争，性质有了变化，“葛荣部下将领概非镇兵，而全是北镇上层人物”。先生认为，“六镇降户自转到葛荣手上，斗争性质便转化成为统治阶级内部的斗争，转化成为北镇鲜卑化军人集团反对洛阳汉化集团的斗争，转化成为鲜卑化和汉化乃至鲜卑人和汉人的斗争”②。先生的这些论点是值得肯定的。

（二）娴熟运用文史互证的方法

陈寅恪先生在治学方法上，为世人所称道的，是他考察问题时，从文、史、哲多种视角，博综古今、触类旁通的思考，和由此而总结的“以史证诗、以诗证史”的方法。万先生继承了陈先生的治学方法，文史结合，文史兼擅。这在当代史学工作者中是不多见的。他的许多论文，以及《曹操诗赋编年笺证》等专著，都是文史结合的产物。如曹操的《短歌行·对酒》自问世以来，仁者见仁，智者见智，褒贬不一，先生经过研究提出了此诗并非曹操一人所作的新见解，其理由有三：一是诗中“对酒当歌，人生几何，譬如朝露，去日苦多”诸句，与“老骥伏枥，志在千里，烈士暮年，壮心不已”等语相比，情调极不协调，并非一人所写；二是有些诗句如“越陌度阡，枉用相存”，令人费解。曹操在这里是在对谁讲话呢？是承蒙谁的错爱（“枉用相存”）呢？三是全诗连贯不起来，如“何

---

① 万绳楠：《魏晋南北朝史论稿》，安徽教育出版社，1983年，第204—207页。
② 万绳楠：《魏晋南北朝史论稿》，安徽教育出版社，1983年，第294页。

以解忧，惟有杜康"，一下子转到"青青子衿，悠悠我心"，显得很突兀。带着这些问题，先生查阅《后汉书》《三国志》发现，曹操底下的众多名人（共28人）都是在建安初年来到许都的，再联系春秋战国以来，接待宾客要唱诗的事实，先生得出结论：曹操的《短歌行·对酒》是建安元年（196）在许都接待宾客时，主人与宾客在宴会上的酬唱之辞，并非曹操一人所写。①经先生如此一解读，此诗便豁然贯通了。而这种解读却是从文史结合中得来，即把此诗放到一个更大的系统中考察得来。

万先生在考证《木兰诗》《孔雀东南飞》的写作时间以及故事发生背景时，同样使用了文史互证的方法，他从社会经济发展状况入手，研究出《孔雀东南飞》创作于建安五年（200）到建安十三年（208）的九年中②，《木兰诗》则创作于太和二十年（496）到正始四年（507）的十二年中③。这样的结论是颇具说服力的。

（三）坚持用联系的观点研究问题

万先生认为，研究历史上的任何一个问题，都不能作孤立、静止的研究，因为任何事物都不能孤立存在，都与其他事物存在或多或少的联系，因此，必须充分掌握资料，注意事物之间的联系。④正是基于这样的认识，先生一直坚持用联系的观点探讨问题。如南北朝晚期，为什么由继承北周的隋朝来统一，而不由北齐或者陈朝来完成统一任务，先生对此进行了有益的探讨。先生认为，以往学界研究隋时南北的统一问题，强调的仅仅是隋文帝个人的作用，而忽视了对陈、齐、周三方复杂的外交、军事等关系及其演变过程的分析。为此先生从当时陈、齐、周三方力量的对比入手进行探讨，指出："吕梁覆车后的南北形势是：陈朝只占有长江以南的土地，军队主力被全部歼灭；北周占有的土地则北抵突厥，南抵长江，实力远远

---

① 万绳楠：《研究问题要注意事物之间的联系》，《文史哲》1987年第1期。

② 万绳楠：《魏晋南北朝文化史》，黄山书社，1989年，第152—154页。

③ 万绳楠：《魏晋南北朝文化史》，黄山书社，1989年，第187—189页。

④ 万绳楠：《研究问题要注意事物之间的联系》，《文史哲》1987年第1期。

超过陈朝……北周只要再作一两次重大攻击，就完全可以灭掉陈朝，统一无须等待隋朝。"然而为何北周没有统一呢？先生指出："这是由于北方突厥的兴起，从周武帝起，便采取了先安定北疆而后灭陈的政策。……隋文帝在突厥问题基本得到解决，北疆基本稳定之后，出兵很容易地便灭掉了陈朝，实现了南北统一。可隋的统一，基础却是在北周时期奠定的。"①这样的分析与联系，颇具启发意义。

对于"八王之乱"，人们都说是西晋的分封制造成的。先生不同意此说法，认为西晋的分封是"以郡为国"，与东汉、东晋、南朝的封国制度，实质上并无区别，与西周、西汉的分封，则大不相同。他引用干宝在《晋纪总论》中所记及梁武帝的说法指出，"八王之乱，原因在于西晋的封建专制机器转动不灵，在于晋惠帝是'庸主'"。"如果仅仅从'分封'二字立论，我们就必然要犯片面性的错误"②。先生这种对事物进行具体分析，辩证地加以考察，发现其间的内在联系的研究方法，是值得肯定的。

（四）注重开展调查研究

我们知道，社会调查在史料学上占着十分重要的地位，从事社会调查，可以使文献的史料得到进一步的补充和印证。在史学研究中，万先生很注意开展调查研究工作。如20世纪六七十年代，学界在研究农民战争过程中，有学者开展了对方腊研究的学术争鸣，引起了学术界的关注。为了进一步弄清楚方腊起义的真实情况，先生等受北京文物出版社委托，于1975年初带领4名学生深入到皖南、浙西一带考察与方腊有关的历史资料。此时，先生已年过半百，他与几位二十几岁的小伙子一道跋山涉水，在歙县、绩溪、祁门、齐云山、屯溪以及浙江的淳安一带民间四处寻找方氏族谱。"纸上得来终觉浅，绝知此事要躬行。"经过近一年的不懈努力，三下徽州，历尽千辛万苦，终于找到了不少散落在各地的方氏谱牒以及碑刻材

---

① 万绳楠：《从陈、齐、周三方关系的演变看隋的统一》，《安徽师大学报（哲学社会科学版）》1985年第4期。

② 万绳楠：《研究历史要尽量避免片面性》，《光明日报》1984年5月9日。

料，这些资料大多是第一次面世，是学术界未曾注意或利用的，弥足珍贵。先生通过对这些第一手资料的研究，最后得出"方腊是安徽歙县人"的结论，推翻了历史上认为"方腊是浙江人"一说，具有重要的史料价值。这一成果很快便在当时的《红旗》杂志上发表，后又出版了《方腊起义研究》一书（安徽人民出版社，1980年），同时还发表了《关于方腊的出身和早期革命活动》[《安徽师大学报（哲学社会科学版）》1975年第3期]、《方腊是雇工出身的农民起义领袖》（《光明日报》1975年12月4日）等文章，对于深入研究方腊起义，促进学术争鸣，是有裨益的。

（五）强调开展跨学科研究

近年来，跨学科研究成为学术界关注的热点。实际上任何一项学术研究单靠本学科的知识都是无法完成的，研究者一定程度上都要借助于其他学科的知识和方法，历史研究自然不能例外。对此，万先生早在20世纪80年代就提出了开展跨学科研究的主张：

> 研究历史，知识要广一点才好，中外历史、文史哲都应当去涉猎，去掌握。研究东方文明，不联系农业与家族社会是不行的。研究孙恩、卢循起兵，不了解道教是不行的。研究玄学中的派别斗争，不分析曹魏末年政治上的派别之争是不行的，如此等等。只有纵横相连，才能左右逢源，得心应手。[1]

他又指出："我深感我们的史学工作者虽然研究各有重点，但无妨去涉猎中外古今的历史；虽然以研究政治经济史为方向，但无妨去学一点文学史、宗教史、思想史。有时候一个问题的解决，有待于运用经、政、文三结合或文、史两结合的方法，以求互相发明。"[2]作为一个历史学家，先生闳博渊通，能娴熟地将哲学、文学、政治学、经济学等学科的研究方法

---

[1] 万绳楠：《研究问题要注意事物之间的联系》，《文史哲》1987年第1期。
[2] 万绳楠：《史学方法新思考》，《社会科学家》1989年第4期。

运用于历史研究当中，从而在跨学科研究方面为我们树立了典范。

先生之风，山高水长。万先生作为当代著名的历史学家，其在史学研究领域的卓越成就，绝非本文所能尽述。我们回顾先生近50年走过的治学道路不难发现，先生非凡的学术成就固然缘于其过人的禀赋，但最主要的还是得益于其心无旁骛、奋发进取的品格，得益于其独立思考、勇于创新的精神。他留下的数百万言学术论著，以及他的治学精神和治学方法，对后学而言是一笔宝贵的精神财富，我们应继承好先生躬耕一生不舍昼夜的学人精神，专心致志，踔厉奋发，努力多出成果，出好成果，这应是今天纪念先生应有的题中之义。

（作者系安徽师范大学历史学院二级教授、博士生导师）

整理说明

一、为保存和反映万绳楠先生的学术研究成果及其对中国古代史研究的重要贡献，兹整理编辑出版《万绳楠全集》。

二、全集分卷收录万绳楠先生所撰写的专著、论文、科普文章、小说等文字。由于作者写作时间近50年，中经战乱及运动影响，部分早期文章未能查到原文，只好暂付阙如，待将来查考后再作补遗。

三、全集编排原则为：专著、整本小说，仍作整体收入，不打乱原书；论文及科普文章，大体依所撰内容时代编排，并经编委会讨论后命名为《中国古代史论集（一）》《中国古代史论集（二）》；至于其他书信、诗歌、序跋等文字今后将另编补遗之卷以彰学术成就。

四、全集整理编辑已发表过的著作、论文等，正文部分以保存作者著述原貌为原则，即有关撰著形式、行文风格及用词习惯等均尽量尊重原作，仅对错讹之处进行修改。

五、全集注释体例在遵循著述原貌的基础上，分作夹注与页下注两类。在核查文献史料原文后，尽量写明版本、卷帙、页码等信息，以便读者阅读、查考。所核文献均取用万绳楠先生去世以前版本，以存其真。

六、为尽可能准确反映万绳楠先生的学术思想，全集整理编辑过程中，尽量对所收论著与可见到的作者原稿相核校，或与已出版、发表后作者亲笔修改之处相修正，凡此改动之处，限于体例，不再逐一作出校改说明。

七、尽管编者已尽力核校全集文字，但囿于学识、水平及条件所限，其中仍难免出现讹误之处，责任理应由编者承担，并欢迎各位读者来信指正，以便将来修订重版。

编　者

2023 年 10 月

目　录

夏朝的建立与安徽

约在公元前21世纪，我国历史上的第一个朝代——夏朝出现了。夏朝的建立，是安徽历史上的一件大事，为什么这样说呢？

第一，夏朝是在夷、夏人民结合的基础上建立起来的。远古的江淮，为"淮夷"居住的地方。江淮是我国青莲岗文化和仰韶文化的边缘地带，从发掘出来的石镰、石刀、蚌镰和牛、羊、猪、狗的骨骼来看，在氏族公社的晚期，江淮之间的夷族人民（淮夷），已经进入农业和畜牧业时代。而石器的磨光和穿孔，角器、骨器的琢制，陶器花纹的装饰，又表明在工艺美术方面，夷族人民也有相当的水平。生产力的发展，带来了社会组织的变化。在氏族公社晚期，夷族人民已有了部落联盟的组织。这个部落联盟的首领，是著名的涂山氏，而"禹娶涂山氏女"，便是夷、夏两族结合的标志。

《水经注》卷三十"淮水"条，清楚地载明了涂山在淮水南岸的旧当涂县境。此书于淮水"又东过当涂县北"下注："禹娶涂山氏女，不以私害公，自辛至甲四日，复往治水。故江淮之俗，以辛、壬、癸、甲为嫁娶日也。禹娶……即其地也。"这话告诉我们，涂山与淮水南岸的旧当涂，是一个地方。而涂山既在淮水之南，涂山氏便是江淮之间的淮夷的部落首领了。禹娶涂山氏女，目的显然在于取得淮夷对他的支持。

第二，夏朝又是在涂山这个地方建立起来的。《左传》哀公七年说："禹合诸侯于涂山，执玉帛者万国。"禹是沿着颍水东南而下的，到涂山会合了"万国诸侯"。所谓"万国诸侯"，即夷、夏二族各个部落、氏族的首领。而万国诸侯"执玉帛"，表明了他们一致拥戴夏禹为王。涂山盛会，标志着夏朝的正式建立。禹为什么要到涂山来会合"万国诸侯"呢？原因也就是要取得夷族人民的支持。最好的会合地点，除涂山之外，别无他处。

夏朝既是得到以涂山氏为首的淮夷的支持建立起来的，既是在涂山建立起来的，那么，安徽与我国第一个朝代夏朝的建立，或者说，与我国国家的出现，关系就是至为密切的了。

（原载《安徽师大报》1981年12月16日，有改动）

安徽是商朝的发祥地

商朝的发祥地在亳，商亳究竟在哪里？

先说商有几亳。汉人孔安国说，商只有一亳，周文王时，才分亳人为三。晋人皇甫谧说，商有"三亳"：北亳、南亳、西亳。北亳为商汤受命的地方，南亳为商汤建都的地方，西亳为盘庚所徙的地方。谁正确呢？《荀子·议兵篇》中，有"汤以薄"受命的话。注：薄"与亳同"。《后汉书·郡国志二》"梁国"条，又有薄、蒙二县，薄县下范晔注明为"汤所都"。唐章怀太子注《后汉书》，又引晋人杜预的话说："蒙县西北有薄城，中有汤冢。"由此可知薄（亳）既是商汤受命之处，又是商汤建都之处。汤死于此，葬于此。商只有一亳，孔说正确。此亳即景亳，亦即皇甫谧说的北亳。北亳在蒙地，故又称"蒙亳"。按照杜预的说法，是在蒙县的西北。

商只有一亳定下来了，便只须问此亳在哪里了。

据《水经注》卷二十三"汳水"条：汳水"又东迳葛城北，故葛伯之国也……其地葛乡，即是城也，在宁陵县（今河南宁陵县）西十里。……汳水又东迳梁国睢阳县（今河南商丘市）故城北。……汳水又东迳大蒙城北。自古不闻有二蒙，疑即蒙亳也。所谓景薄，为北亳矣。……如孟子之言，汤居亳，与葛为邻，是即亳与葛，比也"。

关于亳的所在地，再没有比《水经注》说得更清楚、更权威的话了。汳水东南流，按《水经注》的说法，汳水是先流经葛城（古葛伯国），然后流经睢阳，再流经汤所居的亳城。如果单从孟子所说，商初汤与葛为邻来看，只能得出亳在葛（宁陵）的东南的结论，还不能得出亳究竟是在河南还是在安徽的结论。如果加上《水经注》说的，葛与亳之间，还有一个睢阳（商丘），亳在睢阳的东南，那商亳就只能是今安徽的亳县了。有些书上顾名思义，将亳注释为商丘（商朝的丘墟）。初商丘为睢阳，不符合《水经注》的亳在睢阳东南之说。亳的东南便是杜预说的蒙县。

再看亳的沿革。亳在春秋时，为陈国之地。在汉时，为沛国的谯县。（据《广韵》）建安时期谯人曹操设置谯郡，治于谯县。北周又于谯郡之地，设置亳州。州治仍在谯县。（据《隋书·地理志》）而谯县即今安徽亳县。这是一条线。亳，在汉时易名为谯。亳的名称重新出现，在北周之时。

问题在于汉既有谯县，又有薄县，而谯既称亳，薄又称亳，这是怎么回事？

亳，原来的范围比较大，汉析为二，一称谯，一称薄。自曹操立谯郡，治谯县，而薄城的名称不见，显然是又将薄与谯合并了，统以谯为名，当作谯郡的郡治。唯其如此，所以北周于谯郡之地设州，又以亳为名，形成谯郡与亳州合一，谯县与亳县合一。

由此可以得出结论：商亳在今安徽亳县之地，商朝发源于安徽。

（原载《安徽师大报》1982 年 2 月 22 日，有改动）

安徽是相对论的故乡

　　《庄子·秋水篇》记有庄周和惠施在濠梁之上观鱼的一段问答，问答中借"子非鱼"，"子非我"，"安知鱼之乐"，"安知我不知鱼之乐"，在哲学史上第一次提出了认识的相对性问题。据《水经注》卷三十，豪（濠）"水出阴陵县（今定远西北）之阳亭北"，东北流经钟离县（今凤阳），注于淮水。可知此水在安徽。安徽是相对论的故乡。

　　庄周认为，认识的主体、角度、标准、能力不同，所得出的结论也就不同。譬如贵贱，"以道观之，物无贵贱；以物观之，自贵而相贱；以俗观之，贵贱不在己"。大小，"以差观之，因其所大而大之，则万物莫不大；因其所小而小之，则万物莫不小"。有无，"以功观之，因其所有而有之，则万物莫不有；因其所无而无之，则万物莫不无"。是非，"以趣观之，因其所然而然之，则万物莫不然；因其所非而非之，则万物莫不非"。在庄周看来，标准、角度不同，人们对贵贱、大小、有无、是非的判断也就不同。贵、贱、大、小、有、无、是、非，都只有相对的意义，不是绝对的。虽然，庄周不知道事物的性质具有相对的固定性，不知道相对之中有绝对，最后得出了万物一齐（"齐物"）的错误结论，但在人们的思想为绝对化所禁锢，把贵贱、大小、有无、是非看成绝对对立的东西的时候，庄周破天荒地提出事物和认识事物只有相对的性质，这对打破人们僵化的头脑，拓展人们狭隘的眼界，将起何等重大的作用！

　　惠施也发现了事物的相对性。如在大小上，惠施曾用"至大无外，谓之大一；至小无内，谓之小一"，去说明最大的和最小的东西，都没有极限（无外，无内），而大小又是联在一起的，是"一"的两个方面（大一，小一）。这就是说，人们所谓大小，只有相对的意义，无绝对的大，也无绝对的小。在同异上，惠施提出了"小同异"和"大同异"。小同异指两个以上的具体事物有同的一面，也有异的一面；大同异指万物都有同的一面（"毕同"），也都有异的一面（"毕异"）。同异是相对的，无绝对的同，也无绝对的异。与庄周一样，惠施最后得出的"天地一体"、万物毕同的结论是错误的，但他对事物的相对性的论证，比庄周还要严密。

人们往往用"奴隶主"没落思想和诡辩数字，来否定庄周的思想。殊不知没有相对论的创立，也就没有相对和绝对这样一对哲学范畴和它们之间的对立统一关系，也就没有为人们所艳称的庄周汪洋恣肆的文风。

（原载《安徽师大报》1982年6月3日，有改动）

淮夷——安徽古代的重要民族

淮夷——住在淮河南北的夷人，是安徽古代历史上的重要民族，对安徽历史的发展，作出过极大的贡献。

考古发掘证明，淮夷在夏代以前，已经使用石镰、石刀、蚌镰进行农业生产，畜牧猪、狗、牛、羊，而石器的磨光与穿孔，角器、骨器的琢制，陶器花纹的装饰，又证明淮夷在工艺美术方面，也有相当的水平。

夏初，在淮夷中先后产生了两个著名的部落首领。一是涂山氏。他支持夏禹，把女儿嫁给夏禹，协助夏禹在涂山建立夏朝。这是夷夏两族友好、共同创造历史的生动证明。二是夷羿，即后羿，神话传说中奔月嫦娥的丈夫。他是淮夷部落首领中继涂山氏而起的著名历史人物。"羿射九日"的故事，表明他曾率领夷族人民，对淮河流域的旱灾进行过顽强的斗争。夏王"太康失德"，他起来赶走了太康，"因夏民以代夏政"，一度成了夷夏两族的最高君主。

夏商两朝的灭亡，都与夷族人民的反抗有关。据《后汉书·东夷传序》，夏末，"桀为暴虐，诸夷内侵"，支援了商汤的"革命"。商朝时，夷人内迁，"渐居中土"。这本来有利于夷人的进步与夷夏两族的融合，可商王竟因此出征夷方。夷人奋起反抗，给了商朝奴隶主的统治以有力的打击。商末，纣王拼全力攻打夷人，以夷人为奴隶。夷人虽然被武力镇压下去，可是"纣克东夷，而殒其身"，西边的周武王起来把商朝灭掉了。这说明夷人——主要是淮夷，有悠久的、光荣的民族斗争和阶级斗争的传统。

西周在淮夷居住的徐地（今泗县西北的古徐城），封了一个徐国，用夷族首领做封君。徐国在西周时，出了一个有名的封君——徐偃王。他是继涂山氏、夷羿而起的，安徽历史上又一个杰出人物。《后汉书·东夷传序》说他有"地方五百里，行仁义，陆地而朝者三十有六国"。唐章怀太子注引《博物志》还提到他曾"沟通陈蔡之间，得朱弓、朱矢"。行仁义，是仿效周文王；沟通陈、蔡，是沟通夷、夏。"陆地而朝者"之所以达到三十六国之多，原因便在于他能行仁义，沟通夷夏，发展夷夏两族的友好关系。周穆王对他很害怕，派楚文王来打他。他北走武原县东山下，"随之者以万数"。后来武原县东山，便被叫作"徐山"。

周厉王无道，"淮夷入寇，王命虢仲征之，不克"。周宣王"命召公平淮夷"，只把淮夷暂时压服下去。到宣王的儿子幽王时，西周便在内外交侵中灭亡了。

春秋时期，疆域达到江淮地区的楚国，承认淮夷是一大势力。楚灵王与蔡侯、陈侯、郑伯、许男会于申，淮夷"亦来豫盟"。春秋末年和战国初年，由于邗沟的开凿和鸿沟水系的构成，把淮夷地区和中原、吴越连成了一片。淮夷与华夏族和越族关系很好，联系频繁。到战国时期，我们可以看到，淮夷地区的文化有了很大的发展。庄周和惠施在濠上（濠水为淮河支流），共同创造了哲学上的相对论。这是安徽文化史上的一件大事。

淮夷逐渐与华夏族融合了。"秦并六国，其淮、泗夷皆散为民户。"从此，淮夷成了秦朝统治下的编户齐民，曾被称为夷方之地的安徽，也就成了华夏之邦。

（原载《安徽师大报》1982年4月8日，有改动）

秦末起义与安徽

安徽是秦末起义的主要舞台之一。这可从起义的地点和人物的籍贯得到说明。

大家知道，陈胜起义于蕲县的大泽乡，而大泽乡在今宿县东南的西寺坡公社刘村集附近。关于陈胜的籍贯阳城，今有数说。《安徽通志》卷五十《舆地志》谓"阳城在宿州南，秦置县，陈胜生此。魏时县废。《纲目》质实阳城故址在凤阳府宿州南"。不能排斥陈胜可能是安徽人。陈胜在攻占陈县之前，曾派符离人葛婴攻打蕲、铚、谯等许多县城。符离即符离集，蕲县在宿州南。铚县即濉溪临涣集，谯县即亳县。陈胜在攻占陈县之后，又曾派"汝阴人邓宗徇九江郡"。汝阴即阜阳，九江郡汉时一度改为淮南国。与此同时，铚人董缗、符离人朱鸡石、六县（今六安）人黥布等纷纷起兵响应。安徽在陈胜起义中的重要性，可想而知。

陈胜起义于安徽，最后失败也在安徽。他在下城父（亳县城父集）被杀害，葬于砀县。

刘邦则起义于"芒、砀山泽岩石之间"。《安徽通志》考证芒山在砀山北八里，山中有"皇藏峪"，相传为刘邦避仇藏身之处。刘邦西入武关灭秦，又是从砀郡出发。然则，安徽又是刘邦起义的地方了。

被刘邦称为"运筹帷幄之中，决胜千里之外"的谋士张良，《史记》说他是城父人，城父即亳县城父集。

再看项羽。项羽起兵于吴，"以八千人渡江而西"。可一过江西，他便得到了在东阳（今天长县西北）起义的陈婴支持。渡淮后，又得到了六县人黥布的支持。兵力增加到了六七万人之多。

被项羽尊为"亚父"的范增，是居巢人。居巢故城在巢县东北五里。

可以这样说：项羽进入安徽，得到安徽人民的支持，这是他的事业发展的起点。

项羽是下相人。下相一般认为在苏北。而《安徽通志》考证下相故城在废临淮县北。临淮县清时并入凤阳县。这样说来，连项羽本人也有安徽人的嫌疑了。

公元前202年，刘邦会同韩信、黥布、彭越诸军，包围项羽于垓下。垓下即今固镇县的垓下聚。这是"霸王别姬"的地方。项羽突围渡淮南逃，到阴陵（定远西北六十里）迷道。"田父"骗他向左，左边是沼泽地带，以致为汉军追出。项羽又向东逃到东城（定远东南五十里），汉军有数千骑追来。他自知无法逃脱，自刎于和县乌江镇东南的乌江边上。乌江边有一个"项亭"，相传为乌江亭长撑船迎接项羽之处，也是项羽穷途末路自刎而死之处，刘邦最后战胜项羽之处。

（原载《安徽师大报》1982年9月6日，有改动）

睢、涣之间出文章

淮北，曾经是安徽的一块文化宝地。"睢、涣之间出文章"的谚语，流传了千百年，只是现在在人们的记忆中淡薄了。

据《水经注》，古代睢水自西向东，流经亳城、符离（今宿县符离集镇）等地，注入泗水。涣水自西向东，流经亳城、铚县（今濉溪县西南临涣集）等地，注入淮河。涣水有一条支流，叫苞水，流经谯县（今亳县），至铚县嵇山之北，入于涣水。睢、涣流域，跨有今阜阳、宿县两个地区。

何以见得"睢、涣之间出文章"呢？

拿亳与铚二地来说，这二地在历史上，特别是在魏晋时期，产生过不少的政治家、思想家、文学家、艺术家、科学家。而不管是哪一家，都能诗、能文。他们的作品，在文化史上占有极高的地位。

大家知道，谯县在汉末，产生过文学巨匠曹操父子，他们开拓了一代文风，史称"建安文学"。此后，谯县并非无人。例如：晋末谯人戴逵，《晋书》中称他"少博学，好谈论，善属文，能鼓琴，工书画，其余巧艺，靡不毕综"。简直是个全才，"时人莫不惊叹"。特别值得称道的是，最早站出来反对佛教神不灭论的，便是戴逵。他有一篇《流火赋》，赋中写道："火凭薪以传焰，人资气以享年；苟薪气之有竭，何年焰之恒延？"后来，何承天以薪火喻形神，范缜以刀刃喻形神，用神灭论来反对佛教的神不灭论，是戴逵神灭思想的继承与发展。戴逵，是反对佛教神不灭论的先驱。

铚县在魏晋时期，产生过两个著名人物——嵇康与桓伊。

嵇氏故居在铚县嵇山之北，濒临苞水。嵇康是曹魏末年的人。他既是思想家，又是文学家、艺术家。而他的诗文与艺术，又融会了他的思想。径遂直陈、自然流出，是他的诗文最显著的特点。他在文学上的突出成就是在四言诗方面。陈祚明《采菽堂古诗选》说他的四言诗"饶隽语，以全不似三百篇，故佳"。这话说对了，嵇康在文学发展史上，有一个重大的功绩，即在《诗经》三百篇之外，另行开辟了一条四言诗的途径，使四言诗重新获得了生命力。他用四言诗来写自己的思想、怀抱与情操。其长篇《幽愤诗》达八十六句，先写出身"少遭不造"，继写思想"抗心希古"，任其高尚之志，后写因为"好善暗人"所罹的不幸的遭遇与所持的情操。读来使人深感无疑是一篇四言《离骚》，与三百篇大异其趣。

东晋著名画家顾恺之最重嵇康的四言诗，曾为嵇康四言诗作画，他画"目送归鸿，手挥五弦"，"恒云：手挥五弦易，目送归鸿难"。顾恺之为什么说"目送归鸿"难画呢？因为这句诗蕴藏了嵇康遥念远方人的全部琴思。要将嵇康的琴思入画，是很不容易的。"目送归鸿，手挥五弦"，这两句诗格调高，情意深，语言自然、秀气，很能代表嵇康四言诗的风格。

散文是嵇康用来反对士族儒门利用贵名教，"以天下私亲"的锐利武器。凡是读过他的《与山巨源绝交书》的人，很难不为他思想的明快、语言的尖锐所吸引。此文表达了他始终不渝的反名教的精神，痛骂了山涛的趋炎附势，揭露了司马氏统治下的虐政。鲁迅先生很欣赏嵇康的散文，曾专门为之校刊。

嵇康深通音律，创制过《广陵散》一曲，每自操琴弹奏。此曲为当时绝唱，惜乎嵇康罹难后不传。

"人杰地灵"，嵇康死后百年光景，铚县又出了一个著名的音乐家、诗人、爱国者，名叫桓伊。他是淝水之战中，东晋名将之一。在与前秦苻坚大战中，大破敌军百万，立了大功，官至都督诸州军事、刺史。可他喜爱音乐，并不热衷于功名。他在音乐上的造诣，达到了"尽一时之妙，为江左第一"的极高水平。他既善于吹笛弹筝，又善于歌唱。唱词脱口而出，唱到最后一个字，便是一首完美的诗。他有蔡邕的柯亭笛一管，随身带着，自己常常吹，人们请他吹，他也从不拒绝。他的笛声与江左人民的感情融会在一起。

淝水之战后，谢安、谢玄为司马道子、王国宝一派腐朽的势力所排挤，谢安的北伐计划被破坏，克复神州的希望最后幻灭了。在这件事情上，孝武帝要负很大的责任。有一天，孝武帝召桓伊到内廷饮宴，谢安陪坐。桓伊乘这个机会，请抚筝而歌怨诗。他边弹边唱道："为君既不易，为臣（指谢安）良独难，忠信事不显，乃有见疑患（指孝武帝听信谗言）。周旦佐文武，金縢功不刊，推心辅王政，二叔反流言（指司马道子、王国宝陷害谢安）。"这是他当场谱写的一首讽刺诗，他唱得声节慷慨，谢安为之泣下沾衿，孝武帝则甚有愧色。桓伊临死犹以六合未一，余烬未灭为念。爱国之心，数十年如一日。

将以上数人在文学艺术上的成就，放到我国文学艺术发展史上去衡量，就可知道睢、涣文章，曾经光照神州，不仅是安徽而且是祖国文化宝库中难得的瑰宝。

（原载《安徽日报通讯》1981年8月，有改动）

"竹林七贤"

魏末晋初，有七个很要好的朋友，他们的名字是嵇康、阮籍、阮咸、刘伶、向秀、山涛、王戎，都是哲学家，被人称为"竹林七贤"。后来，因为政治态度不同，友谊也疏远了。

这七个人可以分作三类。第一类敢说敢言，坚持真理，不管压在头上的力量有多大，也毫不畏惧。这类人只有嵇康一人。嵇康是安徽人，他正面抨击了封建统治阶级的说教。统治阶级说儒家所规定的封建道德好，大家要顺从；嵇康说，仁义是"尸腐"。统治阶级说六经好，大家都要读；嵇康说六经"未必为太阳"，不学"未必为长夜"。他还有更厉害的一手，干脆揭了统治阶级的底，说他们所以要提倡仁义，要人读经，目的在于麻痹人民，"宰割天下，以奉其私"。

在封建社会里讲这样的话，是非常危险的。嵇康知道这些，但他并不考虑个人的幸与不幸，实在很了不起。

第二类人开头也敢讲话，后来经过统治者一压，便不敢讲了，于是"超然物外"，或寄情美酒，混一天，算一天。这类人有阮籍、阮咸、刘伶三个。像阮籍，他曾痛骂那些守封建礼法的正人君子是裤裆里的虱子，后来经过何曾一压，说要惩办他；同时，他又看到嵇康的确被杀害了，心里怕得很，便消沉下来，"口不臧否人物"，被司马昭称为"至慎"的人。这一类人，内心很苦闷，拼命喝酒，出外茫然不知所之。统治阶级虽然没有把他们杀掉，但他们却自己毁了自己。

第三类人是向秀、山涛、王戎，他们平日就不敢讲话，一旦情况不对头，还见风使舵，跟统治阶级一个鼻孔出气。比如向秀，他和嵇康本来关系很好。嵇康被杀，他觉得情形不妙，立即向统治阶级靠拢，做起官来，还骂嵇康是"狷介之士"，不足"多慕"。他为《庄子》作注，处处发挥"内圣外王"的道理，为统治阶级宣传。山涛和王戎也是这样，一个硬说老庄"明自然"，圣人"贵名教"，彼此没有什么不同；一个则变成了完完全全的维护封建礼法的儒家"君子"。二人都官高一品。但历史并没有饶过他们，谁不清楚他们是卑鄙肮脏的人呢？嵇康、阮籍也没有饶过他们，嵇康写信同山涛绝交，阮籍用"白眼"瞧王戎，当面骂他为"俗物"。

可见"竹林七贤"并不都"贤"，其中以嵇康最好，他为了真理，命都不要，骨头硬、风格高，最值得尊敬。鲁迅先生十分尊敬嵇康，为他校对整理文集，说像他这样的人，是中华民族的脊梁。的确，反抗反动统治阶级的思想统治，坚持真理，是我们民族的优良传统，是我国知识分子的优良传统。

（原载《安徽日报》1962年5月22日，有改动）

鲍敬言：横迈时空的预言家

　　历史，幸运地记下了那个封建暗夜里一个千古叛逆者的朦胧剪影和片断言行。隔过漫漫时空，他那"无君无司"的倡语，依然振聋发聩……

　　暮春二月，江南草长。

　　燕子矶头，迎风站着一个白衣少年，清澈的目光，久久落在东逝的江水上，帽带衣袂在春风中飘荡。

　　忽然，他惊觉矶上不止他一人，眼光微扫左侧，正有一个身穿青袍的老道士站在八尺开外，不知何时来的。

　　"鲍生何思之深也！"老道清瘦的面庞绽开了微笑。

　　"原来是稚川先生。"被叫着鲍生的转身一揖到地。"晚生敬言正在思索皇帝的由来问题。"

　　这位先生姓葛名洪字稚川，道号抱朴子，是东晋初年江东五斗米道的著名信徒与理论家。鲍敬言的话，使他一怔，诧异地问道：

　　"皇帝者，圣人也。圣人之出，受命于天。鲍生何思之有乎？"

　　鲍敬言闻言，不禁呵呵大笑起来，笑声直可穿金裂石。

　　"先生！"鲍敬言道，"嬴政征服六国，才做了秦始皇；刘邦灭了项羽，才成为汉高祖；我朝（晋朝）文帝杀了魏帝曹髦，武帝才能有天下。八王之乱，赵王司马伦做过短暂的皇帝。皇帝何圣人、天命之有乎？争强弱而较愚智，胜者为帝王，此帝王之所由来，彼苍天果无事也。"

鲍敬言说来从容，葛洪听得却未免惊心。他不同意这个年轻人的话，反驳道：

"鲍生应知秦始、汉高、我朝武帝之所以成为胜者，即在他们都是圣人，应天而受命。"

鲍敬言目光一闪，问道：

"匈奴刘氏掳我怀、愍二帝，灭我洛阳朝廷，称帝于平阳，易晋为汉。刘渊、刘聪是胜者，先生是否承认他们是圣人而应天受命呢？羯人石勒灭刘氏，称帝于襄国，先生是否承认石勒也是圣人而应天受命呢？"

"这……"葛洪无法回答。

鲍敬言缓缓说道："先生，江风苦寒，矶上不宜久留，走吧！晚生要请教的地方正多。"

这一老一少离开燕子矶，向栖霞山走去。

笔者趁此，交代魏晋时代"天人之际"学说的变革，以明鲍敬言何以能得出君臣之道的产生"由乎争强弱而较愚智，彼苍天果无事也"的结论。

汉朝的董仲舒著《春秋繁露》，提出了"天人合一"之说，倡导天道为本，人事为末。皇帝是天之子，由上天派到人间，代天治民。皇帝所尊奉的儒家的三纲五常之教，亦从天来，谁也不能反对。后来，班固又写《白虎通德论》，按照皇家意志，用图、谶与虚妄的"纬书"，来解释儒家的经书，给儒学涂上了浓厚的迷信色彩。"天人合一"更进一层变成了"神人合一"。两汉皇家是想用"天人合一""神人合一"的说教，把皇帝说成"与神通精"，以维护汉皇的统治。可是汉朝越强调天，汉朝的统治也就越走向黑暗。桓、灵二帝时代，竟出现了被称为"使饿狼守庖厨，饥虎牧牢豚"的虎狼政治。那时宦官当政，以党锢人物为代表的有识之士，被全部锁进了监狱。大饥饿、大疫疠在全国各地疯狂肆虐。国家的一切生机都被断送了，黄巾军在冀、兖等八个州擂响了造反的战鼓。信天，而天却给人们带来了这样沉重的苦难，人们自不免要问一问：

"苍天哪，你到底是怎么一回事？你到底值不值得人们去相信，去崇拜？"

每个时代都会有一些先进人物走在前列。曹操撰文自明本志，表白他从来"不信天命之事"，并写诗大声疾呼"天地间，人为贵"。与他同时代的仲长统，公然把天人关系颠倒过来，在《昌言》中声称："人事为本，天道为末。"诸葛亮更加激进，他喊道："造化在乎手，生死在乎人。"这些人振臂一呼，汉帝、汉儒筑起的天国倒塌了，人、人事、人性、人才、人谋被提到了空前重要的地位。以玄学为代表的魏晋哲学，居然把天从哲学中赶了出去，代之以自然。

鲍敬言把魏晋以来天人关系的颠倒，用去考察君臣之所由起，隶属役御关系之所由生，从而在帝王起源问题上，得出了"由乎争强弱而较愚智，彼苍天果无事也"的新结论。这是暴力论。当然，那时的鲍敬言并不了解国家出现的必然性及国家的阶级性质，但他推翻了君权神授的传统说法，提出全新的暴力争夺论，在对皇帝由来的看法上，将导致革命性的转变。

回过头来我们再说鲍敬言和葛洪。他二人在路上把争论转到了皇帝的本质上。葛洪边走边问：

"老弟既然认为天子不是受命于天，而来自人与人之间的争强弱，较愚智。既来之自私，又何以解释明王在上，群后尽规，坐以待旦，昧朝旰食，为民兴利除害，受到百姓欣戴呢？"

鲍敬言又一次响亮地大笑起来，笑声在林间、在田野、在天空回荡。他侃侃言道：

"人们争做天子，为了什么？是为民兴利除害吗？否，否，否。天子有无上权威，无限权力，谁做了天子、皇帝，谁就可以肆酷恣欲，屠割天下。"

"老夫不能同意。"葛洪大声道，"天子设官分职，宇宙穆如，岂是为了屠割天下？"

"先生，天子设官分职，正是为了屠割天下。有司设则百姓困，下民贫。"鲍敬言的声音有如暮鼓晨钟,在春风中敲响。

"老弟是否可以举例说明?"葛洪道。

"可以。"鲍敬言道,"秦始皇造阿房宫,起土木于凌霄,列离宫于绿野。高山搜宝,深渊采珠。聚玉如林,不足以极其变;积金成山,不足以赡其费。中外殿观一百四十五,后宫列女万余人,尽六国之选,气上冲于天。视天下财物、美女尽为己有,极屠割之能事。秦之始皇,如此而已,岂有他哉?"

"老弟未免偏激。"葛洪道,"且不谈秦始皇。汉朝文、景二帝,与民休养生息,田租三十取一。老弟认为这是不是屠割天下?"

鲍敬言反问道:"《汉书》有言,文景之世,太仓之粟,陈陈相因。黄藏积钱之多,贯朽而不可校。先生认为这么多的粮食与金钱,是否出自民间?"

"当然出自民间。"

"那还不是屠割?"

葛洪一时想不到话反驳。鲍敬言又道:

"先生对本朝是很熟悉的。洛阳朝廷,上下无不爱钱,成公绥、鲁褒先后著《钱神论》加以讥刺。武帝聚钱不知纪极,后来居然想到卖官。刘毅骂他卖官钱入私门,连桓、灵二帝也不如。王恺是武帝之舅,武帝居然赐给他一株二尺多高的珊瑚树,以与石崇争豪。更有进者,自平吴后,武帝掖庭内宠,已达万人,直可与秦始皇比美。这样多内宠从哪里来呢?想来先生不会忘记,武帝曾下令禁天下嫁娶,命有司广采良家美女,以充后宫。这难道不是屠割天下,以恣其欲吗?"

葛洪听得心惊肉跳,想阻止他再说下去,停步道:

"老弟,本朝的事,不谈了吧。"

"哈哈,"鲍敬言笑道,"谈本朝的,不止晚生一人。鲁褒不是说洛中朱衣当涂之士,爱我家兄(钱),当无已已吗?干宝不是说本朝官者为身择利,情匿奔于货欲之涂吗?他们不过没有把矛头指向皇帝,不敢说皇帝役彼黎庶,以养百官,百官替他屠割天下罢了。屠割天下,乃皇帝本质。"

"老弟，栖霞山到了，登高一览如何？"葛洪想缓和一下气氛。

鲍敬言望着葛洪一笑，道："晚生能随先生游览栖霞，幸甚，幸甚！"

二人指点江山，边笑边谈，拾级登山。他们在谈江南风物，也在谈五斗米道，比之适才的气氛，大有不同。

笔者在此交代：鲍敬言之所以产生"屠割天下，由于为君，故得纵意"的激烈思想，与他对西晋灭亡历史的思考，关系最为密切。中国的君主专制制度发展到西晋，更加深刻地暴露出了它的腐朽性。早在魏末司马氏当政之时，嵇康已向那些"凭尊恃势"的人物特别是封建君主，提出了挑战。他写了《大师箴》，声言仁、礼、刑、教，都是那些凭尊恃势的人为了以天下"私其亲"而"造立"出来的。他们只知道"宰割天下，以奉其私"。尤其是君主，"昔为天下，今为一身"。如果"君位益侈"，祸害势必益烈。今日丧乱弘多，"祸蒙丘山"，总根源就在君位之侈，就在君主被抬到了神圣的地位，拥有"宰割天下"的最大的权力。嵇康还写了《答向子期难养生论》，提出了他自己的带有民主性的政治思想——"以天下为公"。他是一个预言家，他的预言"君位益侈""祸蒙丘山"，在司马氏夺取政权建立西晋后，在以皇帝为首的达官贵人的骄奢淫逸中，在诸王无休止的争夺皇帝宝座的战争中，完全表现出来了。

西晋自皇族以下，士族官僚"奢侈之费，甚于天灾"。慢说是皇家，即使是一个官僚，如何曾，日食万钱，"犹云无下箸处"，而此人却是西晋三大孝之一。他的儿子何劭日食二万钱，超过乃父一倍，可谓"不孝"。洛阳贵族妇女"皆不耻淫佚之过，不拘妒忌之恶……父兄不之罪也，天下莫之非也"。班昭《女诫》至此也不起作用了。可注意的是皇帝对这种骄奢淫逸之风，不是压制而是纵容。石崇与王恺是奢侈的代表人物，武帝却帮着王恺与石崇比富。贾氏姊妹贾南风与贾午，是淫逸的代表人物。武帝明知"贾家种妒"，却要娶贾南风为皇太子妃，皇帝的纵容与支持，遂使西晋朝野上下骄奢淫逸之风狂吹不止。

西晋的官吏有种种特权。官吏都可"以品之高卑荫其亲属，多者及九族，少者三世"。根据这个规定，所有官吏和他们的亲属可免除一切课、役，多者达到九族全免。难怪达官贵人纵情极欲，毫无顾忌。

西晋设官分职，考虑的也是专制的利益，官吏的利益。西晋的专制政治有一个很大的特点，即机构多，官属多，兼职多，"望空署名"者多。以此，"机事之失，十恒八九"。而在皇帝看来，一个机构多、官多、无效率的政府，既可满足世族做官图财的要求，又对君主集权于一身，屠割天下有利。

西晋的专制走到反面，就出现了八王之乱与匈奴贵族刘氏的起兵，招来了西晋本身的灭亡。

鲍敬言的可贵之处，是他既看到了西晋世族自皇家以下，"壅崇宝货，饰玩台榭，食则方丈，衣则龙章，内聚旷女，外多鳏男，采难得之宝，贵奇怪之物，造无益之器，恣不已之欲"，又看到了农民"田芜仓虚，杼柚之空，食不充口，衣不周身"，于是发出了一个疑问：统治者"非鬼非神，财力安出哉"？他的结论是很明白的：出自统治者对人民的"劳之不休，夺之无已"。在统治阶级中，谁是最大的劳之者，夺之者呢？鲍敬言看出了是"人君"。他抨击"人君采难得之宝，聚奇怪之物，饰无益之用，厌无已之求"。他认清了"屠割天下，由于为君"，"有君"是一切祸害的总根源。而他所说的"人君"，正是西晋世族的总头目晋武帝腐朽面貌在他的头脑中的概括。

鲍敬言既然认为"屠割天下，由于为君"，一切祸害，"皆有君之所致"，既然认为衙门百官，既是皇帝借以屠割天下的工具，又是贪得无厌的蛀虫，最后的结论，就必然是有君为害，无君为利；有司为害，无司为利。为天下计，为苍生计，莫若废除君主，废除为君主屠割天下百姓的国家机器。

且听鲍敬言和葛洪在栖霞山上发生的又一次争论。

鲍、葛二人攀上了栖霞山巅。山巅风光吸引了鲍敬言，他游目四望，发出了一声慨叹：

"江山谁作主，花鸟自迎春。"

葛洪眼光一闪，似乎抓到了机会，应声道：

"江山君为主，临民有百官。"

鲍敬言也不看葛洪，只是一连摇头道：

"不行，不行，不行。有君不如无君，有司不如无司。君臣既不能为江山主，亦不能为百姓主。"

"无君无臣，天下岂不是要大乱？"

"不会的，先生。"鲍敬言眼里现出了异彩。"上古之世，无君无臣，民自为主，穿井而饮，耕田而食，日出而作，日入而息，泛然不系，恢尔自得，不竞不营，无荣无辱，势利不萌，祸乱不作，干戈不用，城池不设。万物玄同，相忘于道，凤鸾栖息于庭宇，龙麟群游于园池。但闻天下大治，不闻天下大乱。"

葛洪闻言含笑道："老弟才高八斗，出口成章。上古之世，无君无臣，民自为主，祸乱不作，诚如弟言。但当今之世，却不可无君无臣，道理何在？老弟自明。"

鲍敬言笑道："晚生并未说现在就要把君臣废掉，但君臣必废，时间或迟或早而已。"

葛洪正色道："天不变，道亦不变。君臣之道，现在不会废，将来也不会废。"

鲍敬言哂道："先生又说天道了。晚生读百家之言，察阴阳之变，以为天地之间，但有阴阳二气。二气化生万物，决定万物的属性。万物各依其性，各附所安，乐阳则云飞，好阴则川处，无尊无卑。若论天道明阳，反足可证天地之间，本无君臣上下。君臣现在虽然存在，可以预言，将来必归于无有。一旦君臣都被取消，太平世界立可出现。"

"老弟思路何至于此！这是叛逆思想，太危险了！"葛洪叹惜道。

"哈！哈！哈！哈！哈！"鲍敬言站在山头，向着苍穹大笑。

笔者按：鲍敬言的无君无司论，实质是要把封建君主连同封建国家统统废掉。他是世界上最早的一个"无政府主义者"。他的无君无司论是在历史进入中古时期提出来的，因此具有强烈的反对封建君主专制政治的意义。君为臣纲，是封建思想的核心；君主专制，是封建政治的脊髓。在我国中古时代，产生这样一种以有君有司为害，以无君无司为利的思想，无异于一颗划过封建长夜的灿烂明星。那时没有新的生产力、新的生产关系、新的阶级，鲍敬言当然不会了解国家与帝王的产生是一种历史现象，也就当然找不到变有君有司为无君无司的途径，而只能"贵上古无君之治"。因而他的无君无司论只能是一种空想，这颗闪亮的明星也只能在封建的夜空中一闪而过。但国家既是历史的产物，最终是要在历史上消亡的。鲍敬言猜到了。

鲍敬言无文章传世。因此，我们倒要感谢葛洪。他写了一篇《诘鲍篇》，收入《抱朴子·外篇》中，单是读他摘引的鲍生的片断言论，我们已能感觉到那位年轻人对历史思考之深，对君主专制弊端观察之细，攻击之烈，与对无君无司世界的向往之殷。

（原载范炯主编《伟人的困惑：古中国思想者卷》，辽宁人民出版社，1992年，有改动）

"江左第一"的音乐家桓伊

桓伊,字叔夏,又字子野,小名野王,东晋时期谯国铚县(今安徽濉溪西南)人。年轻时便善于唱歌、吹笛、弹筝,"尽一时之妙,为江左第一"。他唱挽歌与羊昙唱乐歌、袁山松唱《行路难》曲,被当时人称为"三绝"。他有一管"柯亭笛",据《搜神记》载:"蔡邕尝至柯亭,以竹为椽。邕仰眄之,曰:'良竹也。'取以为笛,发声嘹亮。"又据伏滔《长笛赋》叙载:柯亭笛,"音声独绝,故历代传之。而不幸折于孙绰妓之手"。桓伊得此笛,如获至宝,坐、卧、走路、乘车、骑马,都不离这管笛子,每当奇妙的笛声一起,人们便知是桓伊在吹,农人为之停锄,行者为之止步,士子为之掩卷,真正是名满天下。

《晋书·桓伊传》称,"伊有武干,标悟简率,为王濛、刘惔所知,频参诸府军事,累迁大司马参军"。他成名的时代,正是北方前秦皇帝苻坚朝思暮想灭亡东晋的时代。为了挽救东晋,孝武帝朝议选能拒捍疆场者,乃授桓伊淮南太守。又桓伊御军有方,进而用他做了督豫州十二郡和扬州之江西五郡军事、建威将军,淮南、历阳两郡太守。后因他与谢玄共破苻坚别将王鉴、张蚝等,以功封宣城县子,又进都督豫州诸军事、西中郎将、豫州刺史,自负保卫淮河以南、长江以西的重任。公元383年,苻坚出动百万大军,打到淮南,桓伊与谢玄一起,"以精锐八千涉渡淝水",大破苻坚于淝水西岸,创立了我国历史上以弱胜强、以少胜多的著名战例,桓伊与谢玄并列为淝水大捷的名将,以功被孝武帝封为永修县侯，进号右军将军。

难得的是，桓伊虽有大功，但非常谦虚、朴素，并不盛气凌人，总是以吹笛自娱、娱人。有一天，王徽之（王羲之的儿子）奉召赴京，泊舟青溪侧，这时恰好桓伊乘车沿着青溪行驶。王徽之虽不认识桓伊，可同船的客人认识，指着车上的桓伊向王徽之说："车上的人便是有名的吹笛能手桓野王。"王徽之便要客人去请。桓伊马上下车，走进船来。王徽之想请桓伊吹笛，又不好开口，便由客人代请。桓伊此时已十分显贵，但并不计较，立即吹奏《三调》。据说《神奇秘谱》所载的琴曲《梅花三弄》，即根据桓伊的笛曲《三调》改编而成。全曲主调出现三次，亦称为"三弄"。桓伊曲毕，便上车远去，没有一点名将的架子。

淝水之战胜利后，此战的组织者、指挥者、宰辅谢安，上疏请求孝武帝乘胜北伐，以"混一文轨"。孝武帝乃拜他都督扬、江、荆、司、豫、徐、兖、青、冀、幽、并、宁、益、雍、梁十五州军事，兴师北伐。前锋都督谢玄连克兖、青、司、豫四州，进据三魏。也就在这个时候，以司马道子、王国宝为首的一派腐朽的官僚地主势力，极力诋毁谢安，反对北伐。孝武帝听信谗言，罢了谢安的官，把军政大权交给司马道子，还下令召还谢玄。谢玄在路上患病，这又给了司马道子等人一个借口，索性让谢玄回京口（今镇江市）养病。北伐于是成为泡影。

当时，桓伊在长江中游镇守，听到此事，深为谢安、谢玄抱不平。他来到建康，孝武帝召他赴内宴，谢安侍坐。孝武帝命他吹笛，他吹了一弄，放下笛子说，他弹筝虽然不及吹笛，然而自足以"韵合歌管"，请为陛下自弹自唱一曲，并请一个吹笛人伴奏。孝武帝同意，并说要找一个善于吹笛的"御妓"，为他伴奏。他又说，不必找了，宫里人吹笛，必不能与他的弹唱合拍，他有一奴，能吹笛子，平日伴奏惯了。孝武帝便命他叫来。于是，奴为吹笛，桓伊抚筝而歌《怨诗》。诗云：

为君既不易，为臣良独难，
忠信事不显，乃有见疑患。

周旦佐文武，金滕功不刊，

推心辅王政，二叔反流言。

桓伊筝歌"声节慷慨，俯仰可观"。席上的谢安听了歌声，为之泣下，强作笑颜，越席而就，捋着桓伊的胡须说："使君于此不凡。"孝武帝闻歌见状，脸上甚有愧色。但孝武帝即为司马道子、王国宝一派人所挟持，听信谗言，自不会为桓伊的歌声而改变态度。尽管如此，桓伊的一片爱国之情和耿直之心溢于歌辞。

在古代，敢于用音乐当面责难皇帝的人，恐怕只有桓伊了。

桓伊在江州刺史任内，甚有政绩。他以江州虚耗，加以连岁五谷不登，户口减少，上疏请"并合小县，除诸郡逋米"，得到允许。有益于百姓的事，他能做的便做，被称为"百姓赖焉"。他临死时还上表请求北伐："今六合虽一，余烬未灭，臣不以朽迈，犹欲输效力命，仰报皇恩。"可是东晋统治阶级满足于偏安的局面，桓伊只能"衔恨泉壤"而已。

（原载《艺谭》1981年第3期，与卞恩才合著，有改动）

萧墙祸——侯景之乱

历史进入梁武帝统治南方的第四十七个年头：太清二年，公元548年。

那时，南方人民所受的剥削和压迫虽然很重，但由于长期的和平环境与人民的辛勤劳动，江南的经济和文化还是发展起来了。

京城建康（今南京市）东边的晋陵（今镇江市）地区，渠水流过了许多家庭的门前与屋后，大旱之后，也能获得好收成。建康西边的当涂一带，原田如绣，桑柘成林。建康，成了一座繁华热闹的城市。

秦淮河的北边有大市场一百多个。连接秦淮河南北两岸的浮桥——朱雀桁，每天天明通桁，过桥的人熙熙攘攘。商人挑着与推着商品，付了过桥税，也就可以把他们的商品运到秦淮河北岸的大小市场中去卖掉。市场里有官员，对每个商人的商品进行估价与征税。商税是梁朝朝廷的大宗收入。江南腹地经济也有起色。永嘉（今浙江温州市）成了闽中与会稽郡（今浙江绍兴市）海上交通的要埠与货物集散的中心。抚河流域的临川（今江西抚州市）成了一个新的粮仓，家家有剩余。原来，南朝朝廷但靠三吴（吴郡、吴兴、会稽）的粮食来支持，此时南川（赣江）的大米也不断由寻阳（今江西九江市）的钩圻邸阁运来建康了。在雇佣劳动领域，还出现了一种用"夫日""夫力"计算"夫值"的新现象。朝廷有什么兴造，也不再征发民夫来做工，破天荒采用了"雇借"的办法，使人民有较多的时间来经营自己的经济事业。

江南变得很美。文学家写道："暮春三月，江南草长，杂花生树，群莺乱飞。"年轻的姑娘们唱道："朝日照北林，春花锦绣色，谁能不春思，独在机中织？"照这样下去，经济还会有发展，江南还会变得更美。

可是，梁武帝老了，八十五岁了，活在世上的日子不多了，他的儿孙正在酝酿着一场争夺皇位的斗争。侯景之乱，成了这场斗争的导火索。自侯景乱起，在南方，历史的车轮突然逆转。

我国古代的君主专制制度，给了皇帝以"与神通精"，主宰一切，拥有一切的地位与权力。皇帝要靠儿孙来保护和继承他的地位与权力，而儿孙不止一人，谁都把血红的眼睛瞪着皇帝的宝座。当皇帝老了，病了，快要死了，在兄弟叔侄之间，就常常听到刀枪剑戟的声音。皇帝想依靠长子继承制度解决权力的移交问题，可是长子不一定中用，皇帝不一定喜爱长子，长子也不一定能活到皇帝死后。甚至，中用的长子也可能在皇帝死前，就被兄弟叔侄干掉。即使做了皇帝，争夺仍然不会停止。这是为什么？因为，在古代世界，除了中国，哪一国的君主也不能拥有成万佳丽，上千阉官；以至随意所欲，"屠割天下"。皇族成员的争夺，给了觊觎宝座和领土的贪夫与敌国以可乘之机，战乱一起，便不可收拾。这，正是梁朝或者说南朝悲剧之所在。

梁朝所继承的是齐朝。梁武帝（萧衍）在起兵灭齐以前，尚未生子，只有一个养子萧正德。萧正德是梁武帝的六弟临川靖惠王萧宏之子。齐东昏侯永元二年（500年）冬，梁武帝起兵于襄阳。三年，进占建康。也就是在这一年，留在襄阳的丁夫人生了一个儿子，取名萧统。我国历史上的名著梁昭明太子《文选》三十卷，便是萧统所编。萧统出生后，武帝不再养萧正德为己子，叫他"还本"，仍然做萧宏的儿子。天监元年（502年），武帝立萧统为太子，封萧正德为西丰县侯。

萧正德以为做太子的应当是他，不是萧统，心里很不快活，口中常有怨言。普通三年（522年），他居然投奔北魏，自称是梁被废太子。北魏不予接待，他又逃回建康，向武帝磕头求饶。武帝流着眼泪教训他一顿，恢复了他的本封西丰县侯。这以后，他做过轻车将军，北伐时因弃军逃跑，被免官削爵。但只是暂时的。后来又被晋封为临贺郡王，先后出任丹阳尹、南兖州刺史。由于他苛刻异常，劣迹昭著，本来是一片沃壤的南兖州的广陵，自他到任，变成了荒土。武帝不得已废掉了他，但仍旧对他姑息。他回到建康后，一方面抢夺土地，创建庄园，一方面阴养死士，图谋不轨。这一切，都被侯景看在眼里。

普通七年（526年），太子萧统的母亲丁夫人死去。有个卖地的，通过阉人俞三副，撺掇梁武帝买下他的土地，埋葬丁夫人。丁夫人葬后，有道士说，葬地不利于长子，要想免祸，便需在墓侧长子之位埋下腊鹅及其他物品，叫作"厌伏"。这是迷信，但宫监们照做了。武帝后来得知此事，派人掘得腊鹅等物，非常不高兴。他杀了道士，对太子从此不喜爱。中大通三年（531年），太子死了，按古时的继承制度，应当立太子的长子萧欢为皇太孙，日后继承皇位。但武帝既不喜爱嫡长子（太子），也就不喜爱嫡孙。太子死后一个多月，武帝立了丁夫人所生的第二个儿子晋安王萧纲为太子。封萧欢为豫章郡王，还封了萧统的次子萧誉、萧詧等为王。后来，萧欢做了江州刺史，萧誉做了湘州刺史，萧詧做了雍州刺史。

梁武帝有八个儿子，萧统为长，次萧综（母吴淑媛）、萧纲、萧绩（母董昭仪）、萧续（母丁贵嫔）、萧纶（母丁充华）、萧绎（母阮修容）、萧纪（母葛修容）。二子萧综封豫章王，因自疑为齐东昏侯之子，于武帝普通六年（525年）奔魏。四子萧绩封南康郡王，死于武帝大通三年（529年）。五子萧续封庐陵郡王，死于武帝太清元年（547年）。萧续死后，存者唯太子萧纲，六子邵陵王萧纶，七子湘东王萧绎，八子武陵王萧纪四人。

中大通三年（531年），萧统死，萧纲立，萧纶以为"时无豫章（萧综），故以次立"。这就是说，萧纲被立为太子，在他心目中是"兄终弟及"。原来，他和萧纲之间，还有一个萧续。萧续一死，他觉得只要父皇与太子三兄萧纲命不长，皇帝的宝座便是他的了。他曾伏兵草莽，又曾献上毒酒，谋害父兄。武帝虽然察觉，但不知为何却未给他任何惩处。侯景乱梁之前，他是中卫将军，开府仪同三司。

比较而言，萧纶还主要是在侯景之乱以前进行活动，图谋帝位。至于他的七弟萧绎、八弟萧纪，则以为侯景之乱，是他们当皇帝的最好时机，侯景之乱起时竟大为高兴。那时，萧绎是荆州刺史，萧纪是益州刺史。侯景之乱发生后，萧绎以"不急（王）莽、（董）卓之诛，先行昆弟之戮"闻名。在他眼里，敌人不是侯景，而是兄弟萧纶、萧纪，侄儿萧誉、萧詧。若能乘乱先把萧纶等人剪除，何愁皇帝不到手？

侯景之乱便是在梁武帝子侄争夺皇位的空隙中发生的。说到底，它是我国君主专制制度的伴随物或产物。侯景之乱后，为争皇权的斗争，更加猛烈，人民的生命财产，随之灰飞烟灭；农工商业正在发展的江南的城市与农村，亦随之满目荒凉，徒供后人凭吊。

侯景本是北魏怀朔镇的镇兵，先后追随尔朱荣和高欢。他时运亨通，高欢死前，做了东魏的司徒、南道行台。拥兵十万，统领豫、广、颍、洛、阳、西扬、东荆、北荆、襄、东豫、南兖、西兖、齐等十三州。高欢病重时，认为侯景反复难知，不是他儿子高澄驾驭得了的，下令召回侯景。侯景害怕了，于梁武帝太清元年（547年），派人到建康，向梁朝请求以他所统领的十三个州投降。当时梁、魏的关系较好，梁朝的官吏自尚书仆射谢举以下，都认为不宜接纳侯景的投降。主张接纳的，只有中书舍人朱异和梁武帝自己。那年武帝八十四岁。他做过一个梦，梦见中原各地都已平定。朱异认为，此梦是宇内将要统一的预兆，现在，魏朝的南道行台侯景以十三州来降，不是应验了吗？在君主专制时代，皇帝想要怎么做就怎么做。于是武帝接纳了侯景，以他为大将军，封河南王。武帝的接纳，使侯景在同东魏高澄的斗争中，得到了一个庇护所，一条退路；而梁朝本身则不仅一无所得，且背上了一个沉重的包袱。黄河以南的十三个州还是侯景所辖，但高澄来打侯景时，梁朝没有理由不给侯景以粮食、兵器、兵力的支援。同时梁朝还不能与东魏和好，因为与东魏和好，就意味着舍弃了侯景，使其末日降临，这是侯景最害怕的事。

高澄派慕容绍宗打败了侯景，侯景退到淮北的涡阳时，尚有几万人马。侯景想南渡淮河，可他手下的人都是北方人，不愿意南渡。将领暴显等人各率领本部士卒向慕容绍宗投降，侯景之众溃散了，仅收得八百人，逃到淮南的寿阳（今安徽寿县），保全了性命。梁武帝平定北方，统一宇内的梦也随之破灭，可侯景这个包袱却甩不掉。

侯景的威胁一旦解除，东魏便想恢复与梁的友好关系。自梁武帝大同元年（535年）北方分裂为东、西二魏后，东魏的高欢和西魏的宇文泰打得不可开交。东魏极不愿意与梁交恶，因为这只对西魏宇文泰有利。而对梁朝来说，最好的外交政策是与东、西魏都友好相处。当东、西魏被彼此之间的恶战打得五劳七伤、奄奄一息之时，便是疆域辽阔、经济繁荣的梁朝挥戈北进之日。侯景的失败，把梁、魏和好问题重新摆到了梁武帝面前。但要和好，须得东魏主动。

梁武帝曾因侯景之降，派兄子贞阳侯萧渊明为都督水陆诸军，兴师北伐。萧渊明在彭城（今江苏徐州市）战败，为东魏所俘。侯景失败后，高澄向萧渊明表示：他的父亲高欢与梁武帝和好十有余年，想不到一朝发生纷扰。他愿意与梁朝重新通好。他请萧渊明写了一封信，将这一意思，转告梁武帝。自接到萧渊明的信，梁朝朝臣无不主张与东魏和好，武帝再无迟疑，派建康令谢挺、通直郎徐陵出使东魏，与东魏重修旧好。武帝是不是想到这将激怒侯景呢？应该想到的。但他认为侯景已没有力量，不能成气候。而当听到侯景起兵时，他曾笑道："是何能为，吾以折棰笞之。"但他做梦也没有想到，就在他的身旁，曾经做过他的养子的萧正德，已与侯景暗中勾结，企图夺取皇位，而侯景也把赌注押在萧正德身上。

萧正德曾经投奔北魏，在北方与徐思玉相知。徐思玉是侯景的党羽，因此侯景早就知道萧正德恨梁武帝没有立他做太子，于是便通过徐思玉给萧正德捎去一信，信中称萧正德为"大王"，说，大王本当被立为太子，不意遭到"废辱"，天下义士，同感愤慨。又说，侯景虽然不武，义当为大王效命。萧正德读了侯景的信，大喜道："侯景之意，暗与人同，天赞我也！"他回信给侯景，说自己的心事诚如侯景所说，若"仆为其内，公为其外"，何事不可成功！只是事情要快办，现在就是时候。从此，萧正德成了一个暗藏在武帝身旁的内奸。对于萧正德充当梁朝内奸的意义，侯景的谋士王伟说过：今"临贺（萧正德）反其内，大王（侯景）攻其外，天下不足定也"。而萧正德之所以成为内奸，固然是因为他迫不及待想当皇帝，但梁武帝的姑息养奸，也是一个重要的原因。

太清二年（548年）八月，侯景在寿阳起兵反梁。武帝命合州刺史鄱阳王萧范为南道都督，北徐州刺史封山侯萧正表为北道都督，司州刺史柳仲礼为西道都督，通直散骑常侍裴之高为东道都督，同讨侯景。又命开府仪同三司、丹阳尹、邵陵王萧纶持节统率众军。武帝是想将侯景围困于寿春地区，一举歼灭。王伟向侯景提出了一个对策：如果坐待萧纶众军前来，彼众我寡，必为萧纶所困。建康有萧正德为内应，不如抛弃淮南，轻兵直取建康。兵贵迅速，宜快不宜慢。侯景遂谎称游猎，离开寿阳；扬言进攻合肥，军队却以最快的速度去打谯州（今安徽滁县）。谯州驻防董绍先开城投降，侯景又去打历阳，历阳太守庄铁也开城投降。王伟的策略取得了初步的成功。

侯景引兵到了长江北岸，对岸是采石。都官尚书羊侃向梁武帝建议：以二千人急据采石，令邵陵王萧纶袭取寿阳，使侯景进不能前，退又失去巢穴，乌合之众，自然瓦解。但武帝却听信了朱异的话，以为侯景无渡江的意向，只派宁远将军王质领水军三千沿江防守。更可悲的是，他起用了萧正德为平北将军，都督京师诸军事，屯于丹扬郡。把保卫建康的大权，交给了这个内奸。萧正德喜不自胜，他派出大船数十艘，谎称运柴薪，到了采石对岸，准备运侯景的军队过江。此时侯景还怕王质作梗，但那个王质很快被调为丹阳尹，离开了采石，而接替他的云旗将军陈昕还未到任。侯景听到王质水军退走，喜道："吾事办矣！"马上命令部队上了萧正德派来的接应船只，横渡长江，在采石上岸，竟未遇到一点阻力。至此武帝还在梦中。

这时的侯景已有八千人马。过了江，打到姑孰（今安徽当涂县），武帝才惊醒过来，把指挥军队的权力交给了太子萧纲，叫他抵御侯景。受命于危难之秋的萧纲，也不识萧正德是内奸，居然将防守建康正门台城南边的朱雀门与宣阳门的重任托付给了他。侯景率军到达秦淮河南岸后，萧正德的党羽沈子睦引导侯景的军队过了朱雀桥，进入朱雀门。这时，萧正德骑马过来，与侯景交揖于马上，带领侯景的兵马进入宣德门。一路通行无阻，到达了台城城下，命令军队包围了台城。

投降侯景的历阳太守庄铁说过：梁朝如果"遣羸兵千人直据采石"，侯景即使有精兵百万，也渡不过江去。可梁朝既不在采石设防，又用萧正德都督京师诸军事，遂使侯景得以直趋台城。这种局势的造成，一是由于骄，以为侯景不成气候；二是由于暗，以为萧正德是根栋梁。然而，这还只是悲剧的开始。

台城守卫严密，侯景攻不进去，人心逐渐涣散，侯景觉得萧正德还可以利用，立了萧正德做皇帝，年号"正平"。萧正德又立了长子萧见理为太子，把女儿嫁给了侯景，以侯景为相国、天柱将军。侯景本想利用萧正德来维系人心，可其内奸面目已暴露于光天化日之下，人人欲得而诛之。他的好梦虽然实现了，到头来却只能是侯景的砧上肉。侯景最怕的是军心涣散，而这个问题不是立萧正德做皇帝所能解决的，于是他袭用了历史上野蛮征服者惯用的办法：纵兵烧杀，抢劫，奸淫。储藏图书数百橱的东宫在战火中焚毁了，城西的士林馆、大府也化为灰烬。侯景攻下东府城，城内文武官吏三千多人都被杀死。之后由杀官吏变成杀居民，士兵见人就杀，街头巷尾尸体纵横。哪家的门头高一点，士兵就闯进哪家，将男人杀死，东西抢光，并驱赶子女妻妾到军营中，肆意进行侮辱。侯景的军队没有了粮吃，士兵又到城里城外，把所能搜到的粮食，都运入军营。建康出现了米一升七八万钱以至人相食的惨象。为了攻打台城，幸存的人们又被侯景驱迫来筑土山，昼夜不停。动不了的，都被侯景杀死，尸体被拿去填山。那时的建康，号哭之声震动天地。自东晋以来，经营二百三十余年的建康城毁掉了，住在建康的士族扫地以尽，庶民所剩无几。后来，百济国的使者到了建康，见城邑丘墟，于端门外痛哭。路上行人看见这个外国使者哭，也都哭起来。侯景听到后大怒，竟把这个使者关进了小庄严寺。

侯景久攻台城不下，导致了内部的分裂。在历阳投降的庄铁出奔寻阳。侯景的大将仪同范桃棒派陈昕于晚上越城墙进入台城，来见萧纲，密告愿以甲士二千人及侯景的首级来降，但要求给予重赏。萧纲告诉武帝，武帝大喜，要萧纲回报范桃棒，事成封范为河南王。为取信于范桃棒，特赐银券，上镌"事定之日，封汝河南王，即有景众，并给金帛女乐"等语为凭证。按理，这恰如满天乌云中突然出现了一线光明。可是，生于深宫之中，长于妇人之手的萧纲，擅长宫体诗，从未打过仗，他对范桃棒的投降满腹狐疑，对武帝的指示亦犹豫不决。武帝怒道：受降是常理，何以要怀疑？萧纲还是不放心，召集在台城的官吏开会商议。朱异等人都说范桃棒投降绝不是假的，范桃棒一投降，侯景必然惊慌，乘这个机会出击，可以大破敌人。然而萧纲却有他自己的想法。他说：我可坚守等待外援，只要外援一到，侯景何愁不平？这是万全之策。如果开门接纳范桃棒，万一他安了坏心，后悔莫及。商量来，商量去，萧纲始终不能作出决定。范桃棒闻知萧纲有疑虑，便又派陈昕来说：他不带二千人，只带五百人来降。一到城门，便脱下甲胄，请求朝廷开城门让他们进去，他保证擒住侯景。话说得很恳切。范桃棒是在努力消除萧纲对他的怀疑。但不料他的话愈恳切，萧纲就愈怀疑，愈不肯接受他的投降。就在这时，范桃棒被其部下鲁伯和出卖，被侯景杀死，一线希望化为泡影。

范桃棒之死，对萧纲说来并无震动，他把希望押在援军上。援军终于来了，而且声势不小。

原来，受命统率四路大军围攻寿阳的邵陵王萧纶，行至钟离（今安徽凤阳县），忽闻侯景已经渡江，在采石上岸，便紧急回军，自广陵（今江苏扬州市）渡江至京口（今江苏镇江市），自京口西进，占据钟山。萧纶有步兵和骑兵三万人，旌旗蔽空。侯景望见后，大惧。他急忙把抢到的妇女、宝货送往滨江的石头城，并装上船只。准备一旦打了败仗，便乘船逃走。安排好了后路，他便指挥军队分三路进攻钟山，但被萧纶打败了。萧军进至玄武湖畔。侯景陈兵于覆舟山之北。日暮，两军约好于翌日会战。谁知，萧纶之将安南侯萧骏见侯景的军队后退，便带手下人追出，侯景回兵打败了萧骏，径向萧纶军队冲来，萧军猝不及防，顷刻溃散。萧纶仅收得残部不足千人，遁往朱方（今江苏常州市）。于是，这一仗，以萧纶的失败而告终。萧纶的失败，并不是力量不及侯景，纯是偶然因素造成。但从中可见萧军士气不旺，治军不严。

萧纶虽然失败，但各路援军都在奔赴建康途中。

在合肥的合州刺史鄱阳王萧范派他的世子萧嗣及西豫州（治今安徽怀宁县）刺史裴之高等，各自带兵入援建康。他们到了蔡州（蔡州隔江与石头城相望），等待上游的援军。未几，衡州刺史韦粲率军到了南州。司州刺史柳仲礼率军到了横江（采石对岸）。裴之高自蔡州派船至横江，把柳仲礼的军队接到长江南岸。柳仲礼与韦粲等合军驻于新林，众军共推柳仲礼为大都督。柳仲礼鉴于青塘（即青溪塘）迫近秦淮河，当石头城中路，十分重要，请韦粲领兵进据之，并派直阁将军刘叔胤领兵相助。柳仲礼自己移营于大桁（即朱雀桁）南。韦粲失道，到青塘时，夜已过半，营寨尚未安好，被侯景望见，率军来攻。韦粲命军主郑逸迎击，命刘叔胤用水军截断侯景军渡秦淮河之路。而刘叔胤却懦弱不敢进兵，郑逸战败，侯景乘胜攻入韦粲营寨中，韦粲力战而死。柳仲礼闻讯，率麾下骑兵百人驰往救援，与侯景战于青塘，侯景大败，成百人被杀，成千人淹死在秦淮河中。不幸的是柳仲礼自己也负了重伤。此战之后，侯景虽不敢再进军秦淮河南岸，柳仲礼也因为韦粲战死，自己负伤，不再进攻。

这时，萧纶与东扬州刺史临城公萧大连、新淦公萧大成等领兵从东道又到建康，列营于大桁南，共推柳仲礼为大都督。萧嗣、萧确等率军渡过秦淮河，进至青溪东。可是，在这时，萧纶和柳仲礼之间发生了矛盾。萧纶每天去见柳仲礼，柳仲礼总是迟迟不见。二人因此有了嫌隙。萧大连为太子萧纲之子，与萧纶之子萧确也不和。各军之间，互相猜疑，互相仰仗。高州刺史李迁仕、天门太守樊文皎曾率五千锐卒独进，结果遭到伏击，樊文皎战死，李迁仕逃回。此战之后，再也没有人想打头阵。援军初到建康，人民曾经扶老携幼，在路边迎候。后来，这些军队非但不去打侯景，竟到居民家里去抢劫。于是，在死亡线上挣扎的建康人民，对援军普遍感到失望。而在侯景部队中，原来有不少人想反戈一击，后来看到以上情景也不想响应援军了。

战事呈胶着状态。如果就这样不进不退，不战不和相持下去，不但被侯景之众包围的台城，将要断粮；被援军围困的侯景之众，也将断粮。而先断粮的竟是侯景。老百姓家里再也抄不到米了，只有东府城有米，可以吃一年。侯景便把眼睛盯着东府城。可是，要去东府城，必须通过援军的营寨。那时，援军虽然不敢主动出击侯景，侯景也不敢主动对援军发起进攻。王伟向侯景建议：现在台城打不下来，援军又多，不如假装求和，缓解形势，趁着求和的时候，把东府城的米运到石头城，然后休养人马，击其懈怠，台城可以一举夺取。侯景依言派大将任约、于子悦到台城城下，上表求和。原来认定范桃棒投降是假的萧纲，现在却认定侯景的求和是真，要求武帝许和。武帝很愤怒，说"和不如死"。萧纲却一定要武帝答应同侯景讲和。武帝迟疑了很久才说："现在是你主持一切，你看着办吧，不要贻笑千载。"萧纲遂回报侯景，允许讲和。这又是萧纲的一个重大失策。元人胡三省评道："太子纲疑范桃棒之来降而信侯景之请和，何其昧也！"

萧纲下令以他的儿子萧大款为侍中，送给侯景做人质；各路援军不得再前进一步；以侯景为大丞相，并按侯景自己的请求，命侯景都督江右南豫、西豫、合州、光州四州诸军事。侯景是想用都督江右四州的名义来向萧纲表示他是要走的。萧纲自然巴不得侯景快走，一切要求都可满足。侯景见南康王萧会理等人马三万驻扎在台城的北边，对他是一个很大的威胁，要求萧纲把萧会理等军调往秦淮河南岸，以免妨碍他过江。萧纲照办。侯景说，寿阳、钟离已被高澄夺取，他回不去，求借广陵和谯州暂驻，等到夺回寿阳，即便奉还朝廷。又说，援军在秦淮河南岸，他须由京口渡江。萧纲照办。侯景说，永安侯萧确、直阁赵威方常常隔着栅寨大骂"天子虽然与你讲和，我终究要击破你"，请求将他们二人召入台城。只要萧确二人一入台城，他便上路。萧纲又照办。萧确很能打仗，钟山之战，所向披靡，侯景最怕他，所以要求萧纲把他召进台城。放他在外，对侯景说来，是个祸害。萧纲只怕侯景不走，所提哪有不允之理？谁知一切照办之后，侯景并无去意，不仅不走，连对台城的包围也不撤除。

利用讲和，侯景把东府城的米都运进了石头城，军队有了粮吃。利用讲和，侯景通过萧纲，调动了梁军，使梁军都集中到秦淮河南，解除了援军对自己的围困。利用讲和，侯景使梁军更无斗志，军心懈怠，且清除了梁军中使他感到头痛的将领。利用讲和，侯景还使在中途淹留不进的荆州刺史湘东王萧绎获得了一个借口，回师江陵。至此，侯景认为攻打台城的时机成熟了。他上表梁武帝，指责他有十失，同时指挥军队，分百道猛攻台城。

这时，台城内，守军不满四千人，而且瘦弱不堪，喘得厉害，一心巴望援军为他们解围。可台城外，援军大都督柳仲礼每日"唯聚妓妾，置酒作乐"。诸将请战，一律不许。萧骏要求邵陵王萧纶分兵三道，出其不意，攻打侯景，萧纶不依。侯景攻城时，他们都在观望。在台城的柳仲礼之父柳津对梁武帝说过："陛下有邵陵，臣有仲礼，不忠不孝，贼何由平！"柳津不知道，"不忠不孝"的并不止萧纶、柳仲礼二人，这正表明帝王所极为提倡的儒家君臣父子之道，总在不断走向它的反面，特别在皇家父子兄弟叔侄之间更是如此。

台城，终于被侯景攻下来了。自太清二年（548年）十月围城到太清三年（549年）三月，台城守了半年。在这半年中，一有叛军内部的范桃棒表示愿意反戈一击；二有号称百万的城外各路援军云至；三有侯景军的断粮危机。按常理，梁朝完全可以把侯景及其傀儡萧正德消灭于台城之下，但其结果，却是台城的陷落。萧纲的暗昧，援军的各怀异志，是这场悲剧的导演。

城破后，侯景派王伟去见梁武帝，武帝问侯景在哪里？可召来。侯景见武帝于太极东堂，以甲士五百人自卫。侯景磕过头，掌朝仪的官员引导侯景在三公榻上就坐。武帝问："卿在军中为日已久，很劳苦吧？"侯景竟不敢仰视，汗流满面。武帝又问："卿是哪州人，而敢跑到这里来？妻子还在北方吗？"侯景不敢讲话，任约从旁代答："臣侯景妻子都被高澄杀掉，唯以一身逃归陛下。"武帝又问："卿初渡江有几人？"侯景这回说了话："千人。""围台城几人？""十万。""现在有几人？""全天下都是我的。"武帝不再问了，叫侯景退下。侯景是一介武夫，初见梁武帝，为老皇帝的威严所镇，过后便凶相毕露。

正是这样一个人，居然阴错阳差，使南朝的历史车轮倒转。在历史的这一幕中，他扮演了主角，配角就是梁武帝、萧正德、萧纲、萧纶、萧绎等人。

侯景攻下台城之后所做的第一件事，便是假借梁武帝的诏令，解散援台众军。萧大连、萧嗣等各还本镇，萧纶奔会稽，柳仲礼等则开营出降。柳仲礼入台城，先拜侯景而后见武帝，侯景叫柳仲礼回司州。第二件事，是降萧正德为侍中、大司马。萧正德这才感到自己为侯景所卖。不久，武帝忧愤成疾死了，做皇帝的还是萧纲，不是萧正德，萧正德恨极了，写信给正在江北濡须坞的鄱阳王萧范，请他带兵入建康。然而信却落到了侯景手上。萧正德，这个接应侯景兵入建康，围台城的内奸，到头来却被侯景缢死。第三件事，是用兵扩张地盘，可西南受阻于宣城，东南受阻于吴兴（今浙江湖州市）及新城（今浙江新城县），萧纲朝的号令不出吴郡（今江苏苏州市）以西，南陵以北。

现在，历史的中心舞台已从建康移往江陵，从扬州移往荆州。

湘东王萧绎以荆州刺史都督荆、雍、湘等九州诸军事，是长江中游的一大力量。其南边的湘州刺史河东王萧誉、北边的雍州刺史岳阳王萧詧，西边的信州刺史（治今湖北巴东县）桂阳王萧慥，都是他的侄儿，又是他的下属。萧绎手段狠毒，猜疑心极重，觉得侄儿兄弟都是皇位的竞争者，必欲杀之而后已。台城陷落之后，诸王各还州镇。萧慥留在江陵，等待萧绎回来拜谒，再还信州。有个叫张缵的官员，本是湘州刺史，被调为雍州刺史。因与萧绎有旧，未去襄阳而来到江陵，想借萧绎的刀杀掉萧誉兄弟。他给尚未回到江陵的萧绎送去一封信，造谣说："河东、桂阳二蕃，犄角欲袭江陵。"又说："河东起兵，岳阳聚米，将来袭江陵。"萧绎本有疑心，谣言一击即中。萧绎以最快的速度奔回江陵，一到江陵，就杀掉萧慥。又给了张缵许多东西，叫他马上去襄阳就任雍州刺史，原任刺史萧詧听到台城失陷，不肯受代。张缵逃入西北避祸，为萧詧所擒。萧绎以为雍州有张缵，可以暂时无虑，他选定了湘州萧誉为主要的攻击目标。

萧绎下令以他自己的少子萧方矩为湘州刺史，派世子萧方等率精兵二万人送萧方矩上任。萧方等到了麻溪（在今湖南临湘县），萧誉率七千人击败萧方等。萧方等溺死，萧方矩逃回江陵。萧绎又派竟陵太守王僧辩、新任信州刺史鲍泉攻打湘州，命令他们即日出发。王僧辩请求晚几天，萧绎认为他心怀顾望，拔剑就斫，随之投入监狱。鲍泉吓得领兵便走。

此役，萧誉在橘子洲打了败仗，退保长沙。写信向岳阳王萧詧告急。萧詧得报，率步骑二万二千人从襄阳去打江陵，以救湘州。萧绎害怕极了，他从监狱中放出王僧辩，用为城中都督。萧詧攻打江陵不下，这时，天上下起大雨。有一个叫杜崱的将领，与萧绎关系很好，萧绎与杜崱通了声气，杜崱便与兄杜岸等投降了萧绎。杜岸自请去打襄阳，离襄阳尚有三十里路，被守城的咨议参军蔡大宝发觉。蔡大宝登城抗击杜岸，襄阳得以保全。萧詧得到消息，立刻回军。杜岸听到萧詧回兵，便逃往广平（今河南新野县西）。萧詧攻下广平，肢解了杜岸。

再说鲍泉围攻长沙，久不能下，萧绎十分愤怒，改用王僧辩为平南将军，代为都督，给鲍泉立了十条罪状，命舍人罗重懽带去。鲍泉原以为王僧辩是来相助，谁知王僧辩叫罗重懽宣布他的罪状后，把他锁了起来。王僧辩急攻长沙，城破，萧誉被杀，其首级被送到江陵。对萧绎来说，这可算是继萧恺之后，又除掉了一个可能与他争夺皇位的隐患。

然而襄阳方面出了问题。萧詧看清了他的七叔萧绎一旦消灭了兄长萧誉，下一个铲除对象就是他了。为求生存，他派人到西魏，请求做西魏的附庸。萧绎派司州刺史柳仲礼去打萧詧，西魏丞相宇文泰以开府仪同三司杨忠都督三荆等十五州诸军事，与行台仆射长孙俭一起，率兵来救萧詧，并打算不失时机，夺取江汉地区。杨忠一路势如破竹，夺取了义阳、随郡、安陆、竟陵。汉水以东的地方，尽入西魏之手。曾做台城援军大都督的柳仲礼，在回师救安陆的途中，为杨忠所擒杀，结束了他的一生。西魏册立萧詧做了梁王，萧詧入朝于魏。

现在，再谈邵陵王萧纶。当荆州萧绎"不急莽、卓之诛，唯行昆弟之戮"的时候，侯景用兵打下了吴兴与会稽，三吴都被其所占。后来，他又攻下广陵。邵陵王萧纶从会稽逃到了江夏郡（今湖北安陆县）。郢州刺史南平王萧恪推萧纶为假黄钺、都督中外诸军事，承制建置百官。这跟皇帝差不多了。那时，正值萧绎派王僧辩替代鲍泉攻打萧誉。萧纶便写了一封信给萧绎说："今社稷危耻，创巨痛深"，"外难未除，家祸仍构"，安得不灭亡？如果七弟打下湘州，杀了侄儿萧誉，雍州侄儿萧詧必引西魏军队相助，那就"家国去矣"！萧绎回信说：萧誉罪在不赦，必须荡平，萧詧引来魏军，谈笑可定。得到回信，萧纶慨叹道："天下之事，一至于斯！"他预感到，萧绎将要对他用兵，萧誉被杀之日，也将是他灭亡之时。果然，萧绎杀了萧誉，便派王僧辩等率舟师一万，沿江东下郢州，来打萧纶。这时，侯景的大将任约又从东边来攻，萧纶走投汝南（今河南息县）。西魏杨忠攻破了汝南城，萧纶被杀。萧纶其人，多少懂得一点家国大义，比萧绎要好一些。

乘着萧绎叔侄相争，西魏不费吹灰之力，占领了汉水以东广大地区，坐收渔翁之利！萧绎好不容易与杨忠达成一个协议："魏以石城（今湖北钟祥）为封，梁以安陆为界。"这样北路得以暂时无事。可是，同样趁着萧绎叔侄之争占领了江东的侯景，却派任约率军西上，和萧绎争夺荆州。

任约利用萧绎与萧纶的交恶，很快占领了武昌（今湖北鄂城）。萧绎逼走萧纶，占了郢州，派萧方诸做了郢州刺史，调回王僧辩做领军将军，用徐文盛去对付任约。徐文盛攻下武昌，任约向侯景告急，侯景大军溯江西上，听说郢州空虚，命宋子仙、任约率精骑四百，袭占了郢州城。萧方诸被俘，徐文盛逃回江陵，军情很紧急。这时的萧绎，为恐惧所制，居然要求西魏支援，报酬是割让汉中郡。西魏并未去打侯景，而是直接占了汉中。于是，对付侯景只得靠萧绎自己。

萧绎用王僧辩为大都督，率杜龛、王琳等东御侯景。王僧辩守巴陵（今湖南岳阳），侯景直扑而来，肉搏攻城，势在必得。王僧辩守得很好，侯景昼夜进攻，也未能攻下。萧绎派胡僧祐支援王僧辩，侯景分派任约率锐卒五千人截击胡僧祐，两支军队在巴陵郡华容县的赤沙亭相遇。胡僧祐纵兵攻打任约，任约兵败被擒。侯景闻讯，烧掉营盘于清晨逃遁。此战发生在梁简文帝大宝二年（551年），是侯景由盛到衰、由兴到亡的转折点。

萧绎命王僧辩为征东将军、尚书令，与胡僧祐等引兵东下。王僧辩攻克郢州，生擒侯景大将宋子仙、丁和，送至江陵杀死。而后，率部乘胜东下湓城（今江西九江市）。侯景大将范希荣弃寻阳城逃走，萧绎命王僧辩暂在浔阳停留，等待众军会集。

再说侯景自巴陵败归建康，感到大势已去，想过过皇帝瘾，便废掉了简文帝萧纲，立了豫章王萧栋。萧栋是萧欢之子，萧统之孙。未几，即由萧栋把帝位"禅让"给侯景。侯景改年号为太始。萧纲和其太子萧大器等都死于侯景之手，萧栋与二弟萧桥、萧樛则被侯景锁于密室中。但侯景的日子也已不多了。

梁元帝承圣元年（552年）春正月，萧绎命王僧辩等继续东进。二月，诸军自浔阳出发，战船连绵数百里。在岭南起兵的陈霸先率兵二万，船二千，自南江（今江西赣江）进入长江，与王僧辩军会于桑落洲西的白茅湾，结盟共讨侯景。王僧辩等进至芜湖，侯景派侯子鉴据姑孰以拒王僧辩。侯子鉴用小船千艘载战士攻击王僧辩的水军，王僧辩用大舰截断侯子鉴的归路，鼓噪大呼。两军在长江中打了一场恶仗，侯子鉴大败，士卒葬身鱼腹的有几千人，侯子鉴仅以身免。侯景听说侯子鉴战败，惊叹道："误杀乃公！"此战之后，王僧辩领军由长江进入秦淮河。侯景自石头城至朱雀街，沿秦淮河筑城防守，王僧辩进军石头城北，侯景列阵于西州之西。侯景向王僧辩军发动过一次冲击，但未奏效。杜龛、王琳、陈霸先等率骑兵反击，王僧辩以大兵继进，侯景虽然作了困兽之斗，但终于抵抗不住，带了一百余骑东走。王僧辩命侯瑱率精兵五千追赶。侯瑱在松江（今江苏吴县）赶上了侯景，打了一仗，侯景又败，与心腹数十人乘船自沪渎入海。随侯景东走的羊鹍乘侯景昼寝，命驾船的人将船开往京口，侯景惊觉，羊鹍拔刀对侯景说："欲就乞头以取富贵。"侯景这一介武夫在江南演了一场闹剧之后，终于死于羊鹍之手。其死党王伟被俘，王僧辩把他送往江陵。王伟在狱中上五百言诗，萧绎认为他有才，想赦免。但有人对萧绎说，王伟以前写的檄文也很好。萧绎找来一看，见檄文中写着："项羽重瞳，尚有乌江之败；湘东一目（萧绎瞎了一只眼睛），宁为赤县所归？"萧绎怒不可遏，残杀了王伟，又绝无惜才之意。

还在大宝二年（551年）巴陵之役以前，王僧辩初从江陵出发的时候，曾问萧绎：侯景平定之后应怎样对待简文帝？萧绎说，"台城六门之内，自极兵威"，一齐杀掉。王僧辩说这种事他不能做，请用别人。他只能打侯景。萧绎遂给宣猛将军朱买臣一个密令：侯景平定之日，便是简文帝等灭亡之时。但侯景败归建康时，就把简文帝杀了，立了萧栋。不久又废萧栋，自立为皇帝，把萧栋兄弟锁了起来。建康光复后，萧栋兄弟三人被放出来，路上有人为他们去了锁，两个弟弟说："今日始免横死。"萧栋却说祸福难知。他们遇到了朱买臣，朱买臣叫他们上船，在船上设宴接待。还未终席，便把他们沉入江底。

自太清二年（548年）至承圣元年（552年），侯景之乱经历了五年。这五年中，在江南特别是江、扬二州，兵燹继之以旱灾和蝗灾，使百姓流亡，连草根树皮都吃尽，死者蔽野。那时的江南，"千里绝烟，人迹罕见，白骨成聚，如丘陇焉"。原来"良畴美柘，畦畎相望""杂花生树，群莺乱飞"的美好的江南，人们只能在梦里去追寻了。

这场历史性的灾难，是不是随着侯景之乱的结束而结束了呢？远不是那样。侯景之乱，把梁朝君主专制制度固有的矛盾，都掀到了表面上来，一个接着一个引爆。侯景虽死，悲剧还要演下去。这是当时不以人们意志为转移的客观形势。

江、扬二州的残破，是侯景之乱本身造成的灾难，而由侯景之乱所引发的萧绎叔侄兄弟之间以至王僧辩、陈霸先之间的矛盾，却把灾难引向了更广大的地区。从前面所说汉水以东地区的丧失，我们已可觉察到这一点。

侯景之乱平定前夕，在萧绎和他的八弟益州刺史武陵王萧纪之间，争端又起。而这场争端，导致益州拱手送给了西魏，接着荆州汉水以西地区也丧失了。江陵的百姓男女，小弱的都被西魏军杀死，数万人被西魏掳作奴婢。江陵的图书十四万卷付之一炬。如果说侯景是第一个给南方带来灾害的人，那么萧绎便是继承侯景，第二个给南方带来灾害的人。其罪行擢发难数。

侯景攻陷台城，益州萧纪曾派世子萧圆照领兵三万东下，命他受湘东王萧绎调度。萧圆照至巴水，萧绎命他驻于白帝，不准他东下。武帝死，萧绎派人至成都，将武帝的死讯告诉萧纪。萧纪率军欲东讨侯景，萧绎又派人至成都，给了萧纪一信。信中说："蜀中斗绝，易动难安，弟可镇之，吾自当灭贼。"另外附了一张纸，纸上写着："地拟孙、刘，各安境界，情深鲁、卫，书信恒通。"这种比喻，隐含一种威胁：萧纪如果东下，无论动机如何，他就将像孙权对待刘备那样，给予迎头痛击。萧绎之心，萧纪很清楚。兄弟二人从此决裂。

承圣元年（552年）三月，建康被克服。四月，侯景被杀。五月，侯景的头颅传到江陵。这一切，萧纪都不知道。萧绎曾多次派人往益州，向萧纪通报军情，但都被驻在白帝的萧圆照所留。萧纪是梁武帝最小的儿子，但称帝之想却不亚于人。这年四月，他在成都即皇帝位，改元天正，立萧圆照为皇太子。其间，萧绎曾派兵往白帝袭击萧圆照，并将萧圆照之弟西阳（今湖北黄冈县）太守萧圆正召至江陵，扣押起来。萧圆照想灭掉萧绎，假称侯景未平，江陵易手，要求他的父亲火速发兵征讨。萧纪信了他的话，八月，举兵沿江东下。萧绎听说萧纪东进，恨极也怕极，叫方士把萧纪的像画在板上，自己亲用钉子来钉画像上的肢体，企图叫萧纪不得好死，如果战争只在他兄弟二人之间打，还不至于酿成大劫，可当时的萧绎，一腔仇恨，为了彻底消灭萧纪，竟又写信给西魏，要求西魏进兵益州，讨伐萧纪。西魏的太师宇文泰说："取蜀制梁，在兹一举。"他做梦也没有想到，在取得汉东与汉中地区之后，萧绎又要把益州送给他。萧绎的信，是长江中上游灾难即将降临的信号。

承圣二年（553年），西魏派尉迟迥督原珍等六军，甲士一万二千人，战骑万匹，自散关进攻益州。萧纪行至巴郡（今重庆市），听说有魏兵攻益州，便派谯淹还军救援。潼州刺史（治今四川绵阳市）杨乾运之侄杨略以为萧绎、萧纪兄弟自寻干戈，世衰难于相佐，提出"不如送款关中，可以功名两全"。杨乾运认为说得很对，便派他去剑阁，又派女婿乐广去安州（今四川剑阁），暗中与西魏勾结。尉迟迥兵不血刃，连占剑阁、安州与潼州，直抵成都城下。成都守兵不满万人，仓库空竭，萧纪预置在成都的永丰侯萧㧑坚城自守。尉迟迥包围了成都，击走了谯淹的援军，益州岌岌可危。

萧纪从巴郡到了巴东（白帝），这时他才知道侯景已被平定。他质问萧圆照何以要撒谎。萧圆照讲了实话："侯景虽平，江陵未服。"应当消灭萧绎。萧纪当时陷入了矛盾：魏兵乘虚而入，应当还救根本；但既称皇帝，便不可复为人下。萧绎比他称帝晚七个月，二帝不并立，他决定还是先打萧绎，于是率军进入西陵峡，与萧绎所派陆法和军战于西陵峡口。

萧绎内心恐慌，把俘获的侯景大将任约、谢答仁都放了，对任约说："汝罪不容诛，我不杀，本为今日。"即要任约替他攻打八弟萧纪。萧绎怕这些俘虏战不赢，又写信给萧纪，许他还蜀，专制一方。事已至此，萧纪当然不从。这时，湘州发生的陆纳之乱被王僧辩、王琳等平定，王僧辩诸军自湘州西上，给萧绎吃了定心丸，他又给萧纪写了第二封信，语调完全变了，信中说：我是兄长，平乱有功，皇帝自应我做。你我兄弟从今"无复相见之期"，"永罢欢愉之日"。即要与萧纪一决生死。萧纪多次战败，自知不济，便派人往江陵求和。萧绎拒而不许，并给游击将军樊猛下了一个密令：在战场上杀死萧纪，不许生还。后来，杀掉萧纪的正是樊猛。在行文中，萧绎把萧纪的姓改为饕餮。可见，兄弟之间为争皇位，竟仇恨到了何等地步。

萧纪死后，萧㧑举成都向尉迟迥投降，益州被西魏轻轻获得。

萧绎乘侯景之乱，剪除侄儿兄弟，做了皇帝（梁元帝）；西魏则乘萧绎叔侄兄弟相残，夺取了长江中上游一大片土地。这就是历史，专制政治的悲剧性历史。然而，萧纪的灭亡，益州的陷落仍然不是这一历史悲剧的终结，它还有下一出。

那时，襄阳萧詧是西魏的附庸，汉水以东地方已为西魏所占，取得益州后，西魏已完成了对江陵的弧形战略包围，很多人都看出这一点，认为应迁都建康。可是，梁元帝萧绎的群臣多是荆州人，留恋故土，梁元帝也因建康经侯景之乱，残破不堪，而不愿去。他把建康委托给王僧辩镇守，京口则委之于陈霸先，并以王僧辩为太尉、车骑大将军，陈霸先为司空。这样一来，梁元帝以为可以太平无事了。但就在他灭掉萧纪的次年，西魏的大军向江陵扑来。

西魏太师宇文泰，以梁元帝接待西魏使者既不如齐使，又要求据旧地图划定疆界，对西魏不恭为由，命柱国于谨、宇文护，大将军杨忠率兵五万人进攻江陵。承圣三年（554年）初冬，西魏大军从长安出发，元帝还蒙在鼓里。不久，元帝接到情报，但领军胡僧祐、太府卿黄罗汉还以为"二国通好，未有嫌隙，必应不尔"。侍中王琛甚至说："臣揣宇文容色，必无此理。"君臣麻痹，一至于此。于谨到了樊、邓，萧詧率兵与之会合。事已不容置疑，元帝才急征王僧辩为大都督、荆州刺史，但已来不及了。魏军直指江陵而来。元帝采用了对手于谨所料到的下策——"据守罗郭"，来对付西魏的军队。没有"席卷渡江，直据丹扬"，也没有转移郭内居民，退保江陵子城，以待援军。守罗郭兵力分散，工事也不太坚固，明显是守不住的。因此，魏军轻而易举地进抵江陵城下，四面攻城。未几城破，元帝命舍人高善宝焚江陵原有及建康运来的古今图书十四万卷，以剑击柱，叹道："文武之道，今夜尽矣！"可图书何罪？文武道尽，又是何人的过错呢？此时的元帝仍不想殉国，而是白马素衣出降于东门。临去，又抽剑击门哀叹："萧世诚（元帝名绎字世诚）一至此乎！"然而，他并没有保住性命，被魏人杀掉了。监刑的竟是他的侄儿萧詧派来的尚书傅准。

魏立萧詧为梁主，叫他迁居江陵东城，西城由魏军驻防。荆州江北之地从此全为西魏所占。魏军从江陵百姓中选择了男女数万人当奴婢，分赏三军。其中小弱的全被杀死，得免的才三百余家。这充分暴露了西魏政权的落后性与野蛮性。统治者争权夺利，到头来遭劫的还是人民。

《南史》的作者唐人李延寿在《梁本纪·元帝纪》中写道："自侯景之难，州郡太半入魏。……人户著籍，不盈三万。中兴之盛，尽于是矣。"南方何辜，遭此涂毒！百姓何辜，遭此劫数！

梁元帝身死，太尉、扬州刺史王僧辩和司空、南徐州刺史陈霸先，以元帝第九子江州刺史萧方智为太宰、承制，奉迎他还建康，但未立他为皇帝。次年（555年），北齐文宣帝高洋派高涣以兵护送萧渊明回建康，要求立为梁朝的皇帝，企图压迫王僧辩在建康树立一个亲齐的政权。王僧辩根据当时的形势，作出了一个决策：立萧渊明为皇帝，立萧方智为太子。这一决策对不对呢？谁都知道，西魏是北齐和梁朝的大敌。它和北齐一直在打仗，又乘梁朝骨肉之祸，用不光明的手段，夺取梁朝长江中上游的土地，成了齐、梁的共同敌人。齐、梁联合起来对付西魏，应是势之所趋，时之所需。王僧辩决定立萧渊明为帝，显然含有联合北齐对付西魏的意义。萧渊明称帝后，高洋把陷在北齐境内的梁民发遣还梁。此时如果齐、梁联盟真正建立，对西魏是很大的威胁。可是，这时的陈霸先又起来扮演了一个争夺皇位的角色。住在建康石头城中的王僧辩，从未疑心陈霸先会阴谋杀他。拣了一个晚上，陈霸先秘密从京口发兵，从南北两门进入石头城。还在处理公务的王僧辩，猝不及防，被陈霸先捉住并杀死。陈霸先废掉了萧渊明，先立了萧方智，然后又废掉萧方智，自己登上皇帝的宝座。陈霸先杀害王僧辩，把长江下游南朝统治区又变成了一个乱邦。

梁朝故将多是王僧辩的旧部，他们痛惜王僧辩死于非命，纷纷起兵反对陈霸先。在建康的徐嗣产、徐嗣宗、徐嗣先（王僧辩之甥）听到王僧辩为陈霸先所害的噩耗，"抽刀裂眦"。他们逃到秦州（今江苏六合县），投靠其兄秦州刺史徐嗣徽，怂恿他"密结南豫州刺史任约与僧辩故旧"，以对付陈霸先。徐嗣徽向北齐请兵，北齐因陈霸先杀了王僧辩，废了萧渊明，也毫不迟疑，命将出师。东境，王僧辩之婿杜龛据吴兴起兵。义兴太守韦载与杜龛同起。与杜龛并称"张、杜"的东扬州刺史张彪据会稽起兵。一时间三吴遍地烽火。西境，"平景之勋与杜龛俱为第一"的湘州刺史王琳，闻陈霸先杀王僧辩，也"大营楼舰，将图义举"。

陈霸先发兵去打杜龛、韦载等人。徐嗣徽乘陈霸先东打杜龛、韦载之机，率精兵五千，突入建康，袭据石头城。北齐军渡江袭据姑孰，派翟子崇、刘仕荣、柳达摩领兵万人，用船只运米、粟三万石，马千匹入石头城，接济徐嗣徽。徐嗣徽留柳达摩守石头城，自率亲属心腹往采石，迎接北齐援军。柳达摩和陈霸先在秦淮河北打了一仗，"百姓夹淮观战，呼声震天地"。后来，徐嗣徽在江宁浦口被陈霸先部将侯安都袭破，柳达摩在石头城与陈霸先达成和议，陈霸先送齐人北归。然而事情并未了结。次年（梁敬帝太平元年，556年）北齐又派萧轨等率众十万袭据芜湖，从芜湖进至秣陵县故治，在秦淮河上建立桥栅，引渡兵马。陈霸先采取断齐军粮运的打法，截击北齐运粮船只。齐军饥馁，杀马驴而食。后来，陈、齐二军在玄武湖北、幕府山南发生恶战，齐师失利，齐将萧轨、东方老等四十六人皆被俘斩首，徐嗣徽、徐嗣宗兄弟也一同遇难。这一仗，虽然齐军遭到惨败，但陈、齐关系已不可能再修复，战争还会打下去。

梁敬帝太平二年（557年）八月，王琳起兵于湘州。十月，陈霸先自立为帝，曾派使者到北齐"称藩朝贡"，但并未消除北齐的敌意。陈武帝永定二年（558年），王琳派人到北齐，请回出质于齐的永嘉王萧庄，立之为帝。次年，陈武帝死，文帝立，王琳奉萧庄顺江东下，次于濡须口。北齐派扬州道行台慕容俨率众临江，声援王琳。王琳因水师在梁山江面失利，与萧庄奔齐。齐孝昭帝复用王琳为扬州刺史，在寿阳建立了一个"将观衅而动"的反陈据点。

就南朝来说，陈霸先杀王僧辩，做皇帝，陈朝与北齐交恶，是侯景之乱悲剧的继续。侯景之难、萧绎之难、陈霸先之难是紧密相连，一环扣一环的。没有侯景之乱这一环，便不会有后面的两环；没有后面的两环，单有侯景之乱，南朝蒙受的灾难，还不致那样沉重，灭亡并非不可避免。

"据说，历史喜欢作弄人，喜欢同人们开玩笑，本来要到这个房间，结果却走进了另一个房间。"（列宁《资产阶级知识分子反对工人的方法》）本来，南朝应当与齐走到一起，共同对付西魏（北周），结果，南朝却与北周走到一起，共同对付北齐。然而历史证明，对南朝最大的危险是西魏、北周，不是北齐。陈文帝时期，为了对付北齐，派周弘正通聘于北周。北周放回了江陵俘虏陈顼。陈文帝又派毛喜入关，以家属为请，北周放回了陈顼的妻子及长子陈叔宝。陈顼即后来的陈宣帝，陈叔宝即后来的陈后主。陈、周"和好之策"本为毛喜所进。毛喜至周，周冢宰宇文护曾执着毛喜的手说："能结二国之好者，卿也。"陈、周既然和好，陈就可以放心去打北齐了。陈宣帝时，派吴明彻从北齐手上夺回了淮河以南之地，又向淮北进攻。从表面上看，似乎陈朝取得了很大的胜利，实际上却正如周将韦孝宽所说："仇有衅焉，不可失也。"北齐的丧败，给了北周以机会，北周乘此"与陈氏共为掎角"，摧毁了北齐。北周灭齐之时，吴明彻还在淮北与齐作战。齐的灭亡，实际上是亡于陈、周二国的联合进攻。而北齐一旦灭亡，陈的生存日子就屈指可数了。由侯景开场的南朝的历史悲剧于此进入了尾声。

自侯景之难至于陈初，南方创巨痛深。其一，经济衰落。历来，"贡赋商旅"所出的最富庶地区三吴，出现了"掠人而食"、掠人而卖的现象。其二，人口锐减。三吴"遗民殆尽"。建康在侯景之乱以前，户有二十八万之多，到陈初，"中外人物"不迨宋、齐之半。自巴陵以下至于建康，有户籍的人户，不到三万。其三，领土丧失。荆州的江北地区和整个益州都为西魏、北周所占，淮南地区则落入了北齐之手。其四，文化凋零。建康东宫所聚图书全部烧光，江陵所藏古今图书十四万卷也全部烧光。南方的历史倒退了，整个中国的历史也倒退了！

这一切，最终应该归罪于谁呢？我国的皇帝，视天下为私产，可以随心所欲，决定一切，占有一切。这就产生了两个不可克服的弊端。其一，皇帝的话是圣旨，是法律，皇帝想怎么办，就怎么办，大臣的话能起作用的，在历史上是凤毛麟角，绝无仅有。倒是阿谀奉承的话，最能奏效。因此，称孤道寡的皇帝是很难有正确决策的。梁武帝接纳侯景是如此，梁简文帝不相信范桃棒请降而相信侯景的求和是如此，梁元帝不同意迁都建康，困守江陵罗郭，焚书，也是如此。其二，皇帝病了，死了，老了，都会有人来抢皇位，尤其是皇室的成员和拥有军队的武将。为了把皇位抢到手上，他们什么事都做得出。梁末抢皇位的人太多了，通过抢夺而登上宝座的有萧正德、侯景、萧纪、萧绎、陈霸先五人，由北周、北齐扶植登上宝座的有萧詧、萧渊明、萧庄三人。由侯景、陈霸先扶上台去的有萧栋、萧方智二人。还有参加到争夺中去，但没有做皇帝的萧纶、萧誉。要把皇位抢到手，对手、障碍必须斩尽杀绝，不留祸根，这是通则。侯景杀梁简文帝及简文诸子，萧绎杀萧誉、萧纪、萧栋兄弟，陈霸先杀王僧辩、梁敬帝，都无一不符合这个通则。"争强弱而较愚智"的战争之所以在梁末陈初不断上演，正是这个通则在作怪。嵇康说得好："君位益侈，祸蒙丘山"。鲍敬言说得好：要使灾难不再发生，必须把"屠割天下"的皇帝及他所设的官府衙门废掉。但，这在古代中国是不可能的。要废掉它，只能在人民受尽苦难，认识到它是祸根之后，只能在新的生产力、新的阶级产生之后。那是离鲍敬言，离南朝，离梁、陈很遥远、很遥远的事了。

（原载范振国等撰《历史的顿挫：古中国的悲剧·事变卷》，中州古籍出版社，1989年，有改动）

隋末两淮人民大起义

隋末的农民大起义，是我国封建社会由前期到后期的转折点。豪门世族在起义中受到了毁灭性的打击，农民的依附关系开始松弛。两淮人民在这场起义的风暴中，起了重要的作用。隋末两淮义军风起云涌，淮北有苗海潮、张大虎等起义，淮南有赵破陈、张起绪等起义。他们后来又与从齐郡南下的杜伏威义军统一起来，形成江淮一带的一支劲旅。这支劲旅不仅猛烈地扫荡了江淮之间的地主田庄，而且直接威胁隋炀帝的行都扬州，迫使隋炀帝的十几万禁卫军不敢北调，有力地配合了黄河流域义军的作战。

大业九年（613年），杜伏威到达淮北，写信给正在下邳活动的苗海潮，建议合作。苗海潮接信后，随即领兵来会。不久，杜伏威引兵南渡淮河，又吸收了赵破陈等义军。于是两淮义军统一作战声势大震。隋炀帝很害怕。遂派校尉宋颢前来镇压。义军用诈败计，把宋颢的军队引到芦苇丛生的地方，然后顺风纵火，宋颢全军被歼，基本上控制了整个淮南地区。从此，他们在淮南美名远播。大业十一年（615年），东海李子通引兵前来会合，义军力量更为增强。李子通是个野心家，他企图谋杀杜伏威，夺取领导权，事败后出奔海陵。但他的部下多数却受了杜伏威的影响，他们抛弃了李子通，继续留在淮南。

宋颢失败后，隋朝又派右御卫将军陈稜领了几万军队来镇压。陈稜胆怯，不敢交战。杜伏威便嘲笑他，派人送给他一套妇人服装，蔑称他为"陈姥"。陈稜被激得大怒，领兵出战，结果，全军覆没，仅以身逃。这一仗打垮了隋炀帝仅能调出的主力，意义十分重大。不久，义军又以破竹之势，连克高邮、历阳等地，杜伏威在历阳（今和县）自称总管，建国曰吴，并分派诸将攻打淮南有关县城，"所至辄下"。江淮之间广大地区都处在义军掌握之中，一些较小的起义军也争着前来参加。祖国东南由此烧起了一股冲天烈火，隋朝及世家大族在江淮的统治被烧毁了。

在黄河流域义军先后失败，北方为唐朝所控制的时候，两淮义军照旧控制着江淮地区。后来，杜伏威要向唐朝投降，部下却不答应。当他在唐武德五年（622年）到长安去后，义军便推辅公祏为首，在丹阳打起了抗唐旗帜，与由江陵东下的唐军展开了英勇的斗争。隋末农民大起义的结束，是以辅公祏的最后失败（624年）为标志的。

隋末两淮义军的英勇斗争，对南方社会经济的发展有着巨大的推动作用。举例来说：隋朝的均田制之所以没有推行到江南，原因是遭到了江南大族的猛烈反对；而唐朝的均田制及其他各项对农民略作让步的政策，之所以能够在江南推行，首先要归功于南方人民特别是江淮义军，是他们打击和摧毁了顽固的大世族，为政策的执行开辟了道路。

（原载《安徽日报》1962年2月20日，有改动）

隋末农民战争

公元605—618年，是我国历史上隋朝的隋炀帝当皇帝的时期。在隋朝末年，因为广大农民再也不能忍受封建统治阶级的残酷压迫，到处掀起了农民革命战争的风暴。现在，我们来简单介绍一下隋末农民战争的情况。

一、暴风雨的来临

夜渐渐深了。大运河上，黑压压地挤着数不清的船只，有几艘高大的楼船，还在闪耀着辉煌的灯光，从船舱中不时传出音乐、歌曲的声音，夹杂着男女的谈笑。大运河的两岸，躺着无数极度疲乏的纤夫，远处有士兵在守卫。

风从柳树林中吹来一阵哭声，只听得哭诉道："我的哥哥到辽东去出征啊，饿死在青山脚下。现在我又被抓来给皇帝拉龙舟，忍饥受苦在运河大堤边哟！……"哭得那样凄惨，那样悲愤。

深夜还在大船上饮酒作乐的，就是历史上著名的暴君隋炀帝。自从他做皇帝时起，为了开运河、造宫殿、打高句丽（当时朝鲜半岛北部和辽东半岛一带的一个国家）、逛扬州，对农民进行残酷的压榨，几乎把农村里的劳动力都征调出来。他用了六年的时间，征调了千万十五岁以上的男子，凿通了自北京到杭州长达四千八百多里的大运河。在夜以继日的劳动中，在监工官吏们的狠毒鞭打中，不知有多少人死去。修建洛阳（隋的东都）一地的宫殿亭园，每月用的民工多达二百万。有人累倒了，监工便把他推入坑里，填上土和石子，活活埋掉。很多的花、石、树木，都是抓人由遥远的江南运来的。三次攻打高句丽，每次都征调了几百万民夫，昼夜不停地往前线运送军火和粮草。由于路途遥远，军情紧急，这些民夫一路上几乎得不到休息。由于过度的疲劳和饥饿，有很多人死在路上。死的人太多了，路上到处都是民夫的尸体。当时的中国，不知有多少人家的父母妻子被迫分离，不知有多少田地无人耕种。但是封建专制的暴君隋炀帝，丝毫不管人民的死活，还几次带着嫔妃、亲信官僚和卫士们，到扬州去游玩。每次同去的人很多，乘几千只船，沿途抓人拉纤。那挽舟人的哭诉，道出了当时人民的痛苦，也预兆着农民战争的大风暴即将来临。

大业七年（611年），当隋炀帝到处抓人积极准备攻打高句丽的时候，农民战争的烈火就首先由王薄点燃了起来。王薄是山东邹平县人。山东当时正闹水灾，隋炀帝由水路攻打高句丽，这里是必经之路。他对灾情一点不管，还在这里乱抓人。被抓去的人不是在路上累死、饿死，便是被军官打死。弄得没有一家不在哭，没有一处不荒凉。王薄愤怒极了，写了一首《无向辽东浪死歌》，号召人民不要为隋炀帝去送死，大家起来反对不义的战争。战斗的号角吹响了，满怀愤怒的人们纷纷拿起武器，跟随王薄起义。山东有一座山，叫长白山（在今邹平县东南），山势很险。起义群众在王薄的率领下，占领了这座山，把这座山作为反隋的根据地。他们经常向济南、济宁一带出击，给了隋炀帝打高句丽的军事交通线以严重的威胁。被征服役的人们，都纷纷逃往长白山去，起义军的力量一天天地壮大起来。

王薄的起义，是隋末农民战争的信号。到617年，隋炀帝正在扬州流连忘返的时候，农民战争的大风暴已经席卷了中国的大部分地区。那时，各地起义军不下百余起，人数有几百万。他们活动于现在的山东、河南、河北、安徽、浙江、江苏、陕西、甘肃以及广东等广大地区，掀起了全国性的农民革命战争的大风暴。

二、农民革命战争的烈火到处燃烧

在王薄打起反隋旗帜之后，农民革命战争的烈火立即在山东各地燃烧起来。刘霸道率领的起义军占领了惠民县的豆子䜣。孙安祖的起义军占据了恩县西北的高鸡泊。张金称聚集了几百人，在夏津县一带起义。高士达、窦建德聚众一千多人，在清河县（今河北南宫县东南）起义。起初，隋炀帝还没有把这些起义放在眼里，只派了一个叫张须陀的去镇压，自己仍然率领着大军去打高句丽。结果水陆二军都被高句丽军民打得大败，百万大军生还的只有几千人。隋炀帝恼羞成怒，想再次冒险，于613年又在全国进行第二次大征调。这时，全国农民再也无法忍受封建统治者的残酷压迫，更大规模的农民起义本来就有一触即发之势，隋炀帝的这次大征调，就更是加快了农民大起义的爆发。原来的起义军扩大了过去的占领区，壮大了他们的队伍，每支有的几万人，有的十几万人。至于新起来的起义军人数就更多得无法计算。在山东，几乎县县都有农民起义，往往一个县就有好几起。像德县一县，就有郝孝德、李德逸等几支队伍。河南的起义军也迅速壮大起来，在滑县附近，有著名的瓦岗起义军。隋朝统治力量较强的陕甘地区的农民也行动起来了，甘肃灵武、陕西岐州的农民先后举起了反隋的旗帜。被隋炀帝当作游乐场所的江淮地区的农民在山东起义军的影响之下也纷纷起义，杀死隋朝的官吏，攻破城池。在余杭（即今杭州），还有刘元进的一支较大的农民起义队伍。

农民起义军的迅速发展，给了隋朝统治阶级以严重的打击。就在这一年，隋朝上层统治集团中的杨玄感为了自己要做皇帝，便乘农民起义这个机会，想要夺取政权。于是他就在黎阳（在今河南浚县东北）发动兵变，反对隋朝。杨玄感的起兵不过是封建统治阶级内部的争权夺势，但是统治集团的这种分裂，却给农民起义军提供了很有利的形势。

613年的全国性农民大起义，把隋炀帝第二次进攻高句丽的计划打乱了。这个暴君赶忙从高句丽撤兵，打败了杨玄感。接着就派兵疯狂地镇压农民起义军。但是因为农民起义的浪潮汹涌澎湃，一波未平，一波又起，使得隋朝封建统治者疲于奔命。结果费了九牛二虎之力，仅有刘元进等几支起义队伍被镇压下去。而继续兴起的起义军，却越来越多。农民起义军的声势越来越大，把封建统治者吓得胆战心惊。隋炀帝这个暴君，被起义军吓昏了，一到夜里，就心惊肉跳，大叫有"贼"，要几个妃子像拍抚婴孩那样拍抚着他，才能够入睡。

农民起义军在南北广大地区风起云涌，很快就形成燎原大火。王薄和郝孝德等部联合，共有十多万人。在这支起义军的打击下，隋朝在山东地区的统治几乎陷于瓦解的境地。另一支由孟让和左才相、杜伏威等领导的起义军，从山东地区向江淮一带移动，并且和江淮地区的起义军配合，逼近扬州，威胁着隋朝在南方的统治。窦建德率领起义军进入河北，在故城县一带把隋朝涿郡（郡城在蓟县，今北京市附近）守将郭绚的一万多精兵打得大败，杀死郭绚。窦建德自称"长乐王"，在乐寿（今河北献县）建立了政权。河南地区的起义军后来大多和瓦岗军会合，声势很大，严重地威胁着隋朝的东都洛阳。到617年，起义军就形成了三个强大的集团，一是河南的瓦岗军，二是河北的窦建德军，三是江淮之间的杜伏威军。在各路农民起义军的不断打击之下，隋朝反动统治的末日很快就要到来了。

三、瓦岗军

（一）瓦岗军的发展

读过《隋唐演义》或《说唐》这两部小说的人，都知道瓦岗寨的故事。这两部小说都写到了瓦岗军。不过，小说里的瓦岗军和历史上的瓦岗军的情况有很多地方是不同的。

瓦岗寨在河南省滑县南部。起先在瓦岗起事的是翟让。翟让是洛阳的一个"法曹"（执法小官），犯了死罪，被下在监狱里。管监狱的官吏黄君汉爱他是条好汉，就把他放了。他逃到瓦岗，在那里举起了反隋的旗帜。

翟让有一个同乡叫单雄信，他听到翟让占了瓦岗，便带了很多人投奔瓦岗寨参加起义。后来参加的，还有徐世勣（就是小说里的徐茂公）、邴元真等人。瓦岗寨的声势一天比一天大起来，不久就成为河南起义军中最强大的一支。616年，在兰封地区起义的王伯当介绍一个人来见翟让，这个人叫李密，是北周（隋朝统一中国以前，南北朝时期西北地区的一个封建王朝，被隋朝所灭）大官李弼的后代，曾做过杨玄感的参谋。杨玄感失败以后，李密到处逃难，后来结交了王伯当。李密认为如果能以较大的瓦岗军为核心，团结河南各地的起义军，便可形成一支强大的反隋力量，推翻隋朝的统治。他把这个想法告诉了王伯当，王伯当立即表示赞同，并亲自陪他去瓦岗，介绍他和翟让见面。翟让也早就听说李密是个很有才能的人，他很尊重李密，并且向李密请教反隋斗争的办法。李密就把自己的意见告诉了他，并说："现在隋炀帝正在扬州游山逛景，不理政事。他的精兵又大部分被高句丽打败，趁这个大好机会，如果能够打起反抗隋朝暴政的义旗，各地老百姓必能积极响应。这样，不要很久，就可以推翻隋朝。"翟让听了他的话，十分欢喜，便留住李密替他出谋划策。接着又派李密去劝说各地起义军首领，请他们加入瓦岗军。各地起义军首领也很赞成他的主张，纷纷带兵到瓦岗去。那时的瓦岗，每天都有新的力量加入，多的时候，一天要接待好几万人。这样，瓦岗军的力量就迅速发展壮大起来，成为一支强有力的农民武装。

（二）取荥阳，拔洛口，开仓放粮

因为加入瓦岗军的人一天比一天多起来，粮食就显得不足了。616年，翟让召集将领们计议，决定去打荥阳（今河南荥阳县一带），一来夺取那里的粮草，供起义军需用，二来也趁此机会打击一下敌人，显示起义军的力量。当这攻打荥阳的命令发布以后，瓦岗寨里，个个摩拳擦掌，准备冲锋陷阵。除了留下少数人马守卫瓦岗寨以外，瓦岗大军在翟让、李密等率领下，直奔荥阳。隋朝守军听到瓦岗军出动，吓得望风而逃。荥阳郡各县很快就被瓦岗军占领。隋炀帝听到这个消息万分惊恐，赶忙派河南讨捕大使张须陀和荥阳太守杨庆合兵镇压。张须陀是隋朝镇压山东、河南一带起义军的主帅，这次他又亲率精兵两万来打瓦岗军。瓦岗军早就安排好了打击敌人的计划。在敌军进攻的时候，先由翟让率领一小部分起义军，和张须陀接战，而把大部分兵力埋伏在荥阳大海寺北面的树林里。张须陀大军赶到，看见翟让的人马很少，便不把起义军放在眼里，指挥大军直冲过来。翟让假装战败，向大海寺北面的树林里退走。张须陀存心要一举消灭起义军，就领兵追赶。刚刚追到大海寺北面树林的地方，只听得一片喊杀之声，大队人马从树林里杀出。张须陀慌忙命令军队退却，但是已经来不及了。瓦岗军主力在李密、王伯当、徐世勣等率领下从四面冲来，把张须陀团团围住。瓦岗军人人奋勇争先，以一当十，刀劈枪挑，杀死隋军无数，跑不了的都跪在地上乞命投降。张须陀突围不成，最后也自杀毙命。

自从攻克荥阳，大败张须陀以后，瓦岗军威名更大了，所到的地方，敌人都不敢抵抗，纷纷开城投降。瓦岗军乘胜又连续拿下了康城等几座城池。离洛阳一百多里，有一个洛口粮仓（又叫兴洛仓，在今河南巩县东南），仓城周围二十里，贮藏了大量的粮食，隋朝派重兵在这里驻守。瓦岗军的首领们决定拿下这座仓城，把粮食分给老百姓。这样一则可以使广大贫苦的灾民们不致饿死，二则也可以使瓦岗军更加得到人民的拥护。夺取洛口粮仓的计划决定以后，617年2月，瓦岗军便由登封东南，翻过方山，进到离洛口粮仓不远的罗口，从罗口对洛口粮仓的隋朝守军发动突然袭击。隋军想不到瓦岗军突然杀来，吓得抱头鼠窜。瓦岗军很快就占领了这座仓城，马上派人四出告诉老百姓："洛口粮仓已被瓦岗军打下来了，没有饭吃的人，都可来仓城领米！"为饥饿威胁已久的人们，听到这个消息，真是喜从天降，他们奔走相告，都说："杀张须陀的瓦岗军来啦！洛口粮仓被打开啦，我们都去拿米吧！"这个消息传开以后，老百姓纷纷向仓城跑来，几十里、几百里以外的人听到瓦岗军开仓济民，也扶老携幼，到洛口粮仓来领米。当他们领到了粮食，从粮仓出来的时候，个个喜笑颜开，没有一个不从内心里感激瓦岗军。

瓦岗军攻占洛口粮仓，不仅拔掉了隋朝一个重要的军事供应基地，而且直接威胁到洛阳。敌人大为震恐。同月，执掌洛阳大权的越王杨侗派军官虎贲郎将刘长恭等率步、骑兵二万五千人来打瓦岗军，又令裴仁基做河南讨捕大使，领兵西出汜水（今河南荥阳东北），从背后夹击瓦岗军。瓦岗军派出少数人马，埋伏在一个叫横岭的地方，阻击裴仁基，大队人马都来抵抗刘长恭的军队。两军在石子河（在巩县东南）相遇。刘长恭在石子河西摆开了阵势。瓦岗军的阵地在石子河东岸。刘长恭不等裴仁基兵到，便发动进攻。翟让接战不利。李密亲率瓦岗大军，从侧面向隋军冲杀过去。洛阳隋兵被杀得丢盔弃甲，大败而逃。刘长恭脱了衣服，混在士兵中得以逃脱。瓦岗军打败了刘长恭以后，又回兵向裴仁基所部进攻，裴仁基不敢抵抗，向瓦岗军投降。小说里的名将秦琼、罗士信（即所谓罗成）原是张须陀的部将，张须陀死后，他们归裴仁基部下。裴仁基投降，才归了瓦岗军。小说里的程咬金是山东济州东阿县人，原来在他的家乡一带起义，后来也投奔了瓦岗寨，他和秦琼等人并没有什么关系。小说里关于秦琼、罗成和程咬金的一些故事，是作者虚构的。

（三）建立政权，大败隋军

石子河战役之后，瓦岗军在洛口建立了自己的政权，李密被推为魏公。黄河以南、江淮以北的起义军如郝孝德、孟让等也都纷纷加入。瓦岗军的力量更加强大了。

瓦岗军在洛口建立了自己的政权以后，接着就攻打洛阳。翟让、裴仁基率兵二万人，占领了洛阳北面的回洛东仓，并一度突入城内，放火烧了宫殿前面的天津桥。替瓦岗军掌管文书的祖君彦，为瓦岗军写了一篇讨伐隋炀帝的檄文。这篇檄文在洛阳城下发布，很快就传遍了全国。它对号召各地人民起来投入反抗隋朝残暴统治的斗争，起了不小的作用。

在瓦岗军的巨大压力下，洛阳眼看难保。隋炀帝就派亲信江都通守（地方的行政长官）王世充等星夜赶来救援。王世充是隋炀帝的一个大帮凶，刘元进的起义军就是被他镇压下去的。他残酷地把起义群众三万多人活埋在吴县（今江苏苏州市）通玄寺前面。这回他一到洛阳，就纠集了刘长恭等各军十多万人,妄想一举消灭瓦岗军。瓦岗军在洛水(是从陕西洛南县境内流入河南巩县的一条河流,在巩县东北洛口流入黄河)南岸和敌军对阵。王世充派了一支军队,乘黑夜渡过洛水,在黑石山结营,企图据险取胜。瓦岗军识破了他的阴谋,奋勇渡过洛水,攻击王世充在洛北的主力。战斗正在激烈进行的时候,瓦岗军的一部分假装向月城(在洛水北岸,和南岸的仓城相对)败走,另一部分则在李密率领下退走洛东。王世充不敢渡洛水追击李密,只把月城包围住。不料李密乘王世充包围月城,率领精兵直捣黑石山,大败黑石山敌军。王世充听到黑石山兵败,急忙引兵来救,李密掉过头来迎战王世充。这时,月城的瓦岗军也从敌人背后夹击。这一仗把王世充的主力打得落花流水。这个凶恶的刽子手吓得躲在堡垒里不敢出来。掌握洛阳军政大权的隋朝贵族、越王杨侗这时也吓得手忙脚乱,赶紧派人督令王世充出战。王世充不得已,只得出兵,在石子河以东向瓦岗军进攻。翟让接战失利,王世充正在得意,不料从侧后方杀出两支人马,原来是瓦岗军将领王伯当、裴仁基率领人马,直冲敌阵。李密见王伯当、裴仁基来到,立即指挥中军,一齐杀出。结果王世充大败而逃,士卒死伤无数。

王世充打了两次败仗,再也不敢出来了。后来军中粮草快要吃完,想乘黑夜偷袭仓城,夺取城中粮食。但他的这个计划事先被瓦岗军知道了,李密就密令郝孝德、王伯当、孟让等率兵预先埋伏在仓城旁边,只等王世充兵到,一齐掩杀。果然,在三更时候,王世充领兵偷偷来到仓城城下,瓦岗军伏兵齐出,又把王世充军杀得七零八落。他部下的骁将费青奴被打死。隋军士卒们为了逃命,黑夜掉在洛水里淹死的就有一千多人。

王世充连打败仗,隋军损失很大,他就派人到洛阳去求搬救兵。杨侗发了七万精兵给他。他有了新补充的七万精兵,又蠢蠢欲动。那时正是严冬时候,在一个严寒的夜里,王世充密令各军搭浮桥渡过洛水,袭击瓦岗军。可是还没等隋军全部渡河,瓦岗军就乘机掩杀过来。王世充军又被打得大乱,士卒们争先恐后地跑回浮桥逃命。因为桥窄人多,被挤下水去淹死的不计其数。王世充只得率领残兵败将急忙往河阳(今河南孟县西)逃去。路上碰到刮风下雨，又冻死了一万多人。逃到河阳，就只剩下几千人了。王世充害怕杨侗见罪，就把自己绑起来，等候发落。杨侗因为还要用他对付瓦岗军，就把他召回洛阳，不仅没有处罚他，还赏给了他很多金银、绢帛和歌童、舞女。这时，瓦岗军便乘胜攻占了金墉城。这城在洛阳东边，是洛阳的外城。洛阳城里居民已经可以清楚地听到金墉城瓦岗军战鼓的声音了。

正当瓦岗军在河南取得重大胜利，迫近洛阳城下的时候，窦建德领导的起义军在河北也取得了很大的胜利。他们在河间歼灭了隋涿郡通守薛世雄军三万多人，控制了河北。杜伏威领导的起义军在江淮之间打败了隋朝陈棱的军队，进据历阳（今安徽和县）。这样，声势浩大的农民起义军几乎已把河北、河南、山东及江淮之间的广大地区全部占领。到617年年底，隋朝所控制的地方，在黄河流域只有东都及其他几座孤城，在东南只有扬州一隅之地。而这些地区之间的联系，也都被起义军截断了，好像海洋中的几座孤岛。

（四）瓦岗军的分裂及失败

随着军事上的胜利，在瓦岗军内部，产生了一个严重的问题，就是领导集团之间发生了分裂。瓦岗军的领袖原来是翟让，石子河战役之后，由于李密有功，翟让就让位给李密。但是翟让的让位，并非完全出于本意，有几分是被李密和部下将领所迫。在李密进瓦岗寨之前，瓦岗军原是一支小队伍，反隋的目标也不明确。李密进入瓦岗寨之后，反隋的目标才比较明确，在反隋起义的号召下，参加瓦岗军的人不断增加，因此瓦岗军的声势就一天比一天大起来。随着反隋战争的胜利发展，李密不但骄傲自满，同时野心也大了，于是竟想排除翟让，夺取瓦岗军的领导权。因此他就把一部分将领拉到自己周围，形成了一个集团，压迫翟让让位。当时靠近翟让的徐世勣也劝翟让奉李密为主。这样，翟让不得已就把瓦岗军的领导权让给了李密。但追随翟让起兵的另一些人如王儒信、翟宽（翟让的哥哥）等却始终不甘心。事后王儒信曾劝翟让自为"大冢宰"（即宰相），和李密争夺领导权。翟宽甚至斥责翟让："天子只可自作，怎能让人？如果你不能做，我自己来做。"他们经常煽动翟让杀掉李密，恢复他的领袖地位。这样，在翟让被迫让位之后，瓦岗军表面上仍然是统一的，但暗中已经形成了两个对立的集团。李密为了保持自己既得的地位，一面尽力扩大自己的势力，重用隋朝的降官降将如裴仁基、秦琼等，一面阴谋杀害翟让。617年11月，李密故意设了一个宴会请翟让等赴宴。在宴会上以和翟让练习射箭为名，趁着翟让挽弓试箭的时候，由手下人蔡进德从背后击杀了翟让。接着又把王儒信、翟宽等一齐杀掉。和翟让一道起事的单雄信、邴元真、徐世勣等人，这时也惊慌失色，不知所措。徐世勣向门外出走，被守门的人砍了一刀，幸亏被王伯当喝住守门人，才没有丧命。单雄信叩头请死，李密放了他，并叫他和王伯当、徐世勣分别率领翟让原来领导的起义军。但是经过这次事件之后，他们和李密的关系就疏远了。徐世勣为了瓦岗军的发展前途，曾劝翟让让位给李密，但他没想到李密却用阴谋手段杀了翟让。翟让被杀，他心里是很不满的。后来他自请去打黎阳，在攻占黎阳以后，就一直在那里防守，没有回来。从此瓦岗军的力量就分散了，而徐世勣所带领的那部分军队又是瓦岗军的基本力量。邴元真本是隋朝的一个县吏，因为犯了贪污罪，亡命到瓦岗寨。他是个贪婪卑鄙的人，瓦岗军中也有人主张把他杀掉，李密没有同意。他虽然还留在李密的队伍中，可是他对李密始终怀有二心，最后终于背叛了瓦岗军。

李密杀了翟让以后，觉得对手已除，更加骄傲自大起来，这时就暴露出了他的阶级本性。他对瓦岗旧兵旧将不像先前那样爱惜了，但对新来归附的降官、降兵，却特别重视，格外亲近。他是打算更多地依靠降官、降兵，去达到建立封建政权自己当皇帝的目的。这样，瓦岗寨的旧人就对李密产生了强烈的不满情绪。

瓦岗军原是由许多农民起义军组成的军队，后来又增加了好些隋朝的降官、降兵，军队的成分更复杂了。领导集团的分裂，起义军内部的不团结，加上军队成分的日渐复杂，这些弱点，就成了后来瓦岗军失败的重要原因。

说到这里，我们再来谈谈隋朝方面的情况。隋炀帝到扬州以后，整天和嫔妃饮酒取乐，再也不问政事。后来听说黄河流域一带的很多老百姓都起来造反，才害怕起来，他再也不敢回到国都大兴（今陕西西安）去了。这个暴君自知末日将临，有一天，自己拿着镜子照了一阵，突然回过头来，对站在旁边的萧后说："我这脑袋，会被谁砍下来呢?"

被农民起义吓得胆战心惊的隋炀帝，感到在北方再也不能照样统治下去了，就想在丹阳（今江苏省江宁县）建都。被他带到扬州的十几万军队，大半都是陕西、甘肃人。他们听到隋炀帝不想再回大兴，都想私自逃回乡里。有一天，一个叫窦贤的将官就背着隋炀帝率领所部士兵向西开走，隋炀帝派兵赶上，把窦贤和许多士兵一齐杀了。可是逃亡的事件还是不断发生。这时，虎贲郎将司马德戡、元礼和直阁（驻守京城的禁卫军官）裴虔通等策划发动兵变，拥立右屯卫将军宇文化及为主帅。为了发动兵变，他们煽惑士卒说："现在皇帝听到你们想逃跑，准备用毒酒把你们全给毒死。"士卒们听到他们的将官这样说，个个害怕，都想起事。一天晚上，司马德戡、裴虔通等带兵闯进隋炀帝的寝宫。在隋炀帝还没有当皇帝的时候，裴虔通就是他的亲信，平日不离左右。可是他却万万没想到，他会死在自己亲信的手里。当裴虔通举刀要杀隋炀帝的时候，这个暴君哀求裴虔通不要用刀杀，用练巾把他绞死。隋炀帝死后，六宫嫔妃都被宇文化及占有了。

宇文化及在杀了隋炀帝之后，就引兵十余万，进入山东地区，自称皇帝，国号许。当时正是瓦岗军把王世充打得一败涂地的时候。宇文化及部下十多万人都是隋炀帝挑选来当卫士的精兵，是一支强大的反革命力量。这支反革命军队的西归，对黄河流域的起义军是一个很大的威胁，而首当其冲的便是瓦岗军。李密怕背腹受敌，上表向杨侗（当时已做了皇帝）称臣，以便集中全力对付宇文化及。宇文化及率军由徐州直趋黎阳，企图一举攻占黎阳仓。徐世勣守得很好，宇文化及没能攻打下来。李密率领大军自金墉城到河南浚县西南，和宇文化及大战在童山脚下。在战斗中，李密中箭落马。宇文化及挥兵追来，秦叔宝单枪匹马，奋力保卫住了李密。两军从早晨战到中午，宇文化及的军队逐渐支持不住，只好收兵向河北大名方向退走。攻黎阳不成，又在大名兵败，结果弄得宇文化及损兵折将，原来有十多万精兵，现在只剩下两万疲惫不堪的残卒了。这支残兵到了河北，又被窦建德军消灭干净。不过童山一战，瓦岗军的损失也很大，从此，瓦岗军的实力就更削弱了。

当瓦岗军和宇文化及决战的时候，王世充在洛阳发动兵变，杀了内史令（中枢机构内史省的长官）元文都，掌握了洛阳的军政大权。洛阳城中，存粮很少。王世充看到瓦岗军在和宇文化及作战中打得很疲劳，实力损失很大，于是就想乘机夺取洛口等仓城的粮食。他在士兵中选得精锐二万多人，马二千多匹，出击瓦岗军。当时，李密认为瓦岗军尚未得到休整，主张坚城固守，疲劳敌人，等到敌军粮尽，必然自溃。单雄信等却极力鼓动李密出战。李密在他们的鼓动之下，改变了主意，分派王伯当守金墉，单雄信驻偃师城北策应，自己亲率大军进至洛阳城北。不料在北邙山中了王世充的埋伏，不得已引兵退往洛口。洛口守将邴元真背叛了瓦岗军，秘密派人去见王世充，表示愿献洛口仓城。王世充急引兵追李密，李密探听到邴元真已经通敌，没有进洛口城，在洛水南岸扎营，想在王世充军抢渡洛水的时候，一举把他打垮。正在这时，单雄信又投降了王世充，偃师城守军也叛变投敌。单雄信的投敌，使李密再难在洛水抗击王世充，于是他决定退往虎牢关（在河南汜水县西北）。这时邴元真打开洛口仓城城门，迎接他的新主子王世充入城。与此同时，王伯当也放弃了金墉到了河阳，等到李密引军来会，瓦岗军剩下的已经不多了。李密带着几个人去大兴投奔李渊，但不久又想逃跑，结果被李渊捉住杀了。

瓦岗起义军失败了。这支起义军在中原地区战斗了三年，在推翻隋朝统治方面，起了极为重大的作用。

四、威震河北的窦建德和刘黑闼军

瓦岗军虽然失败了，但农民战争的烈火仍然在各地猛烈燃烧。其中力量最大的是由窦建德、刘黑闼先后领导的河北起义军。窦建德是漳南（今山东武城县）人，611年参加了清河高士达领导的起义军。高士达认为自己的才略不及窦建德，就把领导起义军的责任交给了他。窦建德能与士卒共甘苦、同劳逸，打了胜仗，缴到敌人的东西，都分给部下；自己的生活极朴素，平日只吃蔬菜、粟米饭。士兵都拥护他，远道来投奔他的人很多。这支起义军在他的领导下，一天天壮大起来。当李密参加瓦岗军的时候，窦建德军已经发展到十多万人，拿下了河北许多县城。616年，窦建德率领精兵七千人，在河北故城击败了隋涿郡通守郭绚率领的一万多人，斩了郭绚。第二年，在河北乐寿建立政权，自称"长乐王"。隋炀帝派薛世雄率领精兵三万人自涿郡来进攻起义军，窦建德领兵北上，和薛世雄军在河间激战。在一次战斗里，窦建德亲率勇士二百八十人做前锋，乘黎明大雾，突袭薛世雄兵营，敌人在睡梦中惊醒，四散逃命。薛世雄逃回涿郡，不久病死。这一仗，窦建德军歼灭了薛世雄的三万隋军。河北地区的隋军，绝大部分被起义军消灭了。农民起义军驰骋在广阔的河北平原，他们拿下了很多州县。到618年，除了幽州（今北京市）还被隋将罗艺控制以外，河北其他各地都为窦建德军占领。这一年，窦建德定国号为夏，将乐寿作为都城。619年，宇文化及被李密打败，退到山东聊城，窦建德发兵攻打宇文化及，宇文化及被窦建德军活捉。瓦岗军失败之后，窦建德就成了黄河中下游农民起义军的主要领导人物了。

窦建德在取得了一连串的胜利以后，就开始背离农民的立场，学着封建统治者的样子，想着当皇帝。例如，有一次，滑州（今河南滑县）刺史王轨的家奴杀了王轨来投降。窦建德不但不欢迎，反而站在地主阶级的立场上说："家奴杀了主人，是大逆不道的事。"他为维护地主阶级的"教化"，结果把这个家奴杀了。当窦建德攻破聊城以后，首先去见隋朝废后萧后，并向她称臣，又为隋炀帝素服发丧，痛哭尽哀。又如，他在打败宇文化及以后，对隋朝的官员都一一任用，他建立的夏国，一切立法、行政也都是沿用隋朝的一套办法。

这里回过头来，再说说河南方面的情况。王世充打败李密之后，废了杨侗，自己在洛阳做了皇帝。不久，李渊进兵洛阳，王世充就做了俘虏。

李渊本是隋朝一个大官（太原留守），617年，在他的儿子李世民的鼓动和策划之下，从太原起兵，以迅雷不及掩耳之势，突入关中，占了大兴。当时隋朝已经被农民军打垮，李渊父子起兵的目的在于夺取农民战争的胜利果实。隋炀帝被杀后，李渊就在大兴（后来改名长安）做了皇帝，国号唐。唐军利用瓦岗、河北等起义军在中原各地打击隋军的机会，消灭了陕甘一带的农民起义军和官僚地主割据势力，力量不断发展起来。瓦岗军失败时，关中已成了李渊的天下。620年，李世民领兵东征，攻打王世充于洛阳。受过瓦岗军沉重打击的王世充根本抵挡不住。他赶忙派人向窦建德求救。窦建德是河北农民起义军的领袖，本来和王世充水火不容。不过，他在接到王世充的求救信以后，想到王世充如果失败，河北也就危险，不如借这个机会，和王世充一道打败唐军，然后掉转枪头，再解决王世充，取得战争的胜利。因此他决定领兵前往洛阳。

李世民听到窦建德军来了，感觉这是一个大敌，亲自带了精兵三千五百人，占据虎牢关，阻击窦建德军，把打洛阳的事交给了他的弟弟李元吉。窦建德这时在战略上犯了一个极大的错误，他领兵到了虎牢关，本想一举拿下这个关口。但李世民只是防守，并不出战。相持了一个多月，窦建德仍没有把虎牢关拿下来。凌敬看到战争旷日持久，对河北军不利，就劝窦建德率兵渡河，攻怀州（今河南沁阳县）、河阳（在今河南孟县西），然后跨太行山而入上党，以威胁蒲津（在今山西永济县西）及唐关中之地。凌敬的意见是正确的。那时唐军主力都被李世民带到洛阳，如果能听从凌敬的话，避实就虚，谁胜谁负，是未可预料的。王世充唯恐窦建德离去，一面派人在窦建德面前日夜啼哭请救洛阳，一面又送了很多金银珠宝给窦建德部下的一些将领，请他们要求窦建德不要走。窦建德听了他们的话，没有接受凌敬的意见。凌敬力争，窦建德反而把他赶了出去。窦建德的妻子曹氏听到这件事，也劝他听从凌敬的意见。他竟说："这种事情不是你们女子懂得了的！"这样窦建德军就一直在虎牢关前驻屯下来。天长日久，军队的士气逐渐低落。这时李世民就不再采取守势，找机会进攻了。一天早晨，窦建德领军在关前向唐军挑战，李世民却按兵不动。一直到中午，河北军欲战不得，又渴又饿又疲乏，都去抢水，抢到了水就把武器放在一边，坐在地上喝起来。这时李世民突率骑兵向河北军发动了猛烈的攻击。河北军因为没有准备，抵挡不住，败退了三十多里。窦建德本人不幸被唐军捉住。这一仗，使得在河北战斗了八九年，给了隋朝以沉重打击的农民起义军，受到了最大的挫折。

王世充听到窦建德兵败被擒，吓得魂飞魄散，赶紧打开洛阳城门向李世民投降。瓦岗军叛徒单雄信也被李世民杀死。

窦建德失败之后，李渊、李世民把矛头转向了南方。这时，窦建德手下的将领刘黑闼，收集河北军旧部，以秋风扫落叶之势，在短短的几个月里，就把窦建德占领过的河北各地全部收复。刘黑闼也是漳南人，窦建德失败后，他回到漳南，以种地为生，但没有一天不想重新起事。有一天，刘黑闼正在种菜，忽然来了一群人，他仔细一看，都是在虎牢关失散的战友。刘黑闼非常兴奋，请他们到家里一起商量收集旧部，兴兵反唐的大事。大家共推刘黑闼为领袖，刘黑闼表示："难得大家一条心，今日既推我为首领，为了重建河北军的事业，黑闼虽粉身碎骨，在所不辞。"621年7月，刘黑闼在漳南县打起了反唐旗帜，攻占了漳南县城。在虎牢关被打散的河北军士卒，听到刘黑闼在漳南起兵，纷纷前去投奔。刘黑闼筑了一个坛，率领诸将和来归士卒登坛祭奠窦建德，大家都极为沉痛，立誓一定要痛打唐军，重建夏国。李渊听到刘黑闼收集窦建德旧部，攻占了漳南，急派淮安王李神通和降唐的隋将罗艺合兵来攻。刘黑闼率领所部将士，和唐军会战于河北饶阳。唐军有五万多人，刘黑闼只有几千人。战斗的时候，刘黑闼鼓励士卒："报仇在此一举！"当时已是冬天，风雪很大。李神通挥兵来攻，刘黑闼兵大呼冲入敌阵，人人奋勇，个个争先，五万唐兵，被打得四散逃命。李神通率领残部，急忙向定州（今河北定县）方面退走。罗艺见李神通兵败，引兵退往藁城（在今定县东南）。刘黑闼又在藁城把罗艺打败。罗艺逃归幽州。刘黑闼这一次的胜利，极大地鼓舞了河北人民。他们纷纷起来，杀掉李渊派来的官吏，占领县城，打起锣鼓，迎接刘黑闼军。刘黑闼指挥军队攻打河北各地，唐军望风披靡，不是投降，就是逃跑，胜利的号角，响遍了河北平原。不到半年，原来窦建德占领过的地区，全部为刘黑闼军收复。622年，刘黑闼称"汉东王"，改年号为"天造"，定都于洺州（今河北永年）。

起义军收复河北的消息，使李渊和李世民非常震惊。那时唐已经没有一个将领敢与刘黑闼交锋，李渊只得再次派李世民领兵东征。当李世民军进抵洺水的时候，勇敢的刘黑闼，率步骑二万人渡过洺水，和唐军对阵。李世民发起攻击，刘黑闼军以一当十，力战唐军，自午间杀到傍晚，还未分胜负。不料李世民先派人在洺水上游把水堵住，看到不能取胜，就下令放水。刘黑闼没有防备，河水涌来，措手不及，以至被唐军打败。刘黑闼率二百余骑，奔往北方的突厥。不久，刘黑闼又从突厥率兵回到河北，改占了许多州县。但是他这次回到河北，主要是依靠突厥骑兵的力量，由于得不到广大人民的支持，结果很快就被唐军打败。刘黑闼也在洺州被擒遇害。

刘黑闼第二次失败以后，一些小的起义军，都陆续被唐军消灭。前面提到的最早在长白山起义的王薄，也投降了唐朝。

五、杜伏威、李子通和辅公祏

当李世民出兵攻打洛阳的时候，李渊又同时派了另一支军队，由赵郡王李孝恭和行军长史（部队主将的属官）李靖率领，去打长江一带的起义军。

南方势力较大的起义军是杜伏威的军队。杜伏威是山东章丘县人，家里很穷。613年，和同乡辅公祏率众起义，先入长白山，后来转战到淮南，合并了苗海潮等小股起义军，成为南方起义军中的一支劲旅。617年，杜伏威率军打败了隋右御卫将军陈稜的军队，占领了淮河以南、长江以北的广大地区。杜伏威进驻历阳，严重地威胁着当时正在扬州的隋炀帝。

比杜伏威稍后起兵的是李子通。李子通是东海郡丞县（今山东峄县）人。起兵后，先依长白山左才相，后来南渡淮河，和杜伏威会合。李子通有很大的个人野心，他想谋杀杜伏威，夺取起义军的领导权。一天夜里，李子通派兵偷袭杜伏威的营寨，杜伏威几乎被杀死，二人从此决裂。李子通率众奔往海陵（今江苏泰县）。618年，宇文化及杀了隋炀帝，领兵北上，李子通从海陵攻占了扬州，在扬州做了皇帝，国号吴。隋吴兴太守沈法兴占据镇江，自称梁王。李子通渡江击败沈法兴，占领了长江南岸许多地方。从此，长江下游地区基本上被起义军所控制。

李世民攻打王世充的时候，派人到淮南去，劝说杜伏威投唐。杜伏威看到唐军正在向南方运动，长江中游难保，李子通又近在咫尺，对他是一个威胁，就表示愿意投降。于是，李渊封他做"东南道行台尚书令江淮安抚大使上柱国吴王"。杜伏威降唐以后，就接受李渊的意旨，发兵来打李子通。李子通抵抗不住，败走杭州。杜伏威军紧紧追赶，李子通无力再战，终于投降。杜伏威把他送到长安去。622年，李世民在洺水打败刘黑闼，军队到了山东曹县、滋阳一带，杜伏威看到唐的势力一天天大起来，为了表示他投降的真诚，就自动要求去长安。

杜伏威的部下对他降唐的举动，并不是都同意的。他去长安之后，辅公祏就在丹阳打起了反唐的旗号。但这时刘黑闼已经牺牲，北方广大地区全部为唐军占领。长江中上游也被唐将李孝恭、李靖等征服。辅公祏仅仅占有江南一隅，已很难再和唐军对抗，不久就被李孝恭、李靖率领的唐军在安徽当涂西南博望山一带打败。丹阳失守，辅公祏弃城东走，结果败死于浙江武康。辅公祏的败死，标志着隋末以来农民战争的基本结束。不久李渊、李世民就统一了中国，建立了强大的唐朝。

隋末的农民战争，不仅推翻了隋朝的残暴统治，而且迫使新建立起来的唐朝封建统治者不得不对农民作了一些让步，减轻了一些对农民的剥削。因此，唐朝初期社会经济文化的高度发展，是和隋末农民大起义对封建势力的打击分不开的。

（原为吴晗主编"中国历史小丛书"之一，中华书局，1960年第1版，1980年第2版，有改动）

冼夫人

　　冼夫人是公元6世纪时我国南方的少数民族俚族的杰出首领。她很有谋略，善于用兵。她生活的时代正是南朝①的梁、陈等朝代更替频繁的时候，南方变乱很多。冼夫人在这种动乱不安的年代里，努力维护俚、汉两族的友好关系，对五岭②以南地区保持安定的局面，起着相当重要的作用。她的功绩，是值得后人纪念的。

　　下面，我们就来把冼夫人的故事从头讲起。

一、俚、汉两族的友好关系

　　南朝的时候，有一个人数众多的少数民族，叫作"俚族"，住在岭南。

　　俚族又叫作"越族"或"南越"。秦朝（前221—前206年）时，秦始皇在岭南设立了南海（郡治在今广州）、桂林（郡治在今广西贵县境）、象郡（郡治在今广西象州县）三个郡③，并派了五十万人去防守。这五十万

---

　　① 从420年东晋灭亡到589年隋统一全国的170年间，历史上形成了南北对立的局面，称为南北朝。南朝从420年刘裕代晋到589年陈亡，经历宋、齐、梁、陈四朝。北朝从439年北魏统一中国北部开始，到534年分裂为东魏、西魏。后来北齐代东魏，北周代西魏，北周又灭北齐。581年，北周为隋所代。隋灭后梁（南朝梁的残余势力）和陈，结束了南北对峙的局面。

　　② 五岭指大庾、始安、临贺、桂阳、揭阳五个山岭。五岭以南的地区称作岭南。

　　③ 郡：秦时地方的行政区域分成郡、县两级。

人和俚族人民住在一起，和睦相处，共同开发、建设祖国的珠江流域和南海的岛屿。从此，俚族和汉族的关系，便有了发展。秦朝末年，做南海郡尉①的汉人赵佗曾经割据岭南，自称"南越武王"。赵佗死后，他的子孙继续称王。一直到汉武帝（前141—前87年在位）的时候，才把这个割据势力消除。武帝在岭南设立了南海、苍梧（郡治在今广西梧州）、郁林（郡治在今广西柳州）、合浦（郡治在今广东合浦东北）、交趾（郡治在今越南河内附近）、九真（郡治在今越南清化附近）、日南（郡治在今越南广治附近）、珠崖（郡治在今广东海南岛海口东南）、儋耳（郡治在今广东海南岛儋县西北）等九个郡。

那时，俚族人民经济文化非常落后。后来因与汉族人民一起相处，关系密切，不断吸收了先进的生产技术，生产逐渐有了提高，有些地方还出现了牛耕，经济文化也逐渐同汉族融合。农业发展起来了，学校兴办起来了，穿戴、嫁娶也和汉人的风尚日益接近。由于俚、汉两族人民长期相处，彼此的感情日益深厚，关系日益密切。

现在的广东恩平一带，当时叫高凉，那里曾居住着十几万家俚族人，其中有个姓冼的大族。正当俚、汉两族关系不断发展的时候，冼夫人就诞生在一户姓冼的人家里。她长大以后，又以自己的行动，为两族友好关系作出了贡献。

二、和冯宝结婚

冼夫人生在南朝梁武帝（502—549年在位）时，死在隋文帝（581—604年在位）灭掉陈朝以后。

她年轻的时候，就非常能干。她不仅会带兵打仗，能出奇制胜，而且对族里的人很讲信用。因此，人人称赞她，父亲对她也十分疼爱。她的哥哥冼挺做到南梁州刺史②。有时冼挺恃强侵犯邻近的郡县，冼夫人每每加

---

① 郡尉：郡的最高长官是太守，郡尉是郡中管军事的官吏。
② 刺史：掌握一州军政大权的官。南梁州可能在今四川境内。

以劝止。可是这样一个精明能干又深受敬爱的青年女子，还没寻得一个合适的丈夫，未免美中不足。

东晋的时候，东北有个割据政权，叫"北燕"①，是一个姓冯的汉人建立的。北燕灭亡以后，皇族中有一个叫冯业的，带了三百人，从东北乘船渡海到了南方。那时，东晋已经灭亡，继起的是南朝的宋，冯业便归附了宋，被任命为岭南的一个地方官。从此，他一家就在岭南居住下来。梁朝的时候，他的孙儿冯融做到罗州（州治在今广东化县东北）刺史。罗州离高凉很近。冯融有一个儿子，名叫冯宝，任高凉太守。冯宝很年轻，还未娶妻。535年左右，冼家女儿的名声传到了冯融的耳朵里，冯融便派人带着丰盛的礼品，到冼家为儿子求婚。

冼夫人知道了这件事，心里非常欢喜。因为她觉得冯宝是当地的太守，嫁给他，两族关系可以更加亲密。所以当她母亲来征求意见的时候，她便爽快地答应下来。自从和冯宝结婚后，人们就称她为"冼夫人"了。

冼夫人和冯宝的结合，是俚、汉两族关系日益发展中的一段佳话。高凉一带的俚族首领，原来都不大听汉族地方官吏的话，有的还常常恃强劫掠邻近的县份。冼夫人和冯宝结婚以后，便不辞劳苦，跟冯宝一起处理全郡的事务。一方面帮助他在俚族人民中间，传布汉族封建统治阶级的礼教观念，推行政令；另一方面又帮助他约束俚族首领，不许他们犯法扰民。如果首领犯了法，哪怕是亲族，也要办罪。有人到太守府来告状，她总是协助冯宝共同处理。不少人受到的冤枉得到了昭雪。

从此，俚族首领们违法的事情就少了，政令的推行比较顺利，俚、汉两族人民的关系也更为融洽。

三、计取李迁仕

梁武帝晚年，江南发生了一次大变乱，这就是"侯景之乱"。侯景原

---

① 北燕(409—436年)建都龙城(在今内蒙古自治区境内)。

来是东魏的一个将帅，后来投降了梁朝。他投降梁朝以后，很快就看出了梁朝的统治已很腐朽，于是起了灭梁的野心。548年8月，侯景在寿阳（今安徽寿县）发动叛乱，不久就攻下都城建康（今江苏南京），把梁武帝围困在台城（宫城）内。梁武帝焦急万分，命令各地发兵援救。

高州（治所在今广东阳江西）刺史李迁仕认为，这正是割据称雄的大好时机。他一面称病不去援救，一面招兵买马，准备乘机起兵，发动叛乱。

为了取得成功，他想争取冼夫人的支持。因为冼夫人在俚族人民中很有威望，只有通过她，才能把当地的俚族人煽动起来，加入叛乱的行列。而要取得冼夫人的支持，就必须诱骗她的丈夫一道起来叛乱，或者把她的丈夫控制起来，作为人质（抵押品）。可是，李迁仕的如意算盘完全打错了。主张维护国家统一的冼夫人，不仅没有这样做，反而帮助她丈夫，对李迁仕进行了坚决的斗争。

550年，李迁仕派人来到高凉，叫冯宝到他那儿去，说是有要事相商，其实就是想逼迫冯宝一同起兵。冯宝见刺史相招，便准备动身。聪明机智的冼夫人已经识破了李迁仕的阴谋诡计，立刻加以劝止。她对冯宝说："刺史无缘无故不会找太守，一定是要你和他一起造反。"冯宝说："你怎么知道呢？"冼夫人说："刺史奉命援救台城，应当立即发兵。可是，李迁仕一面假称有病，迟迟不去援救；一面又在铸造武器，招集人马，并且叫你前去，他的野心不是昭然若揭吗？找你去，一定是想把你扣留起来，作为人质，以便调用你的部队。希望你先不要去，还是看看事态的变化再说。"冯宝听了夫人的话，恍然大悟。过了几天，李迁仕果然反了。

李迁仕反了以后，首先派遣手下得力的大将杜平虏进据赣石（在今江西于都县境，靠着赣江），并且在赣石附近的鱼梁筑了一座城，企图在那里截击梁朝始兴（郡治在今广东韶关东）太守陈霸先率领的一支援救台城的队伍。陈霸先派部将周文育前去迎敌，两军一时相持不下。冯宝把这个消息告诉了冼夫人，冼夫人觉得这正是进攻高州消灭李迁仕的好机会，于是便出了个主意。她对冯宝说："杜平虏是李迁仕手下的一员勇将，现在他带兵出去，进据赣石，同陈霸先相持，一时回不来。李迁仕一个人在高州，力量单薄，干不成什么大事，我们可以消灭他。但是，力取不如计取。如果你自己带兵去，必定会发生激烈的战斗，倒不如派人带着丰盛的礼物，假装送礼，以赎前次见召未去之罪；同时告诉他，你一时不能脱身，想让妻子前去参见。他听说我去，一定很高兴，不会有戒备。我带领千余人，挑着东西，内藏武器，一路上说是到高州去谢罪，等到了围墙的栅栏下，便一齐拿出武器，发动攻击，那就会大获全胜。"冯宝觉得这个办法很好，于是，夫妻依计而行。

李迁仕听说冼夫人亲自来了，随从士兵又都挑着担子，非常高兴。冼夫人一行进入州城，来到刺史府围墙的栅栏下，突然一声号令，那一千多个士兵，纷纷扔下担子，抽出兵器，出其不意地发动攻击。李迁仕匆忙应战，被打得大败，只好逃跑了。

冼夫人打败了李迁仕以后，马上领兵前往赣石，想帮助陈霸先，消灭杜平虏。那时，杜平虏已经被周文育打败。冼夫人在赣石会见了陈霸先。陈霸先看到俚族中有这样一个有胆有识的女子，十分惊异，对她深为钦佩。从此，冼夫人认识了这个未来的陈朝开国皇帝陈武帝。

赣石分手之后，冼夫人回到高凉，陈霸先继续领兵北上。侯景之乱，不久被陈霸先等人平定下去。陈霸先在战争中壮大了自己的势力，不久就控制了朝政。557年，他把梁朝最后的一个皇帝敬帝废掉，自己做了皇帝，灭掉了梁朝，建立了陈朝。

四、说服俚族首领，维护国家统一

梁、陈交替的时候，虽然有很多军阀被消灭了，但是南方仍然很混乱。造成混乱的一个重要原因，是南方的少数民族首领为争夺权势不断进行战争。

梁、陈时候，江南腹地得到了较大的开发，南方少数民族的很多首领，变成了拥有巨额财产的大地主。军事力量也比以前强得多。他们纷纷乘着侯景之乱，凭借发展起来的经济和军事实力，展开了争夺政治地位的斗争。那时候，几乎每个郡、每个县都有人起兵。像江西的溪族豪强大地主熊昙朗，聚集本族人在丰城起兵；福建的越族豪强大地主陈宝应，也在建晋（治所在今福建福州附近）起兵。陈朝建立后，费了很大的力气，才把他们压服下去。后来，有许多江南少数民族的首领，做了陈朝的地方官吏。

正当江南少数民族首领纷纷起兵的时候，岭南的俚族首领也蠢蠢欲动。只是碍着冼夫人和冯宝，没有立刻起兵。陈朝初年，冯宝不幸死了，不少有野心的人，认为时机已到，便纷纷起兵叛乱。一时，岭南烽火遍地，动荡不安。那时候，陈朝刚刚立国，没有余力顾及岭南，于是冼夫人就毅然担负起了安定岭南的重任。

冼夫人以俚族首领和太守夫人的身份，跑遍了好几个州，劝告那些起兵的头目，让他们停止活动。很多头目接受了她的劝告，地方迅速安定下来。接着，她派自己刚刚九岁的儿子冯仆和俚族的很多首领，到京城去朝见陈武帝（557—559年在位），表示她归附陈朝。陈武帝从冯仆那儿得知岭南地区已经安定下来，真有说不出的高兴，他马上任命冯仆这个九岁的孩子做阳春（在今广东阳江西北）太守，并对冼夫人备致慰问之情。冯仆等人这次进京，发展了俚、汉两族的友好关系。从这时起，直到陈朝灭亡，很少听到岭南俚族首领再起来闹事。

五、"不能为儿子负了国家"

在陈朝统治的三十多年间，岭南有过一次大的变乱，这就是569年广州刺史欧阳纥的反叛。

欧阳纥是欧阳頠的儿子。欧阳頠早在陈朝初年就被陈武帝任命为广州刺史、都督十九州的军事。欧阳頠死后，欧阳纥继任广州刺史。父子在广州统治十多年，成为岭南的一支强大势力。

自从陈武帝在京城接见冯仆和俚族首领以后，转眼便是十九年。在这十几年里，陈朝皇帝换了四个。陈宣帝（569—582年在位）即位后，对欧阳纥非常怀疑，决定把他调到京城任职，以便控制。欧阳纥得信后，便决计反叛。

欧阳纥反叛时，也想到了冼夫人。

自从冼夫人说服俚族首领，放下兵器，归依陈朝以后，她无形中已经成了岭南俚族的一个共同首领。欧阳纥懂得：如果冼夫人赞成，他的反叛容易成功；如果冼夫人反对，事情就不好办。同李迁仕想控制冯宝一样，他想先控制冯仆。他以为冯仆如果反了，就不怕冼夫人不跟着反。570年，欧阳纥派人到阳春，以广州刺史、都督十九州军事的名义，把冯仆召去。冯仆一到，欧阳纥便逼他同反。冯仆立即派人到高凉，把这件事告诉了母亲冼夫人。当时，两条路摆在冼夫人面前，一条是跟着欧阳纥起兵，儿子就可以得救；另一条是反对欧阳纥，这样儿子就可能被杀。冼夫人毫不犹豫地选择了后者，她对来人说："我忠贞报国已经两代，不能为儿子负了国家。"于是，她马上发兵保卫高凉边境。

欧阳纥起兵以后，陈宣帝派章昭达带兵去讨伐。章昭达兵到岭南，冼夫人立即率领俚族首领前去迎接。章昭达有了冼夫人和俚族地方武装的帮助，如虎添翼，迅速进到始兴，欧阳纥听说后万分惊慌，仓促迎战。结果被打得大败，欧阳纥本人也被活捉，之后被送到建康处死。冼夫人从监狱里把冯仆救了出来。

欧阳纥的变乱，之所以能够迅速地平定下来，同冼夫人的态度和努力是分不开的。冼夫人以自己的爱国行动，又一次维护了祖国的统一。

冼夫人因功被封为中郎将、石龙（郡治在今广东化县东北）太夫人，冯仆转任石龙太守。

六、迎接隋使，稳定岭南

581年，北朝北周的大将军杨坚夺取了北周的政权，建立了隋朝（581—618年）。杨坚就是历史上的隋文帝。八年以后（589年），隋又灭掉了陈。从此，南北对峙的局面结束，全国又重新统一。

陈朝刚刚灭亡时，隋朝的军队一时还没有到达岭南，于是石龙、阳春、高凉等郡就共推冼夫人为岭南之主，号为"圣母"，保境安民。过了不久，隋朝派遣韦洸安抚岭南。陈朝的豫章太守徐璒听说韦洸前来，便在南康（治所在今江西赣县西南）拒守。因此，韦洸不敢继续前进。隋文帝的儿子晋王杨广，便命令陈后主写了一封信给冼夫人，告诉她陈朝已亡，要她归附隋朝，并且把陈亡以前冼夫人送给陈后主的一根犀杖（犀牛角配制成的手杖）作为信物，派人送给她。冼夫人见到书信和那根手杖，知道陈朝确实灭亡，就聚集了几千个俚族的首领，把这件事告诉了他们。大家闻讯，感叹了一番。

随后，冼夫人就毫不迟疑地派她的孙儿冯魂（那时冯仆已死），率领众人，前去迎接韦洸。韦洸在冯魂等人的援助下，袭杀了徐璒，进入广州。至此，隋朝的政治势力才达到岭南。隋文帝封冼夫人为宋康郡（治所在今广东阳江西）夫人。

事情并没有结束。韦洸到达广州的第二年，番禺的少数民族首领王仲宣起兵抗隋，围困广州城，岭南的少数民族首领，有不少人起来响应。韦洸中流矢身死。隋朝又命裴矩安抚岭南。

冼夫人听到广州被围，立即派她的孙儿冯暄带兵去救。王仲宣派部将陈佛智阻挡冯暄的援兵。冯暄和陈佛智相识，两人十分要好，因此竟逗留不进。冼夫人闻知大怒，立即把冯暄逮捕下狱，改派孙儿冯盎去救。冯盎力战，斩了陈佛智，进抵广州城郊。这时，隋朝的援兵也已赶到，两军会合，共同进攻王仲宣，王仲宣被打得大败。

平定王仲宣以后，七十多岁的冼夫人又披甲乘马，带着骑兵，亲自跟随裴矩巡抚岭南各地。每到一地，远近少数民族的首领都来拜见。裴矩秉承隋朝政府的命令，分别任用他们做了刺史、县令（一县的行政长官）。岭南从此安定下来。

事后，隋文帝追赠冼夫人的丈夫冯宝为广州总管[1]、谯国公，进封她为谯国夫人，并设置了谯国夫人幕府（将军府），颁发了印章，允许她调拨所辖地区的兵马。地方有了急事，可以不等中央的命令，由她先行处理。从此，历史上便称她为"谯国夫人"。另外，隋文帝还写了文书表彰她的功绩。冯盎被任命为高州刺史，那个被冼夫人关起来的冯暄，也做了罗州刺史。

隋文帝的皇后还赠送给冼夫人很多首饰、服装等贵重的礼物。冼夫人把梁、陈、隋三朝所赠的礼品，分为三库妥善保存。每逢过年过节，便拿出来陈列在庭中，对子孙们进行教育说："我经历三朝，一心为国，这些东西，就是证据。你们切不可辜负了国家。"见物思人，后来她的子孙确能继承她的遗志。

七、去世以前还做了一件好事

到隋文帝晚年，冼夫人去世了。去世以前，她还做了一件好事。

当时，有个番州（即广州）总管，名叫赵讷。这个人非常贪财，拼命勒索老百姓，激起了各族人民的反抗。冼夫人派幕府里的属官张融到京城去见隋文帝，提出安抚各族人民的办法，并把赵讷的罪行一件件告诉了隋文帝，说这种人不能在少数民族聚居的边远地方做官。隋文帝立即派人到广州去查办。经过查核，果然件件属实，并且追出许多赃物，赵讷被依法治罪。随后，隋文帝写了一道宣慰诏书[2]，派人送给冼夫人，要她去慰劳被害的各族人民。冼夫人又不辞辛劳，带着诏书，从这个州走到那个州，亲自进行慰劳。由于赵讷被撤职办罪，又由于冼夫人以高龄跑遍各个州，对各族人民亲切地进行慰劳，事态才没有扩大，隋朝对岭南的统治继续保持着稳定。

601年左右，冼夫人去世了。

---

① 总管：地方高级军政长官。
② 诏书：皇帝布告臣民的文书。

八、"不能给太夫人带来羞耻"

隋文帝死后，杨广做了皇帝。这就是历史上有名的暴君隋炀帝（605—618年在位）。由于隋炀帝的残暴统治，激起了农民大起义。隋朝的许多贵族官僚，也趁着农民起义的时机，纷纷拥兵自立。617年，太原留守李渊起兵反隋。618年，李渊灭隋，自立为帝，建立了唐朝（618—907年）。

在岭南，广州、新州（今广东新兴）两地的少数民族首领高法澄、冼宝彻乘唐朝初立，于620年起兵，占据广、新二州，附于军阀林士弘。冼夫人的孙儿高州刺史冯盎立即发兵，击败高、冼二部。后来，冼宝彻的侄儿冼智臣又起兵占据了新州。冯盎再次率兵进讨。当两军在阵前交锋的时候，冯盎取下头盔，大呼道："你们认得我吗？"冯家自冼夫人以来，威令行于岭南，冼智臣所部又都是俚人，因此没有不认识冯盎的。于是他们纷纷缴械投降。岭南从此平定。

不久，唐朝的檄文（文告）到达岭南，冯盎知道唐朝已经统一了全国，便表示服从唐朝的号令。唐朝不费一兵一卒，取得了岭南。唐朝在岭南设置罗春、白崖、儋林等八州，任命冯盎为高州总管，管理八州地方。

在这以前，曾经有人对冯盎说："自从隋朝崩溃以后，天下骚动不安，现在唐朝虽然已经建立起来，但是它还没有控制全国。岭南这样一个边远地方，还没有定下来。你平定了五岭二十多州，比西汉时南越王赵佗占据的九郡还要大，可以自称南越王。"冯盎说："我家自太夫人以来，几代都赤心为国，岂能学赵佗自立为王，霸占一方，给先人带来羞耻？！"于是，他决心归附唐朝，维护祖国的统一。

冼夫人生活在一个战乱频繁，政局不定的时代。她一生的七八十年间，就经历了梁、陈、隋等三个朝代。

梁、陈两朝都控制了长江以南的地方，隋朝更进一步统一了全国，结束了南北对峙的局面。

在统一的封建国家里，人民受到的压迫和剥削当然也是十分沉重的，但是，比生活在战乱的岁月里毕竟要安定一些。同时，像岭南俚族聚居地区，生产比较落后，在和平统一的情况下，先进的生产技术也可以比较顺利地传播开来，有利于生产的发展。因此，统一自然比割据混战的局面要好。俚族人民也跟全国人民一样，都是要求统一的。有些野心家力图割据岭南，自为一国，那是俚、汉各族人民所不容许的。冼夫人的一生，对祖国的统一事业，对促进俚、汉两族人民友好关系的进一步发展，都做出了很大的贡献，在客观上符合了各族人民的愿望。因此，在历史发展的进程中，起了积极的作用。

冼夫人的爱国活动，还说明我国各族人民包括俚族人民在内，是要祖国统一，不要祖国分裂；要民族友好，不要民族歧视的。岭南俚族人民，自秦汉以来，就和汉族人民结下了深厚的情谊，成了汉族人民的骨肉同胞。

（原为吴晗主编"中国历史小丛书"之一，中华书局，1980年，有改动）

文成公主

一、远方来了求婚的使节

公元7世纪，在中国历史上正是唐朝的全盛时期。唐朝的文化在当时居于世界文化的前列，它的先进文化曾经对周围地区发生过影响。唐朝的首都长安（今陕西西安市）在当时是世界上最繁华的城市之一，它吸引着多少来自各方的客人。

唐太宗贞观十四年（640年）的冬天，某一日，在长安西边通向城里的大道上，有一队浩浩荡荡的人马正在行进着。巍峨高耸的长安城楼已经在望，几个月来的艰难旅程就要结束了，他们禁不住内心的喜悦，催马加鞭，急忙地向长安城驰去。

这一队人马是藏王松赞干布①派到长安来的求婚使者，他们带来了同唐朝亲密友好以及发展汉藏两族兄弟关系的良好愿望。

西藏人民是勤劳勇敢的人民。西藏和祖国其他地方一样，是富饶而又美丽的。远古以来，藏族人民便在这"世界屋脊"上，用自己的双手和高山、风雪及野兽作斗争，把西藏逐渐开发出来。他们在高原上，在河谷里，种上了青稞（麦的一种）、荞麦和豆类，牧放着牛、马、羊群，挖掘

---

① 西藏在唐时叫作吐蕃，当时藏语称王为"赞普"。唐人称松赞干布为弃宗弄赞。

着铁矿和黄金。到了唐太宗的时候，这里的人口渐渐增多了，在原来覆盖着冰雪和野兽出没的荒原上支起了很多帐幕，有了不少的耕地和牧场，毛织、冶金等手工业也有了一定程度的发展。

也就在这个时候，藏王松赞干布平定了内部的纷争，统一了附近的许多部落，建立起吐蕃王朝。唐朝的强盛繁荣和经济文化的高度发展，吸引着松赞干布，他热望和唐朝结成亲密的关系，学习汉族的先进文化。因此，他决定派遣他的亲信大臣噶尔①率领一百名骑士，带着许多金银等贵重的东西作为聘礼，到长安去求婚，要求唐朝皇帝把公主嫁给他，做他的王后。

噶尔率领的这个一百人组成的马队，冒着风雪，翻山涉水，来到了唐朝的长安。远方来的客人被这个宏伟美丽、热闹繁华的都城吸引住了。长安是唐朝的政治、经济和文化中心。居民有几十万人，除了国内的各族人民外，还有来自亚洲各国以及遥远的西方的客人，他们有的是来做买卖的，有的是来留学的。长安北城主要是巍峨的皇宫，南城是官员和居民的住宅区。城的东西有十一条大街，南北有十四条大街，最有名的一条是从皇宫正南朱雀门向南通到明德门的朱雀大街。南城偏北两翼各有一个热闹的市场，在东边的叫东市，在西边的叫西市。东市有无数的店铺，商业兴盛。西市是外国商人聚居的地方，比东市还要热闹。城东南有著名的风景区曲江。繁华的街市上可以看到各种各样精致的工艺品，五光十色的丝绸绫罗。集市上有很精彩的技艺表演，如汉人的剑舞和西域②人的杂技等。这一切在他们的心目中都留下了深刻的印象，也加深了他们对唐朝和汉族人民的了解和友好的情谊。

松赞干布第一次派使节来长安，是在贞观八年（634年）。当时唐太宗也派使臣到拉萨（唐时叫逻些，读作"lā sà"）去向藏王问好，作为答礼。松赞干布就派人随唐朝的使臣到长安，向唐太宗提出了求婚的要求。但是，这个要求没有立即得到许可，因此，松赞干布就派噶尔来到长安，

---

① 唐人称噶尔为禄东赞。

② 唐时西域，指现在新疆维吾尔自治区及中亚、西亚一带地方。

再一次提出了求婚。按照安排好了的接见的日子，有官员引噶尔去见唐太宗。噶尔呈献了礼物，向唐太宗转达了藏王的问候，陈述了藏王希望和唐朝皇帝结为姻亲的诚意。唐太宗应许了噶尔的请求，并说要把一个美丽多才的文成公主①嫁给藏王。唐太宗又问了一些关于藏王与西藏风俗人情的话，噶尔都一一回答了，说得既清楚，又得体。唐太宗听了非常满意，当时就封噶尔为右卫大将军。这是一个很高的嘉奖。唐太宗得了一个佳婿，感到很高兴，当然，更高兴的是因此增进了汉藏两族的友好。

文成公主知道皇帝已决定把她嫁给藏王以后，心情是复杂的。和藏王结婚，使汉藏两族世世代代和好，是一件莫大的好事；但是一个年轻的女子要嫁到遥远的地方去，那里没有亲人，风俗习惯又和内地大不相同，内心的不安和忧虑当然也是难免的。唐太宗给了她许多鼓励，又命令左右臣下替她准备了丰盛的嫁妆。嫁妆包括各色各样的日用器具、珠宝、绫罗、衣服、装饰物和临时需要的东西，还有中国古代的历史、文学和记载各种生产技术的书籍——《艺林三百六十法宝鉴》和《工艺六十法》，以及谷物的种子等。同时，唐太宗又派了二十五名年轻美丽的侍女、一个乐队和许多工匠随同文成公主一同到西藏去。文成公主信仰佛教，因此还带去了一座佛像。

唐太宗十分重视这次婚礼，贞观十五年（641年）正月，他特地选派礼部尚书②李道宗亲自送公主入藏。动身的时候，朝廷大臣都来送行。在长安城西十里的送客亭，文成公主和噶尔等辞别了送行的人，取道青海，前往西藏。

二、藏族人民的深情

文成公主出嫁的消息传到了西藏，引起了藏族人民莫大的喜悦和兴奋。为了减少公主在旅途中的艰难，他们在很多地方都准备了马匹、牦

---

① 文成公主是唐朝皇族的女儿，不是唐太宗的亲生女。

② 礼部是古代管理礼仪和外交等事务的政府机构，尚书是该部的最高长官。

牛、船只、饮用水和食物，迎接公主。藏族人民为了欢迎文成公主而编唱
的民歌《唉马林儿》里有这样的一节：

> 不要怕过宽大的草原，
>
> 有一百匹好马欢迎您！
>
> 不要怕过高大的雪山，
>
> 有一百匹驯良的牦牛来欢迎您！
>
> 不要怕涉深深的大河，
>
> 有一百只马头船来欢迎您！

藏王松赞干布也亲自率领大队侍从和护卫人员，从拉萨赶往青海去
迎接。

唐朝为公主一行人马预先在青海南面的河源（今青海兴海县）修建好
了一座接待的房子，一路上都有官员军民迎接。公主一行人走了一个来
月，平安地抵达了河源，在河源附近的柏海（今青海札陵湖）会见了前来
迎接的藏王松赞干布。松赞干布以唐朝女婿的身份拜见了李道宗，对唐太
宗把文成公主嫁给他表示衷心的感谢，并请李道宗向唐太宗致意。李道宗
辞别了藏王和文成公主回长安。松赞干布陪着文成公主去拉萨，一路上都
有藏族人民迎候。

经过了长途跋涉，他们到了拉萨。松赞干布陪同公主，在悦耳的乐曲
声中，由北门进入了拉萨城。拉萨附近的居民，男男女女，老老少少，一
齐都从帐篷里跑了出来，争着去瞧成了藏王王后的唐朝公主。

以前，松赞干布是住在帐篷里的。为了和公主结婚，他在拉萨造好了
一座华丽的王宫。在这座王宫里，他和文成公主举行了隆重的婚礼。现在
西藏的布达拉宫还有松赞干布和文成公主的塑像，宫里还保存着他们结婚
时候的遗迹。

文成公主入藏，在藏族历史上是一件大事。西藏民间有着种种关于文
成公主的传说。在传说里，她简直变成了天人。这不仅是由于唐朝的皇帝

把那样一个善良、多才、美丽的公主嫁给藏王，是一件光荣的值得纪念的大事，更重要的是公主的入藏，促进了汉藏两族经济、文化的交流。据传说，唐朝的皇帝之所以肯把那样好的一个公主嫁给藏王，是因为藏王使者的聪明。在西藏有一个家喻户晓的"五试婚使"的故事。

据说那时到长安去求婚的，连西藏共有五个地方的使者。皇帝不知道把文成公主嫁给谁好，于是出了五个难题来试一下哪个地方的使者最有才智，以便决定把公主嫁给谁。第一次是叫人拿来一颗九曲明珠，让他们把一根丝线穿过去。其他几个使者都没有办法，只有噶尔找来一只蚂蚁，将丝线系在蚂蚁的腰上，把蚂蚁放入孔中，吹了三口气，蚂蚁便带着丝线，顺着弯曲的孔道，从另一端爬了出来，丝线穿过去了。第二次是叫马夫赶来一百匹骒马和一百匹马驹，要他们辨认出这些骒马和马驹的母子关系。噶尔得到马夫的指教，把所有的马驹关在马房里，只喂料，不让喝水。第二天，噶尔把它们赶入骒马群中，马驹口渴难忍，都急忙去找自己的母亲吃奶，它们的母子关系就这样被噶尔认出来了。第三次是皇帝给这五个使者每人一百坛酒和一百只羊，要他们在一天内喝完酒，吃完羊肉，还要把羊皮揉好。别的使者和随从匆匆忙忙地把羊宰了，弄得满地又是毛，又是血；接着大碗地喝酒，大口地吃肉，肉还没有吃完，人已经酩酊大醉，哪里还顾得上揉皮子。噶尔让跟从的一百名骑士排成队，杀了羊，一面小口地喝酒，小块地吃肉，一面揉皮子，不到一天，就把酒喝完，把肉吃干净，把皮子也揉好了。第四次是在一个晚上，宫中突然敲起鼓来，皇帝传召他们到宫中去商量事情。噶尔想到初来长安，路途不熟，为了不致迷路，就在要紧的地方做了记号。到了皇宫以后，皇帝又叫他们立刻回去，看谁先到自己的住处。噶尔靠着自己事先做好的记号，很快就回到了住处；别的使者都迷了路。第五次是皇帝让文成公主和二千四百九十九名宫女打扮得一模一样，集合在一起，让使者去认，谁认出了公主，谁就可以把公主迎回去。别的使者对着这二千五百名年轻美貌、服饰华丽、环珮叮当的女子都没有了主意。只有噶尔因为得到服侍过公主的旅店女主人的指教，知道了公主容貌的特征，认出了第七个女子就是公主。皇帝就决定把公主嫁给藏王。

这个故事自然只是传说，但它表明了藏族人民对于噶尔的钦佩和赞扬。通过联婚来加强汉藏两族间的团结和睦，这原是唐太宗和松赞干布的共同愿望，不取决于使者的聪明。但是，噶尔出使唐朝，把藏族人民的情意带给了汉族兄弟，他没有辜负藏王的委托，完成了联婚的重大使命，他的聪明才智为加强两族的亲密关系作出了有益的贡献，人们怎能不赞美他呢！

在文成公主入藏的道路上，有很多关于她的传说，藏族人民把很多地名和文成公主的故事联系起来。青海有一座日月山（在西宁市西南），现在的青藏公路也经过那儿。据说文成公主来到日月山地界时，感到过了这座山，又是一重天，远离家乡的愁思未免触景而生。唐太宗为了宽慰她，特地用黄金铸造了日月的模型各一个，远道送来，叫她携带在身边，以免思念家乡。从此，这座山就被叫作日月山了。现在山上仍有旧石碑一座，碑上"日月山"三个大字还隐约可见。

青海还有一条倒淌河（在西宁市西南），其河水自东向西流入青海湖。传说文成公主从这条河的河边起，要弃轿乘马，进入草原。她感到离家一天比一天远了，不禁哭泣失声。由于她这一哭，竟发生了"天下江河皆东去，唯有此水向西流"的现象。倒淌河的名称就是这样来的。

这些传说自然不是真实的，但它表示了藏族人民对文成公主的深切怀念；他们把地名跟她联系起来，绘影绘声地编出这样优美动人的故事，也显示出文成公主的入藏，在藏族历史上占有相当重要的地位。

三、西藏历史上光辉的一页

文成公主入藏以前，藏族社会的经济、文化已有了较高的发展。文成公主入藏后，由于汉藏两族交往比较频繁，汉族先进文化不断输入，使西藏的经济、文化在原有的基础上得到了更大的发展。

据西藏史书上的记载，文成公主还在长安时曾经问过噶尔："无数珍宝将带到你们那里去，你们那里有粘土吗？有桑树、百合和芜菁（菜名）吗？"噶尔回答道："别的都有，只是没有芜菁。"于是就带去了芜菁的种子。据说文成公主在西藏作的一首诗里，记叙了她带去的文物、工农技艺和有关的情况。诗中有几句的意思是这样的：

> 一个柔弱的女子嫁到了远方，
> 送来了推测天文的占星学，
> 送来了宝贵的锦缎。
> 种起了桑树好养蚕缫丝，
> 教人们用粘土做陶器。
> 碾磨谷物的水磨也设置起来了，
> 还带来了芜菁的种子。

西藏的民歌《唉马林儿》也曾为公主带入很多的谷物种子而歌唱道：

> 这是一个很好的地方，
> 名字叫北规雄。
> 文成公主带来的粮食种子真多呀！
> 共有三千六百种。

文成公主入藏，带去了很多谷物的种子，还有工匠和工艺书籍。之后，松赞干布又派人到唐朝求取蚕种以及会酿酒和制造碾磨等技术的工匠。入藏的汉族工匠带去了冶金、农具制造、纺织、建筑、制陶、碾米、酿酒、造纸、制墨等各种技术。这对西藏经济的进一步发展，起了推动作用。藏族得到了入藏汉人的帮助，也逐渐掌握了各种先进的生产技术。他们开始学会了使用从唐朝传来的新农具种田，采用汉人的种植方法，播下了新的谷种。工匠们也学习着打制新的工具，制造新的用品。市集上出现了更多的商品。生活起居也发生了变化。过去藏族人都是住帐篷的，现在有不少人特别是上层人物，不再住在帐篷里，而是搬到新筑的房屋内去住了。过去一年到头穿毡裘衣，现在有的已换上绫罗绸缎了。有了碾米的石磨，谷物加工就大大进了一步。有了陶器，饮食更加方便了。这样，由于两族的密切交往，勤劳的藏族人民从汉族那里吸取了许多新的进步的东西，生产有了显著的发展，生活条件也随着改进了。当然，上述的许多进展，不限于文成公主在西藏的时期，也包括了以后年代里的收获。

文成公主入藏以前，西藏已经有了佛教。文成公主信仰佛教，因此她很关心拉萨大昭寺的兴建。大昭寺是西藏最大的佛教寺院之一，在藏族，有很多关于这个寺院的传说。大昭寺建在拉萨的中心地区，这里原是一个很大的湖。松赞干布根据文成公主的意愿，特地选择了这个湖作为寺址，把这个湖完全填平。因为这是一件千载难逢的盛事，传说有一只通灵的山羊也来参加填湖的奠基工作，后来人们还能看到羊头露在大昭寺的墙外哩！大昭寺的石狮子都是没有鼻子的，这里也有个故事。据说有一天，文成公主到工地来看工程的进展情况，工匠们都专心地看着公主，正在雕第一只狮子的工匠看得呆了，竟失手把狮子的鼻子削去了。后来为了一律，所有的狮子都没有雕鼻子。大昭寺门前有几株柳树，叫作"唐柳"或"公主柳"，人们说是文成公主亲手栽的，也有说是公主的头发变成的。公主带来的那尊释迦牟尼佛像就供奉在大昭寺里。

西藏原来没有文字。藏族人民有什么事情，就用绳子打成结子或者在木头上刻一些符号来表示。由于经济和文化的发展，文字的需要就很迫切。因此，公主又劝松赞干布创造文字。松赞干布将这件工作交给一个叫吞米桑布札的大臣去做。吞米桑布札创造了藏文字母三十个和拼音造句的文法。松赞干布把他创制的文字隆重地刻在宫殿的石壁上。从此西藏便有了文字，记事不再用结绳和刻木的办法了，佛教经典和汉文的历史、文学、工艺等书籍也能用藏文翻译出来了。这对西藏文化的发展有很大的影响。

西藏过去没有完整可靠的历法，以麦熟的三月为一年的开始。经济、文化的发展迫切需要改进历法。文成公主入藏带去了天文历算的学问，之后的藏历也采用了汉族农历依十二属相及六十甲子①来计算时日的方法。历法的改进有利于农业生产的发展。

文成公主入藏时，还带去了一个乐队，这也丰富了藏族的音乐。这个乐队的乐器现在还遗留下来五十多件（据说这只是其中一部分，里面杂有藏族乐器），一直被珍贵地保存在拉萨的大昭寺里，绝大多数都是弹拨乐器，色泽鲜艳，制作精美。这些乐器平时都锁在保管严密的仓库里，只有每年藏历二月三十日的"亮宝会"上，才和寺内其他文物一齐搬出来，让人们观赏。这批保留了一千多年的乐器已经成了我国音乐史上一笔珍贵的财富。尤其可贵的是，这批乐器是汉藏两族建立兄弟友好关系的重要历史文物，它们的弦声记录了一千三百多年以来两大兄弟民族的深情厚谊。

文成公主的入藏，促进了藏族学习汉族先进文化的愿望。松赞干布曾派过很多贵族子弟到长安去学习《诗经》《书经》②等儒学经典；还邀请了一些汉族文人到西藏来替他拟写汉文的公文，这在和唐朝的交往中是必需的。这样，汉族的学术文化尤其是儒学，也在西藏产生了影响。此外，藏族商人带着犀角、麝香等货物到长安做买卖，也有助于两族经济、文化的交流。

总体来说，西藏的经济、文化之所以在唐时取得很大的进展，很重要的一个原因是汉藏两族的经济、文化在这个时期得到了频繁的交流。藏族人民在自己辛勤劳动的基础上接受了汉族先进文化的影响，得到了入藏的汉族工匠的直接帮助，所以在生产等方面有了显著的改进和发展。

文成公主从贞观十五（641年）年入藏，到唐高宗永隆元年（680年）逝世，在西藏生活了近四十年。她逝世后，藏族规定了两个节日来纪念她。藏历四月十五日是藏族的"萨噶达瓦"节，也是文成公主到达拉萨的纪念日。每逢这一天，藏族人民都按照传统习惯，载歌载舞，在布达拉宫

---

① 属相即猪年、狗年之类，十二年一轮。甲子即甲子年、乙丑年之类，六十年一轮。

② 《诗经》，本只称《诗》，后世称为《诗经》，大抵是周初至春秋中叶的作品，编成于春秋时期，是我国最早的一部诗歌总集。《书经》，即《尚书》，是我国奴隶制时代统治者讲话、告示等官方文件的一部总集，其中包括夏、商、周三个王朝的政治文献，是研究我国奴隶社会的政治制度和神权思想的重要资料。

后面的龙王庙举行盛大的纪念活动。藏历十月十五日，相传这一天是公主的生日，藏族人民在这一天都穿上节日盛装，到寺院去祈祷祝福。西藏的许多戏剧演出她的故事。民间有很多关于她的美丽的传说和诗歌。她经过的地方，像拉萨的八角大街，被藏族人认为是圣洁的地方。

西藏人民十分崇敬文成公主，这不仅是由于她对西藏经济、文化的发展和建立汉藏两族的亲密关系有过贡献，更主要的是通过文成公主带去了汉族人民对藏族人民的友谊和帮助。在藏族人民的心目中，文成公主已经成了两族兄弟情谊的化身，他们歌颂文成公主，实际上正是歌颂这个宝贵的情谊。

四、汉藏两族兄弟关系的不断发展

文成公主入藏后，汉藏两族的友好关系有了很大的发展，两族统治者虽然有时也因失和而发生过一些冲突和战争，但这不是历史的主流。自文成公主嫁给松赞干布之后，历代藏王多自认为是唐朝皇帝的外甥，尊称唐朝皇帝为舅舅。无论哪一代的藏王死了，照例都要向唐朝皇帝报丧，新立的藏王也要向唐朝报聘。唐朝皇帝继位，藏王也奉表祝贺。从文成公主入藏起，直到唐朝末年西藏内部分裂，由西藏到唐朝的使者，一直往来不绝。

松赞干布原来对唐朝就很敬慕，和文成公主结婚以后，他对唐朝更怀有特别友好的感情。他为唐朝的强盛而高兴。太宗死了，高宗即位，封他做"驸马都尉""西海郡王"，后来又晋封为"賨王"[1]。他曾写信给唐朝的宰相长孙无忌，表示感谢，并且备了黄金珠宝十五种向唐太宗的陵墓致祭。唐高宗永徽元年（650年），松赞干布逝世。消息传来，唐高宗便派一位将军到西藏去吊祭。在松赞干布活着的时候，藏族的经济、文化和汉藏两族的友好关系都有划时代的进展，这些进展和他的努力是分不开的，是

---

[1] 賨，指四川一带的少数民族。

符合当时人民的利益的。

松赞干布死后，后来的几个藏王继续和唐朝保持密切的关系。唐中宗的时候，藏王尺带珠丹（松赞干布的五世孙）的祖母为了巩固和唐朝的亲密关系，派大臣到唐朝来为她的孙子求婚，唐中宗把金城公主①许给了他。唐中宗景龙四年（710年）金城公主赴藏时，带去了几万匹绫罗绸缎、大批手艺工匠，还有龟兹乐②。后来藏王又派人到长安来求取了《毛诗》《左传》③等书籍。这样，汉族的工艺技术和文化典籍进一步传入了西藏。

唐玄宗开元十七年（729年），尺带珠丹写了一封信给唐朝，他在信里说："外甥是先皇帝舅宿亲，又蒙降金城公主，遂和同为一家，天下百姓普皆安乐。"这是一封具有重大历史意义的信，它说明当时的西藏和唐朝已"和同为一家"，说明在公元七八世纪之际，汉藏两族已经缔结了亲密的兄弟关系。

唐穆宗长庆元年（821年），藏王赤饶巴巾曾和穆宗共同建立了"甥舅联盟碑"（唐史中称"长庆会盟碑"），盟词中说：为了长远的利益，彼此要消除存在过的不和，爱惜舅甥的亲密关系，永远和好，互相援助。碑前后两面刻着盟约的誓词，左右两侧刻着唐朝和西藏会盟使臣的姓名。碑共有三块：一块立在长安，一块立在交界处，一块立在拉萨。现在前两块已经找不到了，在拉萨的一块还完整地屹立在大昭寺门口。这是汉藏两族关系史上又一个重要的里程碑，它标志着两族的友好关系的进一步发展。

从文成公主入藏开始，直到唐朝末叶，是汉藏两族友好往来大发展的时代。这种发展，为西藏人民和祖国各族人民，首先是和汉族人民的联合，为西藏人民加入祖国大家庭，与各族人民共同缔造一个统一的伟大祖

---

① 金城公主是雍王李守礼的女儿。

② 龟兹在今新疆维吾尔自治区的库车附近，龟兹乐是新疆的一种音乐舞蹈。

③《毛诗》，即《诗经》，相传是由秦汉间鲁（今山东曲阜一带）人毛亨和赵（今河北）人毛苌作注解释，所以叫《毛诗》。《左传》是解释鲁国史籍《春秋》的一部编年史书，关于这部书的作者和成书的年代，至今还是个争论未决的问题，大体说来，全书可能完成于战国时代。这部书除了记载春秋时期的历史事件外，还记述了当时人物的言论，保存了有关当时哲学思想的一些片断材料。

国，打下了基础。

唐朝末年，西藏统治阶级内部发生了严重的战乱和分裂。唐武宗会昌二年（842年），佛教上层分子刺杀了藏王朗达玛，全藏大乱。在混乱中，有人要立朗达玛的内侄为藏王，大将论恐热起兵反对，并说："没有唐朝的册封，还能叫什么赞普？"西藏王室从此崩溃，不少王室臣属投奔了唐朝。这以后，西藏分裂为无数小部落，形成贵族割据的局面，互相攻伐，战争连年不断，西藏人民遭到了巨大的痛苦和灾难。这种混乱的局面一直持续了四百年。

直到1253年，元宪宗蒙哥派军队进入西藏，才结束了西藏的混乱状态，统一了西藏地方，给西藏社会生产力的恢复和发展创造了有利的条件。从元朝开始，西藏地方和祖国的其他地区一样，处在同一个中央政府的统辖之下。到了明朝和清朝，西藏人民和祖国各族人民之间的关系更加紧密了。但是，只有在中华人民共和国成立，推翻了执行民族压迫和民族歧视政策的国民党反动统治，驱逐了帝国主义的侵略势力之后，各族人民才能巩固地建立起平等友爱、互助团结的亲密关系。1951年5月，西藏和平解放，西藏人民从此摆脱了帝国主义势力的奴役和掠夺，在中国共产党和我国各族人民伟大的领袖毛主席的领导下，与祖国各兄弟民族的人民团结在一起，共同建设社会主义的伟大祖国。

西藏的和平解放，以及西藏确定地朝着社会主义的方向前进，这是符合中国人民包括全体西藏人民的利益的。可是，西藏上层反动集团，违反西藏人民的意志，背叛祖国，勾结帝国主义，纠集叛匪，于1959年3月19日发动了武装叛乱。驻藏人民解放军在西藏各界爱国人士的协助下，迅速地平定了这个叛乱。紧接着，西藏的民主改革就有步骤地开展起来了。在中国共产党的正确领导下，在以汉族为主的各族人民的援助下，西藏人民正迈开大步勇猛前进，为建设社会主义的新西藏而奋斗。

藏族人民和汉族及其他各族人民，在建设社会主义的伟大祖国中所建立起来并且日益发展着的平等友爱互助团结的兄弟关系，是历史上的任何时代所不能比拟的。但是人们不能割断历史，不能忘记前代人在历史上所建立的功绩。文成公主入藏及有关汉藏两族人民在唐朝建立友好关系的动人事迹，是永远值得我们珍视的。

（原为吴晗主编"中国历史小丛书"之一，中华书局，1960年第1版，1980年第2版，有改动）

宋江打方腊是难以否定的

　　宋江是不是打过方腊，这是个评价宋江的关键问题。如果打过方腊，投降就肯定了。否认宋江打腊的，主要是依据两条材料：一为范圭的《宋故武功大夫河东第二将折公（可存）墓志铭》，二为《桂林方氏宗谱》卷四所载徐直之《忠义彦通方公传》。

　　据《宋史》卷四百四十六《杨震传》载：杨震"从折可存讨方腊，自浙东转击至三界镇，斩首八千级。追袭至黄岩，'贼'帅吕师囊扼断头之险拒守，下石肆击，累日不得进"。按方腊被俘，在四月下旬，《杨震传》说明方腊四月被俘后，折可存又去打过吕师囊。吕师囊是什么时候在黄岩失败的呢？《永嘉县志》卷八记载："俞道安啸聚枋溪，与（吕）师囊合掠诸县"，直至宣和三年（1121年）"十月，大兵四合，杀道安于永宁山谷中，擒吕师囊，群'盗'悉平"。《浙江通志》卷二十《山川十二》记载，黄岩有永宁山。可见吕师囊是在宣和三年十月，才于黄岩永宁山中被俘。然则，折可存"班师过国门"，当在宣和三年十月之后，距离方腊被俘，已有半年之久了。

　　李埴《皇宋十朝纲要》卷十八《徽宗纪》记述"辛兴宗与宋江破'贼'上苑洞，姚平仲破'贼'石峡口，'贼'将吕师囊弃石城遁走"，是在宣和三年六月。记述"童贯等俘方腊以献。……王师自出至凯旋凡四百五十日"，是在七月。则辛兴宗与宋江"凯旋"较折可存"班师过国门"要早。折可存、杨震等是留下来对付"遁走"的吕师囊的。

　　这就说明，折可存"班师过国门"时，"奉御笔"再去消灭已经班师但本为"草寇"的宋江，完全有可能。范圭的《宋故武功大夫河东第二将折公（可存）墓志铭》并不能作为宋江没有参加打方腊的证据。

至于徐直之说的"是年宋江三十六人猖獗淮甸，未几亦就擒"，那是另一件事，与方腊被俘时间并无前后的联系。按宋朝的楚、海州属淮南路，徐直之之言可以解释成宣和三年二月宋江"入楚、海州界，命知州张叔夜招降之"，也可以解释成宋江二月受招安，参加打方腊，七月"凯旋"之后，又在淮甸有所活动，徽宗命折可存索性把宋江消灭掉。这不能作为宋江没有打方腊的依据。

宋江投降，各史记载都在宣和三年二月，惟独王称《东都事略》说是"五月丙申，宋江就擒"。其实五月丙申（三日），是张叔夜"蒙进秩"之日。《宋会要辑稿·兵十二·捕贼二》云：宣和三年"五月三日，诏：'近缘诸州军守臣，间非其人，以致盗贼窃发，唯徽猷阁待制、知海州张叔夜……能责所部，斩捕贼徒，声绩著闻，寇盗屏迹，宜各进职一等，以为诸郡守臣之劝。'"可知《东都事略》所说"五月丙申，宋江就擒"，实为五月三日（亦即丙申）招安过宋江的张叔夜"蒙进秩"之误。

宋江既然投降，成了叛徒，参加打方腊就是意中事了。宋江完全有时间参加打方腊，童贯也必然会利用他打方腊。何况侯蒙又说过："不若赦江，使讨方腊以自赎。"

宋江参加打方腊，首见于帮源之战。他以"裨将"参加是适合叛徒宋江的身份的。方腊在帮源失败被俘，宋朝东西两路军会合，宋江又追随辛兴宗于六月"破'贼'上苑洞"。《皇宋十朝纲要》记载此事，没有提宋江是否仍是"裨将"或升了什么官。但置于辛兴宗之下，是有分寸的。他如《三朝北盟会编》所引《林泉野记》，说刘光世"与杨可世、宋江并进"，也未记载宋江是什么官职，事实与《通鉴长编纪事本末》所记相符。要否定这些材料是十分困难的。

（原载《光明日报》1978年12月5日，有改动）

改革不息——谈文天祥的爱国主义思想

文天祥是封建时代一位爱国的政治家。他既坚持抵抗外侮，又力促改革内政，在爱国上，可谓异军突起。而这种兼顾内外的爱国主义，重点又放在内部，代表了我国自屈原以来爱国主义最优良的传统。

文天祥所主张的改革和所持的态度，不同于一般，它有三个显著的特征。

第一，他在我国政治思想上，破天荒地提出了"改革不息论"。《宋史》本传说道："时理宗在位久，政理浸怠，天祥以法天不息为对，其言万余。"这指的是宝祐四年（1256年）殿试，文天祥的对策。文天祥认为天不坠，在于"运"；地不陷，在于"转"；水不腐，在于"流"；日月星辰所以常新，在于"行"。天地间"生生化化"总是在那里不停息地运动着，人应当持"不息之纯心"，"与生生化化之理同其无穷"，即应"法天地之不息"。引申到政治上，便成了他的变通或改革不息论。

文天祥说："变通者之久，固肇于不息者之久也。盖不息者其心，变通者其迹，其心不息，故其迹亦不息。"这里说的"迹"，即政治变通或改革事业之迹。这种迹应当"不息"，即改革应当一个接一个采取。道理很清楚：天不息，人心不息，为政也就理所当然地应当改革不息。

文天祥还认为："既往之不息者易，方来之不息者难；久而不息者易，愈久而愈不息者难。""不息于外者，固不能保其不息于内，不息于此者，固不能保其不息于彼。"他的意思非常明白，改革不仅应该持之永远，而且应该兼及内、外、彼、此，全面进行。

他要达到的终极目的是什么呢？在对策中，他说过"臣始以不息二字为陛下勉，终以公道、直道为陛下献"，"大道之行，天下为公"。在《徐应明恕斋记》中，他说："至诚无息，而万物之各得其所也，圣人之事也。"这说明他要求通过全面的、永远不息的政治改革，实现公道与直道之政，直至"天下为公"，万物各得其所。

这就是他的改革不息论。在理学盛行的两宋时代，这些微变通，也被看作外道。王安石为此吃过苦头。文天祥秉法天不息的精神，提出他的改革不息论，要求皇帝进行持久不息的、全面的改革，正可说明他对国家怀有深厚的感情。

第二，他要求把改革的矛头，直指宋太祖、太宗制定的强化君主专制之法。文天祥所要求的改革，不是皮毛。他看到了国家之所以有"不测之忧"，是因为病根在内，胶结不去。这个病根非它，乃宋太祖、太宗制定的强化君主专制之法。他在《己未上皇帝书》中说得明白："我朝三省之法繁密细碎，其势固至此也。柳宗元有言：'失在于制，不在于政。'为今之计，惟有重六部之权，可以清中书之务。"所谓我朝之制，即太祖、太宗所定的削弱三省、六部权力，加强君主专制之制。他认为这种制度繁密细碎，限制太多，使得"大臣几于为奉承风旨之官，三省几于为奉行文书之府"，国家成了一架转动不灵的机器。

又"祖宗矫唐末五代方镇之弊，立为郡县繁密之法，使兵财尽关于上，而守令不得以自专。……然国势由此浸弱"。他深感"郡县、方镇之法，其末皆有弊"。为此，他大声疾呼："今郡县之轻甚矣，则夫立为方镇之法，以少变其委琐不足恃之势，真今日之第一义也！"

又"本朝用人，专守资格。祖宗之深意，将以习天下之才"。可这种专守资格的祖宗用人之法，却使得"有才者常以无资格而不得迁，不肖者常以不碍资格而至于大用"。天下有变，"不肖者当之，而有才者拱手熟视"，因而"常遗国家之忧"。他痛感时至今日，所以"事变丛生，人物落落"，原因就在宋朝一直固守太祖、太宗所制定的极不合理的用人政策。

他责问理宗皇帝："今何如时，尚拘拘孑孑于资格之末？……奈何不少变之哉？"

在《复聂吉甫书》中，文天祥说"天下大势所以削弱不支"，如要推究其根源，便必须上溯到宋初祖宗之制。宋初的加强君主专制之制，成了捆住内外手脚的绳索。他说他之所以要求变更祖宗之制，不过是"直欲割去缭绕，使内外手脚轻便，如此而后可以立国"而已。祖宗之法，是神圣不可侵犯的宋朝的传国宝，除了忧国至深的人，谁也不敢把它比作绳索，要求割断。

第三，他要求政治改革，与他应举、出仕、抗元相始终。在他看来，政治的第一生命就是要求改革内政。文天祥要求改革的时间、场合值得注意。他的改革不息论，是在理宗宝祐四年（1256年）进士考试的最后一关集英殿殿试的时候，在答卷中提出来的。卷中曾痛斥官场弊端，申诉民间疾苦，表明他根本没有把进士放在心上，他心中有的只是国家的命运。

他写道："今之民生困矣，自琼林、大盈积于私贮而民困，自建章、通天频于营缮而民困。"这是指责皇家。接着，他痛骂"所至贪官暴吏视吾民如家鸡圈豕，惟所咀啖"，揭露"操斧斤，淬锋锷，日夜思所以斩伐"生民命脉的贪官暴吏，"滔滔皆是"。他大声疾呼："东南民力竭矣！"民竭，民困，只是因为自皇帝以下，各级官吏，无不把刀斧对准人民。

他指出当时官场在围绕着一个"利"字打转（"利而已矣"）。官风坏到了极点，"奔竞于势要之路者无怪也，趋附于权贵之门者无怪也，牛维马絷，狗苟蝇营，患得患失，无所不至者无怪也"。社会上层"清芬消歇，浊滓横流"，完全烂掉了。

作为一个爱国者，文天祥把改革而不是把进士当成政治第一生命，从其殿试答卷中言论的激烈性，充分表现出来。

开庆元年（1259年），他第一次被授以官职（旨差"签书宁海军节度判官厅公事"），适逢皇帝红人内侍董宋臣力主迁都四明，躲避蒙军。他连官也不拜，上书请斩董宋臣以一人心，以安社稷，并提出了"简文法以立事""仿方镇以建守""就团结以抽兵""破资格以用人"四项具体的改革方案。这就是著名的《己未上皇帝书》。书呈了上去，答复没有下来。他愤然返里。

恭帝德祐元年（1275年），元军顺江打到江东，太皇太后谢氏通过兵部尚书吕师孟散布和谈论调。为了挽救国家的危亡，文天祥又上书请斩吕师孟以衅鼓，并提出了一个转败为胜的军事方案：分天下为长沙、隆兴（今江西南昌市）、番阳（今江西鄱阳县）、扬州四镇，"建都督统御其中"。命长沙镇取鄂州，隆兴镇取蕲、黄二州，番阳镇取江东，扬州镇取两淮。"约日齐举，有进无退"，迫使元军"备多力分，疲于奔命。而吾民之豪杰者，又伺间出于其中"。他认为如能这样做，则敌军并不难却，临安并不难保。

这在当时，是一个易孤立防守为联合进攻，易军队作战为军民联合作战，易消极被动为积极主动的充满活力的方案。可宋朝廷却认为这个方案言论"阔远"，实际上是违反了祖宗"守内虚外"的方针，拒绝接受。接着而来的，便是举临安城投降了。文天祥只有走自己的路。

无论应考、做官、抗元，文天祥都要求改革，这说明他自己便是一个法天不息的人。当时，在南宋大臣中，也有人提出改革主张，但倡之不息，触及根本，并为改革提出理论，要求全面地、永不停息地改革下去的，却只有文天祥。

文天祥爱国，既表现在坚持抗击外侮上，又表现在力主改革内政上，称得起"完全"二字。从爱国主义发展历史来考察，我们可以发现，他把爱国主义提到了一个新的高度。爱国主义是有阶级性的，但爱国主义又是有继承性的，他的爱国主义，是我国爱国主义优良传统中极其珍贵的部分。

（原载《今昔谈》1982年第10期，有改动）

文天祥

一、热情爱国的青年时代

现在的江西省吉安县，在宋朝时候叫庐陵，是一个风景优美的地方。1236年，南宋的民族英雄文天祥就在这里出生。他出生的时代，正是统治我国北方的蒙古贵族积极准备向南宋进攻的时代，也是南宋的统治者腐朽昏庸、政治极端腐败的时代。

文天祥小时候就很喜欢读书，每当读到历史上忠臣义士的英雄故事，总是非常敬仰爱慕。有一次，他到县里去，在一处祠庙中见到宋代庐陵有名人物欧阳修①、杨邦乂②、胡铨③等的遗像，听说了他们的事迹，他非常感动地说："我将来一定要做到和他们一样。"可见在很早的时候，文天祥就立志要为国家做一番事业。

二十一岁那年，文天祥在南宋的京城临安（今浙江杭州）参加进士考试。这时候的皇帝宋理宗和专权的大臣贾似道等一帮统治者，只知道巧立

---

① 欧阳修，北宋文学家、史学家，曾任枢密副使、参知政事（即副丞相），为官正直敢言，要求改革政治。在文学创作上，他是北宋诗文革新运动的领袖。

② 杨邦乂，南宋初年任建康（今江苏南京）通判（州、府长官的助手）。1129年，金兵占领建康时被俘，金兀术对他百般威胁利诱，他始终不投降，最后惨遭杀害。

③ 胡铨，南宋初年在赣州招募义兵抗金，后来在南宋朝廷做官，上疏请杀汉奸秦桧，因而长期被排挤，但他始终反对和议，反对向金人屈服。

名目，拼命地剥削人民，过着荒淫无耻的生活，政治非常黑暗。文天祥看到了这种情况，就在试卷里提出了改革政治的主张，劝告皇帝和官吏要认真办事，应该信任敢于说话的人。这张答卷写得很长，充满了爱国热情。考试官王应麟看了，认为他坚强勇敢，是个有用的人才。

文天祥以第一名考中了进士，也就是所谓的"状元"。同时考中进士的还有谢枋得、陆秀夫等人，他们都是南宋末年的爱国志士，也是文天祥的好朋友。

文天祥开始做官的时候，正是蒙古贵族领着大队兵马向南方侵入的时候。蒙古大汗①蒙哥（即元宪宗）率领一支军队打到了四川，蒙哥的弟弟忽必烈（即元世祖）率领一支军队打到了鄂州（今湖北武昌），临安受到了威胁。把持南宋政权的权奸小人，平时只知道压迫人民；到敌人打来了，不想怎样去抵抗，却想怎样逃跑。内侍董宋臣竭力主张把都城迁到四明（今浙江宁波），失败主义的情绪笼罩着整个朝廷，南宋处于极端危险的境地。文天祥感到非常焦虑，也非常愤慨。那时他还很年轻，为了挽救南宋的命运，他毫无顾忌地上书给皇帝，狠狠地驳斥了董宋臣的逃跑主张，要求皇帝把董宋臣斩首。文天祥还提出了一个改革政治和军事制度的方案，建议改变当时那一套不起作用的官僚行政制度；建议不拘资格用人；建议几个州县建立一个统一的练兵机构，名为方镇，并且把州县所存的租谷作为军需之用。这个方案如果实行了，就可以改变权奸小人把持朝政的状况，加强行政效率和各地的军事力量，从根本上扭转危险紧张的局势。

在投降妥协分子专权的南宋政府里，一个刚刚出来做官的青年敢于提出这样激进的意见，充分表现出了文天祥勇敢的斗争精神。

腐朽的南宋政府既没有杀掉董宋臣，更没有进行任何政治和军事的改革。文天祥看到自己的建议根本没有得到皇帝的重视，政府里的情况一天糟似一天，就自动请求免官回家去了。

---

① 蒙古的王称"汗"，地位最高的王称"大汗"。

由于进攻四川的蒙古大汗蒙哥在合州（今四川合川东）被英勇抗敌的军民打死了，忽必烈忙着撤兵回去争夺大汗的位置，南宋的危机才算暂时解除了。

二、举起反抗侵略的大旗

忽必烈回北方夺得了大汗的位置，定国号为元（1271—1368年）。他稳定内部后，又重新派大军向南宋进攻。1273年，襄阳被元军攻破了，不久鄂州也失守了。元军顺着长江下来，准备一下子灭亡南宋。这时候南宋是赵㬎做皇帝，因为年纪小，由太皇太后谢氏临朝听政。他们听说元军打来，都吓慌了，连忙下诏书①命令全国起兵"勤王"②。那时文天祥在退职家居了一阵之后，又在赣州做知州③了。他接到了诏书，就立刻发布文告到各个地方，号召人民起来抵抗元军的侵略。同时派人到各处招募兵士，组织抗元的武装队伍。各地老百姓纷纷响应，在很短的时间内，文天祥在江西、广东等地就募集了三万多人，其中还有苗族人民。很多勇敢善战的英雄像尹玉、张汴、邹洬等都来加入文天祥的队伍，他们后来都成了著名的爱国将领。当时缺乏粮饷，文天祥就拿出了他自己的全部家产，充作军费。

在元军的猛烈攻势面前，腐朽的南宋政府毫无办法。贾似道带领十三万大军守芜湖，被元军打得大败，芜湖就此沦陷了。不久建康（今江苏南京）也失守了。元军一步步地逼近南宋京城临安。就在这样万分危急的形势下，文天祥率领这支刚刚组成的部队星夜从赣州出发，准备开往临安，迎头阻击元军。但是这时候的南宋政府却准备投降了。投降分子认为这支抗元部队是他们投降的障碍，把它看成了眼中钉。他们说这支部队是"乌合之众"，是"儿戏"，不能打仗，怂恿皇帝命令文天祥把队伍带往洪州

---

① 诏书，皇帝发下的公文。

② 勤王，救护皇帝的意思。

③ 知州，宋朝派朝臣为州一级的地方行政长官的简称。

（今江西南昌）。他们还诬蔑这支部队曾在抚州境内进行抢劫，妄图破坏和消灭这支抗元力量。文天祥提出了坚决的抗议，指出这支"勤王"的军队士气高昂，他们没有一个人到过抚州境内，抢劫的事从何说起？各地人民对投降分子的诬蔑也很愤慨。在文天祥的抗议和人民舆论的压力面前，把持政府的投降分子害怕自己的阴谋被揭穿，遭到全国人民的反对，只好答应让文天祥带兵来临安，并且派他做权兵部侍郎①，以缓和人民的不满情绪。在去临安的路上，文天祥的军队纪律非常好，对老百姓秋毫无犯。投降分子的造谣污蔑到这时完全破产了。

南宋政府发出了"勤王"诏书以后，在无数地方官吏中，真能响应号召起兵的人却很少。有人曾对文天祥指出了这一点，文天祥也知道单靠他的兵力是很难抵抗元军的，可是他看到形势非常危急，就不考虑这些，终于举起了抗元的战旗。他希望各地听到风声，群起响应。起兵的时候，他早就下了必死的决心，准备以自己的行动来影响大家。

三、对投降分子的斗争

文天祥到了临安，过不多久，南宋政府任命吕师孟当兵部尚书，给了文天祥一个浙西江东制置使、江西安抚大使、平江（今江苏苏州）知府的空头官衔，但不让他离开临安。南宋政府的目的是要取消他的兵权，并且把他留在京城里，好限制他的活动。吕师孟是一个投降分子，他当了兵部尚书以后，就积极进行投降活动。文天祥看到这种情形，非常愤怒，毫不迟疑地上书给皇帝，坚决要求与侵略者战斗到底。他还要求把吕师孟斩首，堵塞投降的道路。当时那些投降分子竭力散布失败主义的论调，说什么抵抗一定要灭亡，讲和才可有生路。为了粉碎这种谬论，文天祥再次向政府提出了建立方镇的主张。他建议把南宋全部领土分为四镇，每一个镇设一个都督来统率。以四镇为据点，配合人民义军，同时向元军发动反

---

① 兵部是掌管全国军事的中央行政机关，长官称兵部尚书，副长官称兵部侍郎。这里的"权"，是暂时代理的意思。

攻，到处打击敌人，分散敌人兵力，解除元军对临安的威胁。但是腐朽的南宋政府掌握在投降分子的手里，并没有处罚吕师孟，而是把文天祥的合理建议搁在一边，置之不理。

就在这时候，常州的告急文书雪片似的飞来。南宋政府勉强派了一个没有作为又怕死的张全带兵两千去救援，却命令文天祥率领他部下的军队赶往平江。文天祥到了平江以后，命令部将尹玉、朱华、麻士龙等率兵三千到常州去帮助张全。张全唯恐文天祥部下立功，就故意阻碍他们的行动，连筑一些防御工事都不准许。当尹玉等遭到元军围攻的时候，张全竟坐视不救，后来索性逃跑了。常州因此失守。常州守将和尹玉、麻士龙等都壮烈牺牲。尹玉和元军作战，部下只剩了五百人，还是拼命冲杀。他一个人就杀死了几十个敌人，而自己全身上下都中了箭，血流遍体。跟随他战斗的五百个人，冲出重围的只有四个人，其余全都英勇殉难，没有一个投降的。

常州保卫战是文天祥部队参加抗元战争的第一次战役。这次战役虽然失败了，但是文天祥部下至死不屈的战斗精神，已经充分地表现出来了。

四、冒险进敌营，苦斗脱虎口

元军攻陷常州之后，进而攻打独松关（在今浙江余杭西北），投降分子留梦炎、陈宜中等建议皇帝放弃平江，调文天祥去守余杭。文天祥本来想在平江布置一下守城的事，政府方面却连连催促他快走。等到他离开平江，却又急急命他进京，保卫临安。结果独松关没有保住，平江也被元军占领了。这一下，临安就成了元军进攻的主要目标。那时很多地方的守将都望风而逃，临安危急万分。文天祥与张世杰商量，主张坚决保卫临安。文天祥认为虽然元军已打到临安城下，但还有福建、广东等广大地区仍在南宋军民手中，北边在元军的后方，也还有很多地方没有被元军控制。如果在临安坚决阻击，同时命令淮河边上的军队进攻元军的后方，前后夹攻，一定可以挽救危局。张世杰十分赞同文天祥的主张。可是丞相陈宜中却怂恿皇帝不要接受文天祥的这个建议。原来自临安的局势转变得非常危险之后，南宋政府已经决定投降了。在投降分子看来，只要能够保全自己的性命，保住自己的官位就好；谁要坚决抵抗，阻止他们投降，那就是他们切齿痛恨的仇人。

1276年正月十八日①，元军到了离临安只有三十里的皋亭山，文天祥请太皇太后和皇帝离开临安，自己准备带领兵马，决一死战。这个请求又遭到了政府的拒绝。元军主将伯颜想胁迫南宋政府屈服投降，不战而灭亡整个南宋，就要求南宋政府派丞相出城去谈判。这时候，丞相陈宜中却偷偷地溜走了。在这紧要关头，文天祥又挺身而出，表示愿意到元军兵营中去办交涉，争取保住临安，以便做反攻的准备。他丝毫没考虑到这一去，自己会遇到什么样的危险。当下南宋政府给了他一个右丞相兼枢密使的名义，让他代表政府出城去谈判。

元军营前站满了兵将，布满了刀枪，气势汹汹，好不森严。文天祥到了敌营，下了马，昂着头，挺身走进去。他见了伯颜，首先严厉地斥责了元军的无理侵犯，接着提出了两方谈判的条件，要求元军先退到平江或嘉兴，然后再坐下来商议。伯颜原先以为他是代表南宋政府来谈判投降条件的，没料到他竟要求他们撤军，更没有料到他还敢于斥责他们的侵略。伯颜对文天祥百般威吓，要他答应投降。文天祥严正地回答道："要我们投降，那是万万办不到的。如果你们能够接受我的意见，两方讲和，那么大家都有好处，否则的话，我们一定和你们打到底。两淮（淮东、淮西）、两浙（浙东、浙西）、福建、广东很多地方还在我们手中，到底谁胜谁败，还不一定呢！"伯颜见他如此坚强，就翻过脸来胁迫他。文天祥断然说道："我早就准备一死报国，你们要杀就杀，刀、锯、油锅，我都不怕。"文天祥这样的不怕死，这样的坚强不屈，伯颜对他竟毫无办法，也就不敢再强迫他了。伯颜左右的人对文天祥非常钦敬，说他是个大丈夫。他们经过了一番商议之后，决定把文天祥留在兵营里，不放他回去了。

---

① 本文纪年用阳历，月日用阴历。

正当文天祥在元军兵营中进行坚决斗争的时候，南宋政府却又用投降分子贾余庆代替文天祥做右丞相，决定派贾余庆、吕师孟等人当"祈请使"向元军求降。第二天，他们到了元军兵营，跪在地上，献上降表和土地册子。伯颜就叫文天祥出来看看这批没廉耻的人。这件事情真是出乎文天祥意料之外，他咬牙切齿地痛骂贾余庆、吕师孟等人，可是这又有什么作用呢！南宋政府投降以后，文天祥就被拘留在元军兵营里。他在赣州招募来的义军也被解散了，他心里真有说不出的难过。

文天祥本来打算自杀殉国，后来想到还有大片土地没被元军占领，还有广大人民在坚持抗战，自己有责任去力挽狂澜，所以就决心要逃出虎口，把斗争进行到底。

元军要贾余庆等"祈请使"到北方去，同时强迫文天祥一起走。文天祥在路上千方百计想逃走，可惜没有成功。路过平江的时候，人民看到文天祥被俘，南宋就这样被一群坏蛋葬送了，没有一个不痛哭失声的。到了镇江，元军守将阿术在长江对岸的瓜州，请宋朝官吏过江相见。阿术摆出征服者的威势，傲慢无礼。别人都抢着和阿术攀谈，文天祥心里非常愤怒，一句话也不说。阿术看他不说话，知道他不会屈服，说他肚里有鬼。从镇江沿大运河北上，要等船只，他们就在镇江停留了十来天。文天祥认为这是逃跑的好机会，就和杜浒等人商量。杜浒是当初在天台起兵响应文天祥，加入抗元队伍的，此番伴着文天祥去谈判，跟文天祥一起被拘留。大家表示，拼死也要逃出去。他们计划先逃到真州（今江苏仪征），因为真州还在宋军手中。但是真州在江北，由镇江到真州必须有船渡江。那时候，他们还有些行动自由，杜浒每天上街，在酒店里喝酒，遇到流露出反元思宋情绪的人，就告诉他们要逃走的计划，请他帮忙。这些人都乐意帮助，可是又都没有船，只能相对叹息。最后找到了一个被元军抓去管船的人，却肯仗义相救，答应替他们想办法。后来他居然找来了一条船，并约定了开船的时间。文天祥手下的人想送他一千两银子，他拒绝接受，说："我为大宋救得一个丞相，回去做一番大事业，是我应该做的事。要钱干什么！"他只要求写一个条子给他，待将来有机会逃回去，好作凭证。文天祥曾写过一首诗纪念他：

> 经营十日苦无舟，
> 惨惨椎心泪血流。
> 渔父疑为神物遣，
> 相逢扬子大江头。

从拘留的地方到江边有十来里路，走大街正路是不行的。杜浒又找到了一个被元军抓去的老兵，约好到时候带他们从偏僻的小路走到江边上船。

到了约定的日期了，恰好元军也定于第二天开船北行。文天祥借口就要辞别乡土，当天晚上请看守他的元军军官喝酒，并把他们灌醉，总算按计划逃出来了。

后来，文天祥写过一首诗，表达他这次逃出虎口的感想：

> 公卿北去共低眉，
> 世事兴亡付不知。
> 不是谋归全赵璧，
> 东南那个是男儿？

在这首诗里，文天祥严正谴责了那些投降分子，同时表明了自己冒险逃走的目的。

文天祥和杜浒等人好不容易逃到了真州。真州守将苗再成听说文天祥来了，表示热诚的欢迎。他们就在一起商量抵抗元军的计划。正当文天祥满怀信心地准备联络各地军队的时候，扬州守将李庭芝忽然来了一道命令，要苗再成杀掉文天祥。原来李庭芝听到了从元军那里传来的消息，说文天祥已经投降了，这回是敌人派来骗城的。李庭芝认为元军防守严密，一路关口很多，文天祥是一个大宋丞相，要单身脱逃，也是难上加难，何况跟随他的有十多个人，更易动人耳目，绝不可能是逃出来的。他就轻信了谣言，认为文天祥真是个奸细。苗再成也有些怀疑，可还不忍心杀死文天祥，但是也不敢留他，就把他骗出城去，逼他离开真州。文天祥准备到扬州去见李庭芝，想把事情说清楚。经过了不少周折，走了一天一夜，在第二天的早晨四更，到了扬州城外。只见城门紧闭，城上有守兵，盘问得很严，他们又不敢冒冒失失地就此进去，担心事情没弄清楚就被自己人杀了。离扬州城外不远，就有元军，如果停留在那里，很可能再被元军抓住。这时候，文天祥真是进退两难，走投无路。幸而遇到了一个卖柴的人，愿意带他们到高沙（今江苏高邮）去，并且可以先带他们到他家里去暂时躲避一下。他们就跟着卖柴人走了一段路。天已经亮了，再在路上走就会发生危险，他们就爬上一个荒山，躲在一座破房子的墙根底下。卖柴人进城去替他们买米做饭，不料进城以后就出不来了。文天祥他们在破屋里等着，又饥又渴，真是焦急万分。正在这时候，几千元兵从破屋旁边走过，大家都以为这回完了。正好来了一阵大风雨，元兵匆匆地向前走了，总算没有被发现。天渐渐地黑了，他们就下山找到一个古庙，走进里面去休息。岂知还没有坐下，就进来了几个人，不觉又吃惊起来。后来知道他们是樵夫，并无恶意，这才放心。樵夫们带着吃的东西，看到文天祥这批人饿得很厉害，就分了一些给他们吃。他们看这几个樵夫都是好人，就吐露了一些真情。这几个樵夫也乐于相助，对他们说："这里不是去高沙的路，我们先带你们到城北贾家庄去躲避一下，替你们准备好干粮，雇好马，再领你们上高沙去。"雨又在下，庙里很冷，有个小樵夫见文天祥他们冻得发抖，便架起木柴，生起火来，给他们取暖。他们吃着樵夫分给的食物，烤着火，脸上的愁云都消散了。

五更时分，文天祥他们跟着樵夫到了贾家庄，白天准备好了一切，夜里就上路去高沙。在去高沙的路上，迷失了道路，遇见了敌人，同行的人中间有一个被抓去，有一个被杀伤。后来又遇见了几个樵夫，知道文天祥实在走不动了，一时又找不到什么交通工具，就让他坐在一个箩筐里，几个人轮流把他抬到高沙。不料高沙也接到了扬州的文书，说文天祥是来做奸细的。于是他们又不敢进城，只得取道泰州，向通州（今江苏南通）进发。他们一路上依靠人民群众的帮助，终于走到了通州。守通州的官吏起初也不放他们进城，经过反复说明，相信他们真是逃回来的，才放心招待他们。

困难和危险吓不倒英雄好汉。他们在人民的帮助下，终于回到了自己的队伍里。

五、再次举起反抗侵略的大旗

文天祥到了通州以后，知道益王赵昰在永嘉（今浙江温州）继续进行抗战，就乘船从海路赶到永嘉，重新加入抗元斗争的行列。不久益王就在福安（今福建福安）做了皇帝，任命文天祥为右丞相兼枢密使，都督诸路军马，担当起抗元的重任。这时候兵士很少，文天祥决定到南剑（今福建南平）去招募。他发出文告，号召大家参军杀敌。文天祥的正义行动早已得到了人民的信任，人民听说他回来了，不辞千辛万苦，从四面八方来到南剑加入抗元的队伍。还有许多当时已有一些名声的人也来参加，他们中间有老将巩信，有文人陈龙复、谢杞，有从千里以外跋山涉水而来的缪朝宗，有拿出全部家产充作军费的谢翱。他们团结在文天祥周围，再一次举起反抗侵略的大旗。南宋的声势又重新振作起来了。文天祥率领这支部队前往汀州（今福建长汀），计划先收复江西。

文天祥重新建立起一支抗元的武装力量，打破了元军不战而胜的如意算盘。他们不得不出动大军来攻打福建。赵昰放弃了福建，由张世杰保护转移到广东。文天祥移军到了龙岩（今福建龙岩）。元军以为自己节节胜利，猜想文天祥会被他们吓退，就派汉奸吴浚前来招降。吴浚一到宋营，文天祥就命令左右把他推出去杀了。元军还不死心，又搜罗了几个汉奸写信劝他投降，都被文天祥严词拒绝。

1277年，文天祥率大军进攻江西，取得了雩都（今江西于都）大捷，很快收复了雩都和兴国。文天祥把兴国当成据点，从兴国分兵两路攻打赣州和吉州，连续收复了好几个县城。文天祥的胜利鼓舞了各地人民，他们纷纷起来响应。长江以西，抗元大军一路上势如破竹，收复了兴国军（今湖北阳新）和寿昌军（今湖北鄂城）。湖南各地组织了许多武装抗元部队。文天祥的号令可以通传到江淮地区，一时形成了抗元战争以来从未有过的胜利形势。

元军看到了宋军的威力，连忙布置新的攻势。元军由汉奸李恒和张弘范率领，从江西和江东两个方面，对文天祥所部发动钳形进攻。李恒调了一支军队去打赣州，亲率大军来打兴国。兴国的兵力比较薄弱，抵抗不住，只好退却。这时赣州的兵也败了，文天祥率领军队往西撤退，元军紧紧地追来。老将巩信为了掩护文天祥撤退，带了几十个人在庐陵东固的方石岭上阻击敌人，杀伤了不少敌人之后，这一小队战士全部壮烈牺牲了。巩信身上中了乱箭，还忍痛亲手杀了几十个敌人，坚持到死，还依旧站着不动。由于巩信军英勇地抗击敌人，文天祥的队伍才能够退往远处去。元军继续向前追赶，文天祥退到空坑，山路狭窄，跟随逃难的老百姓又多，走得很慢，眼看又快被元军追到，情形很危急。部将赵时赏为了掩护文天祥，坐在大轿里面，装作主帅的模样，以转移元军的目标。等到元军抓住他的时候，他又自称姓文。元军误认他是文天祥，就把他送去报功。文天祥这才脱险而去。

这一次战役牺牲了许多杰出的将领，文天祥非常悲痛，后来他曾集杜甫的诗句，编成了几十首诗，来悼念这些壮烈殉难的战友。

由于这次战役的失败，抗元斗争又转入不利的形势，但是文天祥并不气馁。他移兵广东，继续坚持抗战。

1278年，赵昰死了，赵昺接着做皇帝，把政府迁到了南海中的厓山。文天祥驻军潮阳（今广东潮阳）。这时元军在汉奸张弘范率领下，由浙江、福建分水陆两路来攻潮阳。潮阳的兵力很弱，文天祥只好转移到海丰去。正当他们在途中休息的时候，海盗陈懿引导元军突然来袭击。宋军抵御不及，很多将领都牺牲了。文天祥被元军抓住，服毒自杀未遂，部将刘子俊争着承认自己是文天祥，但是到底被识破，竟被活活烹死了。

六、被俘不屈

文天祥被捕以后，元军把他送到潮阳去见张弘范，强迫他向张弘范下跪。文天祥坚决不答应。张弘范强他不过，只得以接待客人的礼节和他相见。

1279年，张弘范押着文天祥由海道到厓山，准备破灭赵昺的小朝廷，把南宋完全灭亡。当经过珠江口外零丁洋的时候，文天祥想起山河的破碎，自己的伶仃，不由百感交集，便写了一首诗，表达了他高度的爱国思想。这首诗是这样写的：

辛苦遭逢起一经，①

干戈落落四周星。②

山河破碎风抛絮，③

身世飘摇雨打萍。④

皇恐滩头说皇恐，⑤

零丁洋里叹零丁。

人生自古谁无死，

留取丹心照汗青。⑥

到了厓山，张弘范又逼迫文天祥写信给保卫厓山的张世杰，劝他们投降。文天祥就把上面这首诗写给张弘范看。张弘范看了，只能苦笑一下，

---

① 这句是指文天祥自己当年参加考试，得中状元。因为那次考试，题目出自《易经》这部经书里，所以句中说"起一经"。

② 干戈，古代的兵器盾和矛，这里代表战争；"落落"，多的意思。四周星，四年。

③ 这句是说南宋的山河像风吹柳絮一样的破碎。

④ 这句是说自己的身世像雨打浮萍一样的飘落。

⑤ 皇恐滩，赣江上游十八险滩中的一个。第二个"皇恐"意思是惶恐。

⑥ 汗青，指历史。这句是说要让耿耿忠心照耀在史册上。

说"好人好诗"，也就不再强逼他写信了。

元军的海军由张弘范、李恒率领，乘着涨潮的时候，进攻张世杰的海军。张世杰在厓山战败，陆秀夫背着小皇帝赵昺一同跳海。同时跳海而死的南宋军民有好几万人。文天祥知道了这个消息，痛苦万分，也决心跳海自杀，可是元兵防备很严，他没有成功，只能在元军舟中作了一首长诗来哀哭宋朝的灭亡。

宋朝到此是结束了。

张弘范回兵到了广州。他得意洋洋，大摆酒席，庆贺自己的战功；并且把文天祥请来，想在席间劝文天祥投降。他对文天祥说："现在宋朝已经亡了，你的心也尽到了。在元朝做官，也和在宋朝做官一样，你何必这样固执呢？"文天祥厉声回答说："像我这样一个人，国亡了不能挽救，就是死了也赎不清我的罪，怎么可以向敌人屈膝！要我投降，是万万不能的。"当时有个元军将领庞钞儿赤起来向文天祥敬酒，文天祥拒绝喝他的酒。他恼羞成怒，破口大骂，文天祥也和他对骂。这时候，文天祥只求敌人快快杀掉他，心如铁石，毫不动摇。

张弘范没有办法，只好派人向元世祖忽必烈报告，元世祖要张弘范把文天祥押送到元朝的都城大都（今北京）去。文天祥在路上绝食，希望死在故乡庐陵。但是绝食八天，尚未饿死，而庐陵早过去了。他想到人心还没有死，广大的人民群众还在反抗，所以又勉强进些饮食，希望能够再一次逃出虎口，继续和元军斗争。人民也想把自己的抗元英雄夺回来。文天祥听到在建康要停留几天，就想乘机脱逃。也有人计划当他过江北去的时候，在建康江边把他救走。因为元兵看守得特别严，这些打算都没有达到目的。但是文天祥和人民群众心里的复仇火焰是永远也不会熄灭的。

文天祥在路上写过许多诗，抒写他哀悼祖国的感情。他的诗受到了人民的珍视。河间（在今河北）有一个卖炊饼的人得到了他写的四首诗，就张贴在墙上。有人看到了，想用两千钱买去，卖饼的说："这是文丞相路过河间时写给我的，文丞相的手迹，怎能卖给人呢！"可见人民对他是怎样的尊敬和爱护。

文天祥到了大都以后，元朝统治者想尽一切办法要他投降，总没有达到目的。起初元朝统治者利用投降的汉奸来劝说他，这些说客都被他骂走了。元朝统治者又派投降元军的宋朝恭宗皇帝赵㬎来劝他，他一见赵㬎，就口呼"圣上"①，请赵㬎回到南方去，竟使得这个投降皇帝开不了口。

汉奸的劝告说不动文天祥，元朝统治者就用暴力来威逼他。当时有一个平章阿合马来见他，要他下跪。元朝的平章，官位与丞相相等，口头上一般也称为"丞相"。文天祥昂首挺立，对阿合马说："南朝丞相见北朝丞相，为什么要跪？"阿合马看他这样倔强，就对两旁的人说："这个人的生或死还得由我呢！"文天祥听到这句话，不禁大怒，说道："要杀就杀，说什么由你不由你！"阿合马知道对他说什么也没用，只好不声不响地走了。后来文天祥又被押到枢密院，由丞相孛罗亲自审问。文天祥对孛罗只是作了个揖，坚决不肯跪下。旁边的人把他按在地下，他就坐着不起。几个人捺他的脖子，拉他的手，按他的脚，用膝盖顶他的背，但是文天祥始终没有屈服。

孛罗拿他没办法，最后问他："你还有什么话说？"

文天祥说："我是南朝的丞相，国家亡了，我早就准备死了，没有什么话可说。"

孛罗又问他："你立了两个皇帝，又有什么功劳呢？"

文天祥回答说："我只知道救国，国家存在一天，就要和敌人斗争一天，这是我的责任，不计较什么功劳。"

孛罗说："你既然知道国家已是挽救不了，为什么还要去硬做？"

文天祥坚决地说："我活着一天，就得尽我一天的心力。今天我文天祥已经到此地步，只求快些死，何必问我这些废话！"

孛罗听了发怒说："你要死，我偏不叫你死。一直把你关下去，看你怎么样。"

文天祥说："随你便吧，我死都不怕，难道还怕你关吗？"

---

① 封建时代，臣子称皇帝叫"圣上"。文天祥口呼赵㬎作"圣上"，使赵㬎想到自己是投降皇帝而没有脸开口。

孛罗听了以后，大怒不已，就想杀他，但元世祖忽必烈和其他大臣都不同意，孛罗只好把他囚禁起来。土牢里阴暗潮湿，一年到头都看不到阳光。热天闷得透不过气；下了雨，水都向里边流进来。牢房里脏得厉害，还有粪便、死耗子，臭气熏天。就在这样的监狱里，文天祥经受了三年的长期折磨，始终没有屈服。他在监牢里写了许多诗篇，写出了他对祖国、对人民、对战友们的怀念，也写下了自己的思想和斗争经历。特别是那首千古不朽的《正气歌》，充分表现了民族英雄的伟大气魄。

就这样，文天祥一直坚持斗争到死。

七、正气长存

南宋灭亡以后，人民的反元斗争一直没有停止。人们怀念着在狱中的文天祥，总想把他救出来。像中山府（今河北定县）有个薛宝柱，就曾经聚集了几千人，要夺取文天祥去做领导。还有人写了匿名信，说："敌人，我们对付得了，丞相放心好了。"又有人谣传义军将要里应外合攻打大都，先烧城上的苇子，城外举火为应。这些人民群众的抗元活动闹得元朝统治者深为不安。文天祥坚决不投降，他活着，就是支持起义群众的一面旗帜。因此，元朝统治者就决定要杀害文天祥。

在杀害文天祥之前，元朝统治者又做了一次最后的努力，由元世祖忽必烈亲自出马，提出任命文天祥为丞相，劝说文天祥投降。可是不论是大臣还是皇帝，也不论是威胁还是利诱，文天祥总是不投降。对他说来说去，唯一的回答就是："愿意一死报国。"

1282年农历十二月初九，文天祥从从容容地走向刑场，态度非常安静，没有一点儿恐惧的神情。临死之前，元朝官吏问他："你还有什么话说？如果肯投降，还可以免死。"他说："死就死，还有什么话说！"当时有很多人都去送他。文天祥问旁边的人哪一方是南方。人家告诉了他，他就向南方拜了几拜，说："我报国只能到此为止了。"

他死的时候才四十七岁。

民族英雄文天祥就这样英勇牺牲了，但他永远活在人们的心里。他写过《正气歌》，他的那股浩然正气是千载不灭的。他死了以后，不知有多少人哭过他，受到他精神的鼓舞。当他死的时候，留在大都的南方人都摆酒祭奠。他的遗体也由江南的义士收殓安葬。他的同乡张弘毅把他的遗著带回了南方。他的朋友知道了他死的消息，也在远方哭祭他。像王炎午写了一篇《望祭文丞相文》；汪元量作了一篇《招魂歌》；谢翱曾几次哭他，在严州（今浙江建德）登钓台哭他的时候，作了一篇《登西台恸哭记》。几百年后，我们读到这些文章，仍然受到强烈的感动。

文天祥死后十四年，人民把他的诗文刊印了出来。后来，有人还建立祠堂纪念他和他的战友尹玉、巩信、赵时赏等。北京的文丞相祠是明太祖朱元璋在位时建造的，位于东城府学胡同，那就是元朝监禁文天祥的地方。

文天祥殉国以后，人民仍然不断地与元朝统治者进行斗争。整个元朝统治期间，反抗蒙古贵族统治的武装起义，从来就没有间断过。到了1351年，文天祥死后六十九年，黄河流域爆发了以韩山童、刘福通为首的红巾军大起义。接着朱元璋等也在南方起兵。元朝的统治终于被人民推翻了。

（原为吴晗主编"中国历史小丛书"之一，中华书局，1959年第1版、第2版，1989年第3版，有改动）

生死路——文天祥

这是一个荒谬可悲的时代，坐在临安城（今浙江杭州）的宋朝皇帝理宗，牢守着祖宗定下来的基本国策——"守内虚外"，一步不敢偏离，直至国亡而后已。宋朝的第二个皇帝宋太宗说过一席话：

> 国家若无外忧，必有内患，外忧不过边事，皆可预防，惟奸邪无状，若为内患，深可惧也。帝王用心常须谨此。（《续资治通鉴长编》卷三十二）

这就是守内虚外，不仅他要守内虚外，而且告诫他的子孙、后世的帝王也要守内虚外。外忧不过是"边事"，并不可怕，最可怕的是"内患"。所谓"内患"，在宋有两个含义：一是人民武装起义，二是方镇拥兵自重。由于外忧是消除"内患"的法宝，所以，没有外忧，也要制造外忧，把敌人引到家门口。在这个基本国策指导下，大宋国将幽燕送给了辽朝，西北送给了西夏，中原送给了金朝。现在轮到理宗和他以后的度宗、恭帝，又要把南方以至整个神州赤县，奉送给蒙古贵族了。宋朝有时也谈改革，但改革只能限于尊皇帝之权，增朝廷之利，如果背离这个方向，那么任何改革也实行不了。宋朝有时也谈抵抗外侮，但抵抗也只能在外侮威胁到皇帝和皇家生存的时候。如果离开这个限度，谈什么"还我河山"，那就像岳飞一样要遭到杀害。

文天祥诞生于蒙军深入川、汉、两淮，民族危机严重的年代（1236年，宋理宗端平三年）。第二年，由窝阔台南侵带来的民族危机虽然得到缓和，但未消除。在他脱离儿童时代不久，由蒙哥发动的大远征又给南宋带来了第二次民族危机。他中状元（1256年，宋理宗宝祐四年），即在这次危机中。1259年（宋理宗开庆元年），蒙哥死于合州钓鱼山下，这次危机持续八年（1251—1259年），因蒙哥之死，总算过去。1273年（宋度宗咸淳九年），樊城被元军攻破，宋京西安抚副使吕文焕以襄阳降元。1274年（咸淳十年），元世祖忽必烈命左丞相伯颜、都督阿术等率军二十万，大举南侵，第三次民族危机又向南宋袭来。这时的文天祥正在赣州做知州。

宋蒙相战，双方力量对比究竟如何？宋朝是不是一定打不过蒙古，注定要灭亡？不妨作些分析。

窝阔台时期，蒙军发动第一次南侵，兵锋达到蜀、汉及江淮地区。宋将孟珙破蒙军于江陵，杜杲破蒙军于黄州、安丰城下，又破蒙军察罕之众"八十万"（？）于庐州。理宗嘉熙三年（1239年），孟珙收复了信阳、樊城、襄阳、光化诸军，息、蔡蒙军投降，夔州为孟璟收复。至此，蒙军这次南侵破产。

理宗淳祐元年（1241年），窝阔台死，乃马真氏称制，"庶政多紊"。淳祐六年（1246年），皇子贵由即位，是为定宗，朝政仍出于乃马真氏。贵由死于淳祐八年（1248年），此年蒙古国内大旱，河水尽涸，牛马十死八九，人不聊生。相比之下，南宋倒显得安定、繁荣。

淳祐十一年（1251年），蒙哥即位，是为宪宗。十二年，蒙哥命其弟忽必烈征云南，发动大远征（第二次侵宋），到理宗宝祐六年（1258年），蒙哥亲自率领数万蒙古军南侵至西蜀。这次大远征，至此进入了高潮。但次年，因蒙哥死于合州钓鱼山下，蒙军纷纷北撤。

种种材料证明，即使在蒙哥时期，蒙古也没有足够力量灭亡南宋。这一点，蒙古的郝经也看出来了，在蒙哥死前，他曾对忽必烈说过：

惟宋不下，未能混一，连兵构祸，逾二十年。何曩时掇取之易，而今日图惟之难也！……国家建极开统，垂五十年，而一之以兵。遗黎残姓，游气惊魂，虔刘劘荡，殆欲歼尽。自古用兵未有如是之久且多也，其力安得不弊乎？（《元史》卷一百五十七《郝经传》）

蒙哥死后，他又对忽必烈说：

国家自平金以来，惟务进取，不遵养时晦，老师费财，卒无成功，三十年矣。（《元史》卷一百五十七《郝经传》）

这就是说，蒙古侵宋三十年来，所以卒无成功，是因为只知道凭借军事手段，不知道军事之外，尚有政治。现在力弊、师老、财费，再打是不行了。他劝忽必烈把军队撤回蒙古，夺取大汗的宝座，然后派使臣赴宋，"姑为之和，偃兵息民，以全吾力，而图后举"。

忽必烈回蒙古夺取到大汗地位之后，推行"汉法"，国力有所增强，因而有度宗咸淳十年（1274年）的第三次侵宋。这次侵宋的兵力，《元史·伯颜传》明记为"二十万众"。宋朝兵力到底有多少？元出兵前，宋京湖制置使汪立信曾写信给贾似道，说宋现有兵力"七十余万人"，抗击元军，绰绰有余。他向贾似道提出抗元三策，上策：尽出内郡兵于江干以实外御，"距百里而屯，屯有守将；十屯为府，府有总督；……立为统制，分东西二府"。中策：许输岁币，以延缓元出兵日期，我则加强战备，元军若来，可战可守。下策："衔璧舆梓之礼"，请早作准备。作为师相的贾似道，得信竟掷之于地，大骂汪立信"瞎贼，狂言敢尔！"（《宋史》卷四百一十六《汪立信传》）后来伯颜得知汪立信的三策，曾经说过：假使汪立信的上策得以实行，元军休能到此？！

由此看来，那个时代并非南宋注定要灭亡，元朝必定要统治全中国的时代。只要南宋改革导致民族危机的守内虚外之法，就不会是元兵南进，而是宋旗北指。

理解了宋朝无必亡之理，也就可以理解文天祥所进行的斗争意义之重大。

文天祥抗元与岳飞抗金，从现象上看，无多大差别，从本质上看，差别却很大。文天祥深知宋朝的力量并不弱于元朝，只要改变宋朝祖宗制定下来的守内虚外之策，就不仅能抗住元军的进攻，而且能将元军从中原驱逐出去。自理宗宝祐四年（1256年）在临安参加进士考试之日起，他就为改革而呼号奔走。在《御试策》中，他要求理宗"法天不息"，急求"安民之道""淑士之道""节财之道""弭寇（蒙军）之道"。他还说：

> 既往之不息者易，方来之不息者难；久而不息者易，愈久而愈不息者难。……不息于外者固不能保其不息于内，不息于此者固不能保其不息于彼。乍勤乍怠，乍作乍辍，则不息之纯心间矣。（《文天祥全集》卷三）

可见他所主张的是持久而又全面的改革。这就是他的"变通不息论"亦即"改革不息论"。他是我国历史上独一无二提出"改革不息论"的政治思想家。《御试策》中说"天下为公""万物之各得其所"，是他的"改革不息论"的终极目标。《御试策》曾痛斥宋朝"贪官暴吏"，"滔滔皆是"；痛斥他们视人民如鸡、豕，"惟所咀啖"，整个官场"浊滓横流"，"清氛消歇"。他们所说的"天下为公"，正是对此而发。须知宋朝官场的腐败，是守内虚外的国策造成的。守内，对人民无所不用其极；虚外，对敌人磕头求饶。如此官场，安得不清氛消歇；贪官暴吏，焉能不滔滔皆是。文天祥的"改革不息论"触到了宋朝官场以至朝廷的痛处。

如果说《御试策》尚未直指宋朝祖宗，那么，三年后，文天祥在《己未上皇帝书》中所提的三个带根本性的问题，就无一不联系到此。

其一，地方问题。他说："祖宗矫唐末五代方镇之弊，立为郡县繁密之法，使兵财尽关于上，而守令不得以自专。……然国势由此浸弱。"他大声疾呼："今郡县之轻甚矣，则夫立为方镇之法，以少变其委琐不足恃之势，真今日之第一义也！"须知，这就是要求废除太祖、太宗制定的守内虚外的方针。他明白宣告这是"今日之第一义"，亦即改革的第一义。换句话说，也就是他所主张的"改革不息论"的起点或立脚点。

其二，三省、六部问题。他说，"我朝三省之法，繁密细碎"，其弊乃至"大臣几于为奉承风旨之官，三省几于为奉行文书之府"。他深惧"天下公道自此壅矣"。要求重宰相与六部之权，正中书之体。这比"立为方镇之法"，更直截了当地把矛头指向了宋初所强化的封建专制制度。

其三，用人问题。他说："本朝用人，专守资格。祖宗之深意，将以习天下之才。……然其弊也，有才者常以无资格而不得迁，不肖者常以不碍资格而至于大用。天下卒有变，不肖者当之，而有才者拱手熟视，夫是以常遗国家之忧。"他愤慨地质问："今何如时，尚拘拘孑孑于资格之末？……奈何不少变之哉？"这又是对祖宗制度而发的横议。

在宋代，除文天祥外，包括声称"祖宗不足法"的王安石在内，无人敢于明目张胆联系宋朝太祖、太宗之法，提出改革宋朝祖宗之制的主张。但是祖宗之制，被宋朝视为维护和强化封建君主专制的法宝，文天祥的改革主张，不可能为理宗所采纳。不仅不可能采纳，而且由于言辞激烈，他将面临宋朝整个官场的反对、排斥、咒骂与造谣攻击。起兵抗元之前，他就曾两次被排挤，回庐陵富川老家居住。起兵抗元之后，这种排斥仍不断向他袭来。

有识之士如湖南安抚大使江万里，都知道以宋朝的国力加上文天祥的改革主张，宋朝就一定有救。江万里对文天祥说过："吾阅人多矣，世道之责，其在君乎？！"从江万里的话中，我们亦可知文天祥在政治上所作的斗争的意义。然而，文天祥的悲剧也就在于他的改革主张能够挽救宋朝的灭亡，为时所忌。即使到了国家危急存亡之秋，仍遭到了旧势力的排挤。他们唯恐文天祥上台，唯恐文天祥救国有成，拼死也要反对。

现在再来说文天祥的起兵。

宋度宗咸淳九年（1273年），吕文焕以襄阳降元。十年（1274年），元军大举南伐。度宗死，恭帝立。十二月，鄂州陷落，"诏天下勤王"。诏以太皇太后（理宗皇后谢氏）的名义下达。恭帝德祐元年（1275年）正月，谢氏的勤王诏书送到了正在赣州做知州的文天祥手上，文天祥奉诏涕泣。十六日，他移檄诸路，聚兵积粮，纠募吉、赣等地民兵五万人，尽以家财充军费。二月，贾似道所率宋朝大军十三万人，在鲁港不战而溃。贾似道乘船逃往扬州。长江门户洞开，临安危急。四月一日，一支由文天祥率领的救国新军，迈开大步，从章、贡二江的会合处出发了。"勤王"的目的是到京城去救皇帝，文天祥选择了一条由吉州到永丰，由永丰经玉山直趋临安的最短的路线。他认为，越早到，临安就越安全。

这支救国新军能不能挽狂澜于既倒呢？过去的回答，往往是否定的。我们来看文天祥本人是怎样想的。《宋史·文天祥传》记文天祥以江西提刑、安抚使入卫临安时，友人阻止他说："（元军）三道鼓行，破郊畿，薄内地，君以乌合万余（应作五万）赴之，是何异驱群羊而搏猛虎？!"文天祥回答道：国家有急，"征天下兵，无一人一骑入关者，吾深恨于此，故不自量力，而以身殉之，庶几天下忠臣义士，将有闻风而起者"。"义胜者谋立，人众者功济"，一旦天下豪杰都起来了，便会有救国的良谋，便可成救国的功业。敌人最害怕的也就是宋朝豪杰如汪立信、文天祥的拔起，人谋的施展。

事实上，当时江北、江南大片土地仍在宋朝手上，敌人貌似强大，但军队不过二十万。且其进攻又是非正义的，姚枢便对元世祖说过：伯颜过江，虽然"降城三十，户逾百万"，但从夏天来临的日子起，宋朝却"一城不降"。他说了一个原因：皆由军士"劫财剽杀所致"。他的话暴露了元朝所进行战争的非正义性和野蛮性。这导致了战局的变化：从"降城三十"到"一城不降"。遇到的抵抗愈益坚决。姚枢还说到扬州、焦山、淮安人人"殊死战"。常州、吕城被宋将刘师勇克复，蒲圻、通城、崇阳、平江被宋将吴继明克复。浙西诸城降元的，复与张世杰合军。敌人的野蛮行径激起了南宋广大军民的义愤，天下事至此，仍然大有可为，豪杰仍然大有施展自己才华的余地。

然而，也要看到，宋朝皇帝如果坚守祖宗之法，拒绝改革，厌恶良谋，继续守内虚外，就不仅不会起用豪杰之士，而且必然要打击他们，直到陆沉。问题就出在宋朝朝廷是一个抱住祖宗之法不放的朝廷，它不仅不可能支持人民起来抗元，而且不可能让文天祥的爱国义举如愿以偿。贾似道的鲁港师溃是虚外的结果，而虚外为了守内。鲁港师溃之后，南宋朝廷在舆论的压迫下，罢免了贾似道，却起用了一个能继承贾似道、维护祖宗守内虚外之法的陈宜中做右丞相。这时候的所谓"守内"，就是要防止豪杰乘抗元之机拔起；这时候的所谓"虚外"，就是随时准备向元奉表献土乞哀。刘岳申《文丞相传》载："初，左相王爚主天祥迁擢，屡趣（促）天祥入卫，与右相陈宜中不合，爚引嫌去国。"王爚主张用文天祥，催文天祥入卫临安，竟遭到了陈宜中的排斥，以致不得不引嫌离京，这就足以说明，南宋对豪杰之士不仅满怀恐惧，而且连不久前号召起兵勤王，也不过是偶然发生的一阵子风而已。风过去了，他们"清醒"了，便准备投降了。陈宜中正是太皇太后谢氏看中的得力投降派人物。他极力反对王爚起用文天祥，并不惜打击王爚，表明谢氏没有看错他。那时候的朝政，牢牢地掌握在谢氏、陈宜中等投降派手上，他们拿定了主意，能和就和，不能就降。既然如此，他们拼死抵御的对象，就不是元军，而只能是一切主张抗元并且正在抗元的志士仁人，其中文天祥是第一个。文天祥起兵于危难之际，只要是稍微有一点良心的人，都支持这支军队。可是谢氏、陈宜中以及他们树置的内外投降分子，却把这支爱国军队和它的组织者文天祥，看作眼中钉、肉中刺。他们勾结起来，对这支军队开刀了。

文天祥军刚从赣州出发，就碰到了麻烦。当时任江西安抚副使后来降元的黄万石，以文天祥军"乌合，儿戏无益言于朝，近臣与厚者佐之"。谢氏、陈宜中怕文天祥军到达临安，碍了求和乞降的大事，借此下了一道圣旨，着文天祥军"留屯隆兴府（今江西南昌）"，不得开往临安。原来谢氏曾要求文天祥"疾速起发勤王义士，前赴行在（临安）"，现在变成只准留屯隆兴，不准前往行在，真使文天祥哭笑不得。

文天祥接到留屯隆兴的圣旨后，知道其中有鬼，十分愤慨。他把军队驻扎在吉州，并不遵旨到隆兴去，而在吉州向投降派进行反击。他上奏朝廷说"天祥以身许国"，抗元义不容辞，何况起兵勤王是秉承太皇太后的圣旨。他起兵完全依靠自己徒手奋斗，朝廷并未给一兵一卒，一钱一米。现在好不容易组成了一支军队，于四月初一，从赣州出发，取道吉州，奔赴临安。全军忠义奋发，锐意方新，以为报国有日。哪知才从赣州走到吉州，忽然接到留隆兴之旨，"观听之间，便生疑惑"。不知朝廷打的是什么主意。最后，他毫不含糊，坚决要求收回"留屯隆兴之命"。至于所谓"乌合，儿戏"，他认为不值一驳。

文天祥拒绝去隆兴而驻军于吉州达三个月之久（四月至七月）。七月七日，有旨"趣天祥入卫"。原因不在文天祥申辩有力，而在于七月二日张世杰的水军在镇江焦山战败，投降派改变了主意，想把文天祥这支五万人的新军拿到手上，一防文天祥拥兵捣乱，二作向元朝讨价还价的本钱。文天祥整装从吉州出发，军队"伉健有纪，所过秋毫无犯"。这不仅击破了黄万石等人的谣言攻势，而且使"近臣大惊"，他们害怕本朝又出现一个"岳飞"。八月，文天祥军到达临安，驻于西湖之滨。

朝廷先给文天祥加了一个"权工部尚书"的头衔，工部非军职。后又给文天祥加了一个"兼都督府参赞军事"的头衔。当时由相臣督师，新命他为参赞军事，就是叫文天祥当陈宜中（右相）、留梦炎（左相）的参佐，以便把文天祥的军队揽到这些人手中。文天祥"具状辞免"，夺军的阴谋没有得逞。

九月，朝廷突然发布了两个诏命，一命文天祥出知平江府（今江苏苏州），率军守吴门，把他排挤出临安；二命襄阳降将吕文焕之侄吕师孟为兵部尚书，同时封其父吕文德为和义郡王。二诏预兆着南宋朝廷即将通过吕师孟，举临安城乞和、乞降。投降的论调在狂吹。

难道国家就这样完了么？文天祥在冷静地思考着。

就在投降分子得意忘形的时候，文天祥利用"陛辞"赴平江的机会，奏了一本。在本中，他劈头便斥责"朝廷姑息牵制之意多，奋发刚断之义少"。接着就要求把新命兵部尚书、叛逆遗孽、"求好"论调的鼓吹者吕师孟斩首。他深知不杀掉吕师孟这个兵部尚书，投降的论调就压不下去，将士之气就振作不起来。然后又针对投降派散布只有求和别无良图的论调，重新提出了他在《己未上皇帝书》中提出过的建立方镇的主张。他说：祖宗"惩五季（五代）之乱，削藩镇，建郡邑，一时虽足以矫尾之大弊，然国亦以浸弱，故敌至一州则破一州，至一县则破一县，中原陆沉，痛悔何及！"这是问题的症结所在。认清了这个症结问题，立即变通，战胜元军，仍非不可指望。他提出了一个适合当时形势的非常具体的挽救危机的方案：分天下为长沙、隆兴、番（鄱）阳、扬州四镇，"建都督统御其中"。"责长沙取鄂，隆兴取蕲、黄，番阳取江东，扬州取两淮……约日齐奋，有进无退"。元军"备多力分，疲于奔命。而吾民之豪杰者，又伺间出于其中。如此，则敌不难却也"。这个方案有三点可注意：其一，改变州县既弱又各自为战的局面，军事由四镇调度指挥。四镇也不是各自为战，而有都督统御其中。其二，改变消极防御的方针和被动挨打的局面，责四镇发起进攻，"约日齐举，有进无退"。元军备多力分，必疲于奔命。其三，与此同时，发动全国人民群众，伺间打击敌人。这是一个彻底改变在守内虚外方针下宋朝传统打法的方案，是一个符合客观情况、调动全国人民抗元积极性、主动进攻、充满活力的方案。这个方案如果实行，消极、沉闷、悲观、失败主义的情绪，必将一扫而空，前方必将出现大转机。可是这个方案触及了宋朝祖宗之法，被投降派假借"阔远"二字，打入了冷宫。至于杀吕师孟就更谈不到了。于是，文天祥满怀愤慨，带兵到了平江。

元军分两路进攻临安。芜湖一路进逼独松关，那时临安有张世杰一支军队，可用来防守独松关，右相陈宜中却不用，而是远调文天祥军去防守。文天祥军尚未赶到，独松关便丢失。这种调动，分明是替敌人让路。文天祥军被调离平江后，元军主力遂一路由平江长驱直入，直捣临安。

兵临临安城下的元军统帅伯颜要求右相陈宜中出城谈判宋朝投降事宜，陈宜中怕当祸首，为全国人民所痛骂，更怕元军杀他的头或把他扣留，便乘夜逃出临安。这时，文天祥毅然站出来说，愿赴元营一走。他的想法是："国事至此，予不得爱身；意北亦尚可以口舌动也"，且"欲一觇北，归而求救国之策"。此时，谢氏正苦于找不到敢去元营、替她分忧的使者，文天祥愿去，她正求之不得。立即任命文天祥为右丞相，并派左丞相吴坚、同知枢密使谢堂、安抚使贾余庆、中贵官邓惟善与文天祥一同出使元营。文天祥辞右相不拜，只以端明殿学士的身份前往。

德祐二年（1276年）正月二十日，文天祥一行五人到了元营，见到伯颜。伯颜本以为文天祥是来谈判投降的，哪知文天祥却要求伯颜"退兵平江或嘉兴"，然后再谈和议。伯颜知道这是缓兵之计，与文天祥"辩难"。文天祥的声音却越来越高，甚至说："能如予说，两国成好，幸甚，不然，南北兵祸未已，非尔利也。"伯颜以死相威胁，文天祥岿然不动。伯颜认识到文天祥是怎样的人，便把他扣留起来，却放吴坚、贾余庆等四人回临安城，并命在鄂州投降的程鹏飞同往。

第二天，正当文天祥在敌营痛骂伯颜失信，将他扣留的时候，忽报宋新命右丞相贾余庆奉太皇太后谢氏之命，向元朝奉表献土，哀恳大元存宋皇室赵氏宗祀。投降表用的是恭帝名义，表上写明宋所有国土，自即日起，都属大元，宋所有军队，包括文天祥军，自即日起一律解散。至此，文天祥所做的一切努力，统统幻灭了；就这样，文天祥第一次起兵抗元失败了。

一个真正爱国的人，只要不死，是会想尽一切办法，坚持进行斗争的。德祐二年（1276年）二月，文天祥被元军挟持到了镇江。二十九日，他与杜浒等十二人逃出元军魔掌，夜走真州。四月浮海到了闽中，与拥立端宗的张世杰、陈宜中会合。七月至南剑，以枢密使、同都督诸路军马，开府聚兵，第二次竖起了抗元的大旗。

当时的南宋，还有没有可能复兴呢？

太皇太后投降的教训，关键在于未将全国人民调动起来抗元。要调动人民，有两个基本条件，一是本身是爱国的，二是要肯调。而当时肯去调动人民抗元，并能作为团结人民抗元象征的，只有文天祥。现在他回来了，调动人民抗元的可能性有了。他刚到温州，永嘉及台、处二州豪杰，便皆来"自献"，形势可喜。

太皇太后投降的教训，还在于政策是守、遁、和、降，而不是攻与战。由此决定他们不想招兵，不想设镇，不想连兵进攻，而是甘心挨打，最后下跪投降。文天祥不同，他惟务进取。他回来后，设使能按照他历来的主张，把一切爱国力量都结聚起来，易守为攻，天下事仍大有可为。

太皇太后投降的教训，也在于太皇太后谢氏和专制朝政的大吏，都是妥协投降派。现在这伙人除陈宜中外，都倒台了。端宗如果想投降，等于想自杀。妥协投降的论调，再无人敢重弹，包括陈宜中在内。如果朝廷都换了如文天祥一样的主战派，或者说朝臣都能以文天祥的主张为中心，团结抗元，中兴仍然大有可能。

太皇太后投降的教训，不在于宋军不能打仗，而在于上面有意识地叫他们困守，最后驱使他们投降；或者加以破坏，使他们全军覆灭。自端宗继位，张世杰"遣兵战邵武，大捷，人心翕然"。在上者只要有进取之心，只要有正确的方案，胜仗不断地打，中兴的可能性也就可以转化为现实。何况南宋现在有了两支军队，一支是张世杰所部正规军，有十七万人，另外有民兵三十万，淮兵万人（《续资治通鉴》）。一支为文天祥在南剑招募的由爱国民兵组成的新军。

可是，宋朝守内虚外的祖宗之法，经三百年的浸淫，已渗透到皇帝与几乎所有官吏的细胞之中，只要宋朝存在，它也就存在。那时，主持朝政的是张世杰。张世杰是一个军人，虽无降意，但也无远志。敌人打来了，"惟务远遁"。他并不欢迎文天祥脱险归来，而对文天祥采取了排斥、不合作的态度。总之，临安投降后，我们看到，守内虚外政策又在张世杰身上还魂，这下，要中兴就难了。

宋端宗景炎元年（1276年）十一月，正当文天祥在江西方面采取军事行动的时候，张世杰不仅没有配合作战，反而在敌人向福安（今福建福安）发动攻势之时，挟持端宗与重兵往海上逃跑。此后，他一直不离海，使文天祥部在大陆孤军作战。"当群众的领袖在紧急关头实行叛变的时候，群众是不能有所作为的。"（列宁《第二国际的破产》）谢后、张世杰都不是群众的领袖，但他们操持朝政，在敌人进攻的时刻，一个投降，一个逃跑，先后把京城临安和行都福安送给敌人，这种十足的叛变行为，顿使群龙无首。

文天祥的可贵之处，是他临危不惧，凭借自己所组织的爱国军队，独立奋战，直到景炎三年（1278年）在海丰五坡岭被捕。

被俘后，他仍凭着舌和笔，与民族的敌人斗争。在大都前后四年（元至元十六年至十九年，1279—1282年）的监狱生活中，他编写了《指南前·后录》、《集杜诗》（又名《文山诗史》）、《纪年录》等著名的爱国篇章，写出了"无书求出狱，有舌到临刑"等震撼人心的诗句。至元十九年十二月初八，元世祖召文天祥到大殿，亲口许以中书宰相之职，被文天祥凛然拒绝。初九，宰执奏请赐死，参政麦述丁力劝之，世祖才下令杀掉文天祥。吉水有胆气的士人张弘毅携文天祥齿、发及遗文归庐陵，成就了文天祥生前"人生自古谁无死，留取丹心照汗青"的豪壮誓言。

文天祥的悲剧，实际上不是他个人的悲剧，而是时代的悲剧，宋朝的悲剧。他看出了悲剧症结的所在，他大声疾呼要改变祖宗守内虚外之法，力图不使宋朝落入悲剧结局。然而守内虚外既然成了宋朝的精神，他个人是怎样也无法扭转的。但他毕竟为此奋斗到了最后一息。他不愧是一个站在时代前列的人物，不愧是一个浩气长存的民族英雄。

（原载陈效鸿等撰《历史的顿挫：古中国的悲剧·人物卷》，中州古籍出版社，1989年，有改动）

安徽史话①

一、安徽省名与简称的来历

安徽省地处祖国的东部、华东的西北部，东界江苏、浙江省，西界河南、湖北省，南界江西省，北界山东省。境内西部有皖山（天柱山），为淮南、江北群山之冠。西周在皖山附近封了一个伯国，以山名，姓偃的大夫被封为皖伯。汉武帝南巡，想去祭祀南岳衡山，又嫌衡山路途遥远，便登皖山，《尔雅·释山·疏》中记载："汉武帝移岳神于天柱。"这一祭，使皖山声名大噪，人们称它为"副南岳"，或者干脆称它为"南岳"。因此，《尔雅·释山·疏》载：南岳"以两山为名"，一为江南衡山，二为江北皖山。从此，皖山成了安徽的象征，故安徽又简称皖。清朝康熙元年（1662年）正式成立安徽省。因当时安庆已成为全省的政治中心，徽州是经济和商业的中心，这两地能代表全省面貌，故以安庆、徽州两府首字而得省名。

---

① 此文为万绳楠、卞恩才、黄传新合著。万先生负责古代史部分。

二、安徽历史沿革

（一）远古—西周—春秋战国

安徽是一个具有悠久历史的省份。远古时代，安徽地区包括淮北、江淮之间和江南，都曾经历过氏族社会阶段。淮北是仰韶文化和龙山文化的繁荣地，江淮之间是青莲岗文化和仰韶文化的边缘地带，江南则是印纹釉陶文化的领域。安徽在解放前和解放后发掘的当时遗物有石器、陶器、骨器、蚌器等。从生产用途看，有收割用的石镰、石刀、蚌镰等，说明当时农业经济已具有相当水平。出土文物中还有猪、狗、牛、羊等骨，证明当时已有饲养业。从石器的磨光、穿孔，角器、骨器的琢制，陶器花纹的装饰等，可知当时工艺美术也有相当的水平。

最近在和县发现猿人头骨，这是考古学上一个重大成就。

古代居住在黄河流域的统治者，对居住在东南方的人称为"夷"或"东夷"，对居住在江淮流域的人称为"淮夷"。

我国历史上第一个朝代——夏朝（约前21世纪—约前16世纪），最初是在安徽建立起来的。相传，夏禹娶涂山氏女，并会诸侯于涂山。《左传》哀公七年说："禹合诸侯于涂山，执玉帛者万国。"说明涂山之会，是夏国建立的重要标志。涂山在哪里呢？在当涂。当涂便是因为涂山而得名的。但这当涂是今安徽怀远东南马头城的古当涂，不是今天的当涂县。

商朝（约前16世纪—约前11世纪）的发祥地在亳。商朝有"三亳"。晋人皇甫谧说，梁国有"三亳"，南亳在谷熟，为商汤的都城；北亳在蒙，为商汤受命的地方；西亳在偃师，为盘庚所徙的处所。晋人杜预还说，蒙县西北有薄（亳）城，城中有汤冢。周朝又有亳国。这个亳国，在汉朝时代，为沛国的谯县。北周改为亳州。现在阜阳的亳县，即周朝的亳国。而周朝的亳国，从地理范围来看，当即杜预说的晋时的蒙县（今蒙城北三里）西北的薄（亳）城。薄城有汤冢，这说明周亳与商亳有关。

西周（约前11世纪—前771年）、春秋（前770—前476年）时，在两淮分封了很多国家。如皖（今安庆潜山一带）、舒（今庐江舒城一带）、桐（今桐城）、巢（今巢县）、宿（今宿县）、钟离（今凤阳东北）、徐（今泗县为中心）、萧（今萧县西北）、宗（今枞阳）、蓼（今霍邱）、胡（今阜阳）、六（今六安一带）等，其中有些后来都成了县名。有些国家封地虽不在安徽，但疆域扩展到了安徽境内。如陈国、楚国、吴国和宋国。陈国建都宛丘（今河南淮阳），其疆域包括安徽一部分。春秋时楚庄王曾为霸主，疆域东南到昭关（今含山北）。在这些国家中，有些地名也沿用到今天。《左传》昭公三十一年说，"吴人侵楚伐夷，侵潜、六"，潜即潜山，六即六安。《左传》襄公三年又说，"楚子重伐吴……克鸠兹"，鸠兹在芜湖县东。宋国有蒙，是庄周出生的地方。今蒙城的蒙字由此而来。

战国（前475—前221年）时期，寿春（今寿县西南）很有名。前241年，楚考烈王为了避开秦国的威胁，把国都从陈（今河南淮阳）迁到了寿春，从此寿春成了楚国的政治中心。这个地方曾经发掘出许多楚国的遗物，品种有陶器、铜器、铁器、骨器、玉器、漆器等。其中铜器铁器的冶炼铸制，玉器珠饰的琢磨刻镂，都达到很高水平。楚墓的铜鼎之重仅次于商代司母戊大鼎。

淮北、淮南在春秋、战国时期开始开发。前360年，魏惠王开凿了一条大沟运河，从今河南原阳县北，引黄河水南流，横过济水，注入今河南郑州市与中牟县之间的圃田泽。前339年，又引圃田泽水东流，把大沟运河延伸到大梁（魏都）城北，绕过城东，折而南行，至陈县（今河南淮阳）南，流入颍水。此即历史上有名的鸿沟。由此出现了以鸿沟为基干，以自然河流为分支的完整的运河网——鸿沟水系。从鸿沟分出的重要支流有汴水、濉水、涡水等，通过汴水、濉水，可与泗水连接，通过涡水，可与淮水连接。济、颍、淮、泗，与黄河互相贯通了。

颍水、涡水、濉水、泗水等，都是流灌淮北平原的重要河流，战国时期鸿沟水系的形成，对淮北平原的灌溉和水运事业的发展，有着极为重要的意义。淮北的开发，以此为转折点。

淮南在春秋时期，尚是"群舒"居住的地方。楚庄王沿淮而东，征服了群舒，占有淮南。后来，有个期思（今河南固始）人芮敖（孙叔敖，一说安徽寿县人），曾经"决期思之水，而灌雩娄之野"，楚庄王因此用他做了令尹。按期思在汉属汝南郡，雩娄在汉属庐江郡。芮敖决期思之水而灌雩娄之野，开创了淮南的水利事业。

《后汉书·王景传》说，王景"迁庐江太守。……郡界有楚相孙叔敖所起芍陂稻田"。同书《郡国志四》"九江郡"条注引《皇览》又说，"子思造芍陂"。芍陂不管是哪个人所造，这项著名的水利工程在淮南出现，说明淮南在春秋、战国时期，也在开发之中，只是开发的广度、深度尚远不及淮北。

淮北、淮南的进一步开发和皖南在经济上的崛起，要在秦汉以后。

（二）秦

秦始皇统一六国，建立中央集权的封建专制国家（前221—前206年），设立郡县，分全国为三十六郡。安徽地当九江郡、泗水郡、颍川郡、砀郡、鄣郡五郡之地。九江郡，治所在寿春，今安徽淮河以南属此郡。泗水郡，治所在沛（今江苏沛县），今安徽淮河以北，萧县、涡阳、凤台以东地区属此郡。颍川郡，后为汝阴郡，辖地伸入淮北。砀郡，今安徽砀山、亳县等地属此郡。鄣郡辖境在江南。

秦在安徽置县命名的，江南地区少，大多在江北地区。江北的县治地名有东城（今定远东南）、阴陵（今定远西北）、寿春（今寿县）、符离（今宿县东北）、汝阴（今阜阳）、历阳（今和县）、六县（今六安）、居巢（今巢县）、相县（今濉溪县西南）、蕲县（今宿县）、铚县（今宿县西南）、谯县（今亳县）、萧县等。这显然和先秦时代江淮的开发有关。秦所命名的这些县，至今只有萧县遗留下来，其余都被历代帝王改命新名了。

《后汉书》记载："秦并六国，其淮泗夷，皆散为民户。"说明秦占楚国前，楚国所吞占淮河流域的诸夷，还保其原有夷人组织，秦占领楚地后，才改编户籍，散为"民户"。

（三）西汉、东汉

两汉时期（西汉：前206—25年；东汉：25—220年），郡县增多了。西汉的政区与秦有些不同，郡县之外，增加了封国，成为一个郡国交错的政区。安徽地当十郡（国）之地。这十郡（国）分别是：汝南郡，汉高帝四年（前203年）置，治所在上蔡（今河南上蔡西南），今安徽黄河、西淝河以西、淮河以北地区属此郡。东汉时治所移至平舆（今河南平舆北）。梁国，秦时称砀郡，汉高帝五年（前202年）改砀郡为梁国，治所在睢阳（今商丘南）。沛郡，秦为泗水郡，汉高帝改名，治所在相县（今濉溪县西南）。九江郡，汉初改置淮南国，汉武帝时，复为九江郡，今安徽淮河以南、瓦埠湖流域以东、巢湖以北地区属此郡。豫章郡，治所在南昌，今淮南、皖南池州一带属此郡。庐江郡，汉文帝分淮南国立，治所在舒（今安徽庐江西南），今安徽巢县、舒城、霍山以南属此郡。广陵郡，汉景帝立江都郡，武帝改置广陵郡。此郡辖境相当今江苏、安徽交界的洪泽湖和六合以东。临淮郡，武帝立，东汉明帝改名下邳国，治所在下邳（今江苏睢宁西北），今安徽嘉山一带属此郡。丹阳郡，治所在宛陵（今安徽宣城之地），即秦鄣郡，武帝改名。六安国，治所在六安（今六安县北），今安徽淮河以南、霍邱、六安以东属此郡，东汉光武帝以其地并入庐江郡。

值得注意的是，西汉在今安徽地区增加的郡县，多从秦九江郡（汉淮南国）分出。刘邦分淮南国立豫章郡，文帝又分淮南国立庐江郡。景帝所立江都郡（广陵郡）伸展到了淮南。武帝所立的临淮郡（下邳郡）跨带淮南与苏北。这说明西汉在今安徽境内增加的郡县，多在淮南地区。淮南郡县的增置，反映了西汉时期淮南的经济已有较大的发展；而郡县的增置，又对淮南经济的发展起到促进作用。

汉武帝曾经两次徙民于淮南。一次是把东瓯（今浙江瓯江流域）四万余众迁到江淮间，一次是把东越（闽越）人迁到江淮间。大批越人迁入淮南，多少改变了淮南地广人稀的面貌，有助于淮南的开发。

西汉时期，刘信（刘邦的侄儿）对舒城一带的农田水利建设作出了贡献。他被刘邦封在舒城。他到舒城后，为改变这个地方的农业生产面貌，发动人民兴修了七门堰，引水灌溉。至今七门堰仍很有名。

东汉时期，淮南的经济发展更为显著。《后汉书·王景传》说：东汉章帝建初八年（83年），王景"迁庐江太守，先是，百姓不知牛耕，致地力有余，而食常不足。郡界有楚相孙叔敖所起芍陂稻田，景乃驱率吏民，修起芜废，教用犁耕。由是垦辟倍多，境内丰给"。"又训令蚕织"。这段记载很重要，它说明淮南的开发，以东汉建初八年为分界线。在这以前，淮南如庐江郡人，还不懂得牛耕和蚕织，芍陂自春秋历战国、秦和西汉，一直荒废在那里，未得到利用。在这以后，中原的经济、文化才较广泛地伸展到了淮南。而把中原先进的生产技术（牛耕、蚕织）带到淮河以南广大地区的，王景是第一人。

东汉末年，淮南出现了世家和富户。如庐江舒人周瑜，他的从祖父周景、周景之子周忠，均曾官居太尉；父周异官居洛阳令，从父周尚官居丹阳太守。临淮东城（今定远县东南）人鲁肃，曾资助周瑜稻米三千斛。显而易见，没有东汉以来淮南经济的发展，世族周氏和鲁肃这样的富户，就不可能在庐江和临淮产生。著名的五言长诗《孔雀东南飞》（《古诗为焦仲卿妻作》），也是汉末产生于庐江的。

（四）三国

三国（220—280年）时期，安徽处于分割状态，淮河南北为曹魏所有，江南为孙吴占有。这个时期，安徽郡县又有增加，主要是皖南郡县的增置。

在淮北，曹魏（220—265年）分沛郡（沛国）立谯郡，治所在谯县（今安徽亳县），今灵璧、蒙城、太和属此郡。分汝南郡和沛国立汝阴郡，治所在汝阴（今安徽阜阳之地）。

在淮南，曹魏分庐江郡立安丰郡，治所在安丰（今霍邱西南），辖境相当今安徽金寨、霍邱西南部及河南灌河流域以东地。并在今灵璧县南建立一个阳平郡。

在皖南，孙吴（222—280年）分丹阳郡立新都郡。据《三国志·吴志·贺齐传》，吴孙权时，曾派贺齐去讨丹阳郡黟、歙二县的山越，"武强、叶乡、东阳、丰浦四乡先降，（贺）齐表言以叶乡为始新县"。后来，贺齐"复表分歙为新定、黎阳、休阳，并黟、歙，凡六县，（孙）权遂割为新都郡，齐为太守，立府于始新"。从此，皖南才有了一个独立于丹阳之外的郡——新都郡。县增多了，原来辖区很广的歙县，被分为始新（今浙江淳安）、新定（今浙江遂安）、休阳（后改名海宁，今安徽休宁）、黎阳（后省并海宁）、歙县和黟县六个县。

孙吴时，又分豫章郡，立鄱阳郡，辖境伸入今皖南。

广大皖南山区，本是山越（江南山间居民的通称）居住的地方，汉时隶属于丹阳郡，山区的闭锁性严重阻碍了中原经济文化向皖南的伸展。皖南初步开发出来应从三国算起。

三国时期淮南和淮北的经济，继续得到了发展，特别表现在水利与水运事业上。

曹操时，刘馥为扬州刺史，在合肥建立州治，"广屯田，兴治芍陂及茹陂、七门、吴塘诸竭，以溉稻田，官民有畜（蓄）"。

曹魏晚期，由于邓艾的建议，曾在两淮大兴屯田和水利。在淮南，"自钟离（今凤阳东北）而南，横石以西，尽沘水四百余里，五里置一营，营六十人，且佃且守"。这是兵屯，和刘馥搞的民屯，性质有别。但经刘馥和魏末先后在淮南大兴水利，大搞民屯和兵屯，淮南的农业在东汉的基础上，更加发展了。在淮北，兴修了淮阳、百尺二渠，"上引河流（黄河水），下通淮、颍。大治诸陂，于颍南、颍北穿渠三百余里，溉田二万顷。淮南、淮北皆相连接"。那时自黄河泛舟南下，可达于江淮。用水路把淮南与淮北连接起来，这还是第一次。淮北的屯田事业也很发达，魏末自寿春到洛阳，"农官兵田，鸡犬之声，阡陌相属"。

曹魏与孙吴的对峙，在安徽境内发生多次战争，由于合肥为曹吴分界的重镇，遂成为双方争夺要地。

（五）西晋、东晋、南北朝

西晋时期（265—316年），安徽郡县继续增加。晋惠帝分淮南郡的乌江、历阳两县立历阳郡。治所在历阳（今和县之地），辖境相当今安徽和县、含山两县。西晋改新都郡为新安郡，治所在始新（今淳安西），今安徽新安江流域、祁门等地属此郡。分丹阳郡立宣城郡，治所在宛陵（今安徽宣城），辖境相当于今安徽长江以东的宣城、广德、宁国、太平、石台、泾县等县地。分庐江、武昌两郡立寻阳郡，辖地深入皖南与江北宿松一带。从此，皖南分属于五郡：丹阳郡、宣城郡、新安郡、鄱阳郡、寻阳郡。

皖南郡县的增多，表明西晋继三国时期进一步打破了皖南山区的闭锁性，这就更加便利了中原经济文化的输入。

东晋（317—420年）以后，南北分裂了。北方是五胡十六国和北朝，南方是东晋和南朝。分裂的时期，长达二百七十多年。在南北分裂时期，无论是南方和北方，州、郡、县都大有增加，以至走向了它的反面："或地无百里，数县并置，或户不满千，二郡分领"，"民少官多，十羊九牧"。安徽的淮河流域，是南北交锋的地带，情况就更复杂。但坏事中包含了好事，这一时期是皖南地区的经济得到长足发展的时期。

从西晋末年开始，北方战乱很多。为了避难，北方人纷纷渡江南来。长江两岸，人口剧增。东晋设置了很多"侨郡县"，安置北方来的"难民"。在安徽的长江南岸，东晋侨立了"淮南郡"。这个侨郡是割原属丹阳郡的于湖（今安徽当涂南）和芜湖二县侨立的，辖境相当今安徽当涂、芜湖、繁昌等县地。东晋又侨立了南汝阴郡，南朝梁改名为汝阴郡，治所在合肥，合肥也就改成了汝阴县。北方难民南迁侨置后，有的侨置地又重命新名，于是出现一地多名的情况。

东晋时，皖南沿江地区，也就是侨立的淮南郡地区，经济有着较为显著的发展。这与北人南来，北方生产技术的传入有密切的关系。今芜湖、繁昌二县，曾有许多并州上党郡人和豫州襄城郡人迁入居住。《晋书·地理志下》记载东晋孝武帝时，"上党百姓南渡，侨立上党郡为四县，寄居芜湖"。可知，居住在芜湖的上党郡人之多。此外，还有襄垣、定陵人移入。芜湖的开发，上党（今山西长治）、襄垣、定陵（今河南郾城西北）等地的北人起过重要的作用。繁昌的开发，则有很多襄城郡（今河南襄城、郏县、午阳等县地）人的汗水。

今当涂县原属丹阳于湖县，较为荒凉。晋成帝时，因为"旧当涂县（今安徽怀远）流人渡江"，遂在江南侨立当涂县，又名姑孰，即今安徽当涂县。这一转移，也有利于今当涂地区的开发。到南朝晚期，今当涂一带，已是"良畴美柘，畦畎相望，连宇高甍，阡陌如绣"。

皖南山区属于江南腹地，这个地方在东晋时得到了进一步的开发。

东晋时，流行着"新安人歌舞离别之辞"。《晋书·五行志》中记载："海西公时，庾晞四五年中……宴会辄令娼妓作新安人歌舞离别之辞，其声悲切。"可见连上层人物都受到了影响。皖南新安郡（吴新都郡）人为什么好离别呢？许承尧的《〈知新录〉记徽俗二则》引《知新录》说："徽郡好离家，动经数十年不归。读晋《司马晞传》，有云晞未败时，宴会，娼妓作新安人歌舞离别之辞，其声甚悲。后晞果徙新安。则知此风自晋已然。盖新安居万山之中，土少人稠，非经营四方，绝无治生之策。"这就是说，新安人之所以好离家，是因为非出外经商，绝无谋生办法。"徽商"的出现，可以追溯到东晋。而好经商，正可说明居于万山丛中的新安郡人，在东晋时，和外界发生了经济上的联系，闭塞变成了开放。

新安人是不是真如《知新录》所说，除了经商，别无出路呢？并非如此。《陈书》有一篇《程灵洗传》，传中说程灵洗是新安郡海宁县（今休宁县）人，"性好播植，躬勤耕稼，至于水陆所宜，刈获早晚，虽老农不能及也。伎妾无游手，并督之纺绩"。程灵洗是梁时新安新起的大地主，很熟悉耕稼水陆所宜，刈获早晚。这当然不是他一个人的本事，而是新安郡各县农民生产经验在他身上的反映。从此传可以看到，至少在南朝晚期，皖南山区的农业和纺织业，都有了发展。

到南北朝（420—589年）末年，我们可以说，安徽全省三个部分——

淮北、淮南、皖南，都已开发出来，经济发展趋于平衡。

当然，南北朝时期，安徽由于疆土的分裂，南北朝的历年战争，经济也遭到一定破坏。当时，江南芜湖、姑孰（今当涂）、牛渚（今采石），江北谯（今安徽亳县）、合肥、钟离（今安徽凤阳）、山桑（今安徽蒙城）、历阳（今安徽和县）、寿阳（今安徽寿县）等，为南北必争之地。这些地方经济破坏更大一些。但从总的趋势来看，发展大于破坏。

（六）隋

隋朝（581—618年）在统一了南北方之后，对郡县制度进行了整顿。这一方面是由于两晋南北朝以来，州、郡、县设置过多，十羊九牧，需要改革；另一方面，也正是由于南北朝晚期，南北经济的发展，已经基本平衡，为改革提供了条件，而安徽三部分发展平衡，是全国南北经济发展平衡的一个缩影。

汉武帝设十三部刺史，周行郡国，没有治所。到东汉，刺史才有治所，从而形成州、郡、县三级制。南北朝时，因为州越设越多，大小与郡无异。隋文帝在平陈之后，遂罢天下诸郡，只设州和县。州在隋唐时，有时又被改名为郡，但两级制基本不变。

今安徽淮北之地，当隋颍州（汝阴郡，包括今阜阳、颍上、阜南、太和、界首、临泉等县地）、亳州（谯郡，包括今亳县、涡阳、蒙城等县地）、宋州（梁郡，今安徽砀山等县属此州）、徐州（彭城郡，今安徽濉溪县等地属此州）、泗州（下邳郡，今安徽泗县等地属此州）五州（郡）之地。

今安徽淮南之地，当隋扬州（江都郡，今天长、全椒、滁县等地属此州）、濠州（钟离郡，相当今凤阳一带）、寿州（淮南郡，今寿县一带属此州）、庐州（庐江郡，今合肥、六安、霍山、庐江、巢县等地属此州，治所在合肥）、熙州（同安郡，今潜山一带）、和州（历阳郡，今和县、含山等地属此州）之地。

今安徽皖南地区，当隋蒋州（丹阳郡，今芜湖、当涂、繁昌等县地属此州)、宣州（宣城郡，今宣城一带属此州）、歙州（新安郡，今安徽新安江流域、祁门等地属此州）、饶州（鄱阳郡，辖境伸入皖南）、江州（九江郡，辖地伸入皖南）五州（郡）之地。

至此，安徽淮北、淮南、皖南三部分郡县设立基本上平衡了。

隋炀帝时，开凿了一条北起涿郡，南到余杭，全长五千多里的大运河。这条大运河的开凿，与隋时南北经济发展平衡，要求交流，是有关系的。联系黄淮一段的通济渠通过淮北，淮北从此成了南北经济交流的孔道。但江淮人民，在隋炀帝统治时期，不堪奴役，纷纷起兵反隋，其中隋末义军三大队伍之一——杜伏威领导的江淮义军，声势浩大，还曾在历阳（今安徽和县）建立了短暂的农民政权。

（七）唐

唐朝（618—907年）对全国一级政区进行了大规模的调整。贞观元年（627年），依自然形势分全国为关内、河南、河东、河北、山南、陇右、淮南、江南、剑南、岭南等十个大行政区，命名为道，称为十道。

安徽地当河南（今安徽淮河以北）、淮南（今安徽淮河以南，长江以北）、江南（今安徽长江以南）三道。

道之下分设州县。当时安徽有十三州，即亳、濠、颍、泗、宿、滁、和、庐、寿、舒、宣、池、歙，基本上为隋州郡之旧。但有一些改置与现在的地名有关，值得注意。

唐析徐州和泗州之地，于淮北置宿州；析扬州之地于淮南置滁州，并将熙州改为舒州；析宣州、饶州之地，于皖南置池州。宿、滁、池，都是今名。

唐时安徽经济有显著发展。安徽地区对唐王朝的贡品中，属于珍品的不少。宣州的红线毯质量比山西、四川的产品好。唐朝诗人白居易在《红线毯》一诗中称宣州红线毯"彩丝茸茸香拂拂，线软花虚不胜物。美人踏上歌舞来，罗袜绣鞋随步没。太原毯涩毳缕硬，蜀都褥薄锦花冷。不如此毯温且柔，年年十月来宣州"。此外，寿州的黄瓷、徽州的罗甸漆，都在当时负有盛名。

（八）宋

宋（960—1279年）为了加强中央集权，在唐道的行政区划基础上，进行几次调整后，将全国分为二十三路，又立府、州、军。安徽跨有四府、十一州、六军。府设知府，州设知州，多由朝官兼任，目的在加强封建专制。军则设武职，地位与府州相等。

淮北之地，跨有一府、四州、二军：顺昌府（旧颍州，治所在今安徽阜阳），亳州、宿州、徐州、单州（砀郡），淮安军（本泗州五河口）、怀远军。

淮南江北之地，跨有二府、四州、三军：寿春府、安庆府（本舒州同安郡），泗州、滁州、和州、濠州，庐州保信军、无为军（本庐州巢县无为镇）、六安军。

皖南之地，跨有一府、三州、一军：宁国府（本宣州），徽州（本新安郡）、池州、太平州（辖当涂、芜湖、繁昌三县），广德军（以宣州广德县为军）。

值得注意的是淮南安庆府名和皖南徽州名的出现，这是"安、徽"二字最初的由来。

按北宋徽宗政和五年（1115年）于舒州（同安郡）置德庆军。南宋高宗绍兴十七年（1147年）改德庆军为安庆军。宁宗庆元初年升安庆军为安庆府。元称安庆路，明、清仍称安庆府。又按宋徽宗宣和三年（1121年），改歙州新安郡为徽州。元称徽州路，明清称徽州府。安庆自绍兴十七年定名，徽州自宣和三年定名之后，至清不变。由于此二地后来越来越重要，遂作了安徽的代表。另一个可注意的地方是，知府（县为知县）的名称始于北宋，为元、明、清所沿袭。

宋时安徽经济的发展，由皖南工商业的发展表现出来。而徽州在宋朝经济发展上，又具有突出地位。

新安（徽州）盛产茶、漆、纸张、木柴，宋时，"澄心堂纸，汪伯玄笔，李廷珪墨，旧坑石砚"，已有新安"四宝"之称。为人们所艳称的明清资本主义萌芽的表征之一——"机户"，在宋时，已经在徽州出现了。这种机户，虽然我们还不知道它的经营方式如何，但它的出现，表明徽州的手工业，到宋时有了一个飞跃的发展。又徽州从北宋起，便是一个"富商、巨贾多往来"的地方。这些富商、巨贾，在徽州，居然发行"会子"（北宋时纸币），"往来兑使"。"徽商"在全国各地都出了大名。据史载，当时徽州思想家朱熹，都以刻书来取得利润。这一切，都说明徽州商品经济在宋时发展很快。徽州在安徽，乃至在全国的经济生活中，占有了重要的地位。

徽州的"徽"字，之所以后来成为"安徽"二字的组成部分之一，正是因为徽州的经济地位，从宋朝起，就为安徽其他府州所不能及。

（九）元

元朝（1271—1368 年）时，我国行政区划又起了一个变化。这就是"行中书省"（简称行省）的出现。元朝在全国设立了十一个行省：岭北、辽阳、陕西、四川、河南、甘肃、云南、江浙、江西、湖广、征东和一个直辖于中书省的"腹里"。行省下有路、府、州、县四等，大抵以路领州、县。元府、州有不隶于路而直隶于省的。情形虽然更复杂一些，但可以看出，元朝地方基本上分为省（一级）、路和府（二级）、州和县（三级）三级。如河南省安庆路领有四个州、七个县，江浙省徽州路领有五个县，河南省归德府领有四个州、十一个县，汝阴府领有五个州、十五个县。路与府等，州与县等。

元无安徽省，今安徽省在元朝分属于河南、江浙两行省。淮北和淮南地区分属河南省，皖南属江浙省。

元朝地方行政制度到明清两朝虽有所变化，但从基本方面看，元、明、清三朝的地方行政制度是一致的。

（十）明

明太祖朱元璋为了进一步加强封建专制，废掉了行中书省，在全国陆续设置了十三个承宣布政使司，但习惯上仍称为行省。承宣布政使司掌管一省的民政和财政；另设提刑按察使司管刑法，都指挥使司管军队。三者合称"三司"。三司互不统属，分别归中央有关部门（六部）管辖。布政使司之下的地方行政机构是府和直隶州，府之下是县和州，仍为三级。

安徽的情况比较特殊。明太祖改元朝的集庆路为应天府，建都于此。明成祖朱棣迁于燕京（北京）。明英宗正统六年（1441年），正式定北京为京师，改应天府为南京。明朝南京是一个和北京一样的特区，所领分隶于中央六部。

明朝（1368—1644年）时，安徽地区属南京管辖的，分为七府四州（直隶州）：安庆府、徽州府、宁国府、池州府、太平府、庐州府、凤阳府、滁州、和州、广德州、徐州。

朱元璋（明太祖），濠州钟离（今安徽凤阳）人，领导元末义军推翻元朝。1368年定国号为明，年号洪武。洪武二年（1369年），朱元璋与诸臣议建都地址，朱元璋认为"临濠（今凤阳）前江后淮，有险可恃，有水可漕"，拟将凤阳建为都城，遂营造城郭宫殿，号为中都。后刘基告朱元璋说："凤阳虽是帝乡，地势曼衍，非天子之居。"朱元璋遂打消在凤阳建都的计划。现凤阳尚存有中都之遗迹。

（十一）清

清朝地方机构名义上分为省、道、府（直隶州、厅）和县（散州、散厅）四级，其实为省、府、县三级。清朝先后设置了二十三个行省，包括安徽省。行省一级的官吏，除去布政使、按察使、学政外，还设有总督或巡抚。清朝每一省、二省或三省设总督一人，又于每省设巡抚一人。有的设巡抚无总督，有的设总督无巡抚。

安徽省的建置是清顺治十八年（1661年）确定的，第二年正式成立。

顺治二年（1645年），沿袭明朝，设江宁左右布政使，并驻江宁府。左布政使管辖安徽府州。又设江宁按察使。顺治十八年，建置安徽省。但仍由驻在江宁的左布政使管领。次年（康熙元年，1662年），设安徽省巡抚，驻安庆府。安徽省于是正式成立。康熙五年（1666年），在安徽省增设安徽按察使，驻安庆府。康熙六年（1667年），改江宁左布政使为安徽布政使，仍驻江宁［乾隆二十五年（1760年），移驻安庆府］。雍正元年（1723年），议准两江总督（驻江苏江宁府）统理江苏、安徽、江西三省。嘉庆八年（1803年），又议准安徽巡抚节制安徽全省。

安、徽二字，分别指安庆府和徽州府，清定省名为"安徽"，也就是用这两个府来代表安徽全省。

安庆府之所以能代表安徽省，原因主要在政治方面。清在建置安徽省的同时，设巡抚，驻安庆府。从此，安庆府成了安徽省的政治中心。

徽州府之所以能代表安徽省，原因主要在经济方面。前面说过，徽州经济在宋时便已得到很大发展，徽商很为活跃。明时，徽商资本十分雄厚，谢肇淛《五杂俎》卷四，说到明时"新安大贾，鱼盐为业，藏镪有至百万者。其他二三十万则中贾耳"。藏镪二三十万乃至百万的徽州商人，足迹遍天下。从经济上说，能代表安徽的府，舍徽州府莫属。何况徽商中又多"缙绅巨族"。所以，清初以安徽名省。

清朝安徽省共辖八府、五州（直隶州）、五十五县（其中包括相当于县的四个散州）。今省界、县名，基本定型。

皖南拥有徽州、宁国、池州、太平四府和广德州。

徽州府辖有歙（府治）、休宁、婺源、祁门、黟、绩溪六县。

宁国府辖有宣城（府治）、泾、南陵、宁国、旌德、太平六县。

太平府辖有当涂（府治）、芜湖、繁昌三县。

池州府辖有贵池（府治）、青阳、铜陵、石台、建德（今贵池县一部分）、东流（今东至一部分）六县。

广德州辖有建平县（今安徽郎溪）。

淮南江北拥有安庆、庐州二府，滁、和、六安三州。

安庆府辖有怀宁（府治）、桐城、潜山、太湖、宿松、望江六县。

庐州府辖有合肥（府治合肥为汉旧县）、庐江、舒城、巢县、无为州四县一州。

六安州辖有霍山、英山二县。

滁州辖有全椒、来安二县。

和州辖有含山一县。

地跨淮南和淮北的，有凤阳、颍州二府和泗州一个州。

凤阳府辖有凤阳（府治）、怀远、定远、寿州、凤台、宿州、灵璧五县二州。

颍州府辖有阜阳（府治）、颍上、霍邱、亳州、涡阳、太和、蒙城六县一州。

泗州辖有盱眙、天长、五河三县。

（十二）民国时期

民国（1912—1949年）初年，安徽省境仍为清朝之旧，只是府名、州名都不存在了。安徽全省被分为三个道：芜湖道、安庆道、淮泗道。芜湖道包括清朝太平、徽州、宁国、池州四府及广德州之地，治所在芜湖县。安庆道包括清朝安庆、庐州二府及和、六安二州之地，治所在怀宁县。淮泗道包括清朝凤阳、颍州二府及泗、滁二州之地，治所在凤阳县。原广德州、六安州、滁州、和州、泗州五个省辖州和无为州、寿州、宿州、亳州四个府辖州，均被改为县，分属于三道。三道共六十个县，包括清朝的五十一个县，四个散州和五个省直隶州。后来废道，在道这一级改设行政督察专员公署。省设省长（省主席），县设县长。省会先在安庆（怀宁），抗日战争暴发后，国民党政府临时将省会迁往立煌（今金寨县）。抗日战争胜利后，省会迁往合肥。

（十三）中华人民共和国时期

新中国成立之初，安徽分为皖南和皖北两个行署。皖北行署驻合肥市，皖南行署驻芜湖市。1952年恢复安徽省。

安徽省八个地区是：宣城（治宣城县）、徽州（治屯溪市）、安庆（治安庆市）、六安（治六安市）、巢湖（治巢县）、滁县（治滁县）、阜阳（治阜阳市）、宿县（治宿州市）。

安徽省八个省辖市：合肥、蚌埠（原凤阳、灵璧县地。凤阳西北有蚌埠集）、芜湖、淮南（原寿县地）、淮北（原濉溪县地）、马鞍山（原当涂县地）、铜陵、安庆。

安徽省四个行署辖市：屯溪（原休宁县地）、阜阳、宿州、六安。

安徽省七十个县是：

长丰，属于合肥市。

六安、肥西、舒城、霍山、霍邱、金寨、寿县属于六安行署。

巢县、肥东、含山、和县、无为、庐江，属巢湖行署。

滁县、定远、凤阳、嘉山、全椒、来安、天长，属于滁县行署。

怀宁、潜山、望江、太湖、宿松、桐城、枞阳、岳西、贵池、东至，属于安庆行署。

铜陵，属于铜陵市。

芜湖，属于芜湖市。

凤台，属于淮南市。

濉溪，属于淮北市。

宣城、宁国、广德、郎溪、当涂、繁昌、南陵、泾县、青阳，属于宣城行署。

歙县、黟县、休宁、祁门、太平、石台、绩溪、旌德，属于徽州行署。

宿县、固镇、灵璧、泗县、五河、怀远、萧县、砀山，属于宿县行署。

阜阳、阜南、颍上、太和、临泉、界首、亳县、涡阳、利辛、蒙城，属于阜阳行署。

原安徽婺源县今属江西省，英山县今属湖北省，盱眙县今属江苏省。

砀山和萧县原属江苏省，今划归安徽。

解放以来，新建的县、市为：

界首县：1948年设界首市，1953年撤销界首市，与太和、临泉两县部分地区合并设置。

东至县：1959年由东流、建德（至德）两县合并设置。

长丰县：1964年由寿县、定远、肥东、肥西四县部分地区合并设置。

肥东县：解放初，由合肥县东部地区析置。

嘉山县：解放前嘉山县治三界镇，解放后迁明光镇，名嘉山县。

肥西县：解放初由合肥县西部地区析置。

阜南县：1950年由阜阳县南部地区析置。

金寨县：解放前为立煌县，1949年改设金寨县，治金家寨。

枞阳县：1950年由桐城县析置桐庐县，治汤家沟。1954年迁枞阳镇，第二年，改名为枞阳县。

固镇县：1964年以宿县、灵璧、五河、怀远四县部分地区设置。

利辛县：1964年以阜阳、涡阳、蒙城、凤台四县部分地区析置。

濉溪县：1950年由宿县析置。

淮南市：1951年由淮南矿区及寿县、凤台、怀远、凤阳四县部分地区合并设置。

淮北市：1961年析萧县和濉溪县部分地区设立濉溪市，1971年改名为淮北市。

屯溪市：解放初设置市，1963年撤销并入休宁县，1975年复置市。

阜阳市：1975年由阜阳县析置。

六安市：1978年析六安县城关镇设置。

宿州市：1979年由宿县城关镇设置。

三、安徽历史上的重大事件

（一）在安徽爆发的我国第一次农民大起义

我国历史上的第一次农民大起义和随之而来的楚汉之争，与安徽关系极大。蕲县的大泽乡——今安徽宿县东南的西寺坡公社刘村集附近，是我国历史上的第一次农民大起义，即陈胜、吴广起义的爆发地点。

陈胜又名陈涉，阳城人，"尝与人佣耕"。阳城，一说在今河南登封县东南，一说在今河南商水县境内，一说在今安徽宿县南，尚在争论。但陈胜起义的地点蕲县大泽乡，在今安徽宿县东南，则是毫无疑问的。蕲县本楚邑，秦时建县。

二世元年（前209年）七月，被人们称作"暴秦"的秦朝，征发住在闾里左边的贫苦人民（古代二十五家为一闾，闾左住的是贫苦人家），北戍渔阳。有九百个被征发的戍卒，在秦朝将尉（军官）的监督下，走到了蕲县的大泽乡，不料碰到大雨，道路都不通了，只得在大泽乡暂时驻屯下来。这一停留，误了到达渔阳的期限。而按秦朝的法律，凡不能按期到达指定地点的戍卒，一律斩首。去是死，逃走也是死。怎么办呢？领头的两个戍卒（屯长）陈胜、吴广便在一起商量。他们早就对暴秦深恶痛绝了，他们觉得要死不如造反而死，不如"死国"（死于国事），何况造反不一定死。计议已定，吴广便走去找卜者问吉凶。卜者也早就厌恶暴秦，知道吴广的来意，就鼓励他说："你们只管行动，大事一定成功。"还向他进计："你们何不借助于鬼神？！"吴广回来告诉陈胜，陈胜悟出了卜者的意思，喜道："这是教我们借用鬼神来鼓励大伙，我们就这样办。"这位卜者是大泽乡的一个无名英雄，是第一次农民大起义的献策人。

陈胜、吴广暗暗用朱砂在一块丝织的帛布上，写了"陈胜王"三个字，乘人们不注意，塞到乡民出售的鱼的肚子中去。戍卒去买鱼做菜，剖开的时候，发现了这块帛布，觉得很奇怪，"陈胜王，陈胜不就是我们的屯长吗？难道鬼神要叫他当王吗？"戍卒们停留的地方，有一座荒庙，夜间，吴广又趁空溜到这座荒庙中去，燃起篝火（以笼覆火叫篝火），学着狐狸的鸣声，一声声叫着："大楚兴，陈胜王。"戍卒们都听到了，就更加怀疑起来。第二天一早，他们看见陈胜，便你一言，我一语，用手指指着陈胜，用眼睛看着陈胜，心里都动起来了。这就是两千多年前发生在安徽宿县东南刘村集附近的、有名的"鱼腹丹书"和"篝火狐鸣"的故事。

吴广一向都很爱护士卒，士卒也很喜欢他。他趁着押送的军官喝醉酒的时候，故意扬言要逃跑，好叫军官打他，以激怒士众。军官果然打他，士卒愤愤不平。军官抽出剑来，吴广一跃而起，夺下了他的剑，只一剑，便刺杀了这个军官。陈胜飞奔过来，帮助吴广，又杀死了另一个军官。趁热打铁，他们立即把所有的戍卒都找到一起，只听陈胜大声说道：

"我们走到这里，碰到连天大雨，路都走不通了，只得在这里停留，可误了到渔阳的期限。你们都晓得，不能按期到达驻守地方的，都要杀头。即使不都杀头，一路上也要死掉一大半。明知要死，我们就甘心去送死吗？壮士不死则已，就是死，也要做一番大事业。难道王侯将相都只有王侯将相的子孙才能做吗？"

"对呀！死也要做一番大事业。"有人在喊。

"王侯将相，我们也能做！"又有人喊。

"天意已定，大楚兴，陈胜王！"吴广在大叫。

"是啊！陈胜就是我们的王！"大泽乡响起了戍卒们震天动地的呼声。

至此，一切都成熟了。戍卒们筑起了一个坛，坛上竖立起一面大旗，上书"大楚"二字。旗前摆着军官的两颗头，陈胜率领全体戍卒，在坛前盟誓，大泽乡变得分外庄严肃穆起来。当时没有兵器，戍卒们便"斩木为兵，揭竿为旗"。准备妥当，陈胜一声令下，戍卒们便向蕲县县城冲去。第一次农民大起义的烈火点燃起来了。

起义军以迅雷不及掩耳之势，拿下了蕲县县城。在蕲县，陈胜分兵两路，一路由符离人葛婴带领（符离在今宿县东北）攻打蕲县以东的地方；一路由陈胜自己率领，攻打蕲县以西的地方。起义军势如破竹，接连打下了铚县（今安徽濉溪县南临涣集）、谯县（今安徽亳县）等许多县城。当陈胜收兵攻抵陈郡（治今河南淮阳）的时候，这支原由九百名戍卒组成的队伍，发展成了一支拥有兵车六七百乘，骑兵一千多人，步兵几万人的大军。其中有许多淮北人。

起义军占领了陈郡。这支"伐无道，诛暴秦"的军队，受到了陈郡豪杰的热烈欢迎。陈胜在陈郡正式称王，定国号为"张楚"。张楚是我国历史上第一个由农民建立起来的政权。

由于六国的贵族从内部进行破坏和秦朝集中大军从外部进行反扑，陈胜最后失败了。他起义在安徽，最后失败也在安徽。他从陈郡退到下城父的时候，被车夫庄贾杀害。今安徽亳县东南有城父集（即下城父），是我国首次农民大起义的发动者、领导人陈胜遇害之处。

陈胜虽然失败，但由他点燃的起义的烈火，却越烧越旺。暴秦终于被打倒，接着出现的是汉朝。

人们常常艳称陈胜兴起在安徽大泽乡，却不太留意陈胜的继承者、建立汉朝的刘邦，兴起既在安徽，最后成功又在安徽。

刘邦是沛郡丰邑中阳里人，在秦朝，当过泗上亭长。秦二世元年（前209年），陈胜在大泽乡起兵不久，刘邦也在芒、砀起兵。芒、砀在哪里呢？

芒指芒山，砀指砀山，此二山都在今安徽砀山县境内。芒山在砀山北边八里，山中有"皇藏峪"，相传为刘邦避难藏身之处。陈胜起兵的消息传来，刘邦便和萧何等一些志同道合的人，在芒、砀山泽岩石之间，打出了反秦的大旗。他和在吴县起兵的项羽等人，共同拥立楚怀王的孙儿（名心）为王，也叫楚怀王。二世二年（前208年），楚怀王以刘邦为砀郡长，封武安侯。砀郡治砀县，即今砀山县。也就在这一年，刘邦率领一支起义军，从砀郡出发，向秦王朝的巢穴——咸阳进军。二世三年（前207年），进至霸上（今陕西西安市东南）。当刘邦进至霸上的时候，二世已被赵高杀掉，新立的秦王子婴向刘邦投降，秦朝到此灭亡。

这段历史，说明了刘邦虽是丰邑人（今苏北有丰县），但早期活动地区，却在今安徽淮北之地。刘邦初为泗上亭长，起兵在芒、砀之间，起兵之后，做了砀郡长，灭秦又是从砀郡出兵，凡此皆可知今安徽砀山县实为汉朝发祥之地。

秦朝灭亡之后，历史进入了楚（项羽）汉（刘邦）相争时期。

项羽于二世元年（前209年）在吴县起兵，二世二年（前208年），在巨鹿（今河北平乡）一举打垮了由章邯率领的秦朝的主力部队。此战之后，项羽一跃而成了反秦群雄之中力量最强大的人物。秦朝既被打倒，项羽便自封为西楚霸王。封刘邦为汉王，王巴蜀、汉中之地。又三分关中，封秦朝降将章邯等三人为王（三秦王），以牵制刘邦。

刘邦是不会甘心蛰居巴蜀、汉中的。前206年，他乘项羽发兵进攻齐王田荣的机会，以韩信为大将，自汉中攻入关中，消灭了"三秦王"。接着便挥师东下。前205年，一举攻入了项羽的都城——彭城。项羽回师击退刘邦。此后，楚汉两军便在荥阳、成皋（今河南巩县上街）一带相持，互有胜负。

前203年，项羽与刘邦约定中分天下，划鸿沟为界，鸿沟以东属楚，以西属汉。约定之后，项羽罢兵东归。张良、陈平认为不能养虎遗患，宜乘此时项羽无备，进击项羽。刘邦接受了张良、陈平的计策。前202年，刘邦会同韩信、彭越诸军，大举进攻楚军，项羽连战失利，退到垓下，汉军把垓下重重包围起来。

垓下，为秦沛郡洨县聚邑之名，即今安徽固镇县的垓下聚。这是"霸王别姬"的地方。某夜，项羽听到四面汉军都唱了楚歌，不由大惊失色。他说道："难道楚地都被汉军占领了吗？楚人都参加了汉军吗？为什么汉军中有这样多的楚人唱楚歌呢？"他睡不着，起来在帐中喝酒消愁。他想起自己"英雄盖世"，竟落得如此结果，对着美人虞姬，不禁慷慨悲歌。他反复唱起了一首歌："力拔山兮气盖世，时不利兮骓不逝。骓不逝兮可奈何？虞兮虞兮奈若何？"这正是英雄末路。虞姬很悲伤，和了一首歌："汉兵已略地，四方楚歌声。大王意气尽，贱妾何聊生？"她和项羽诀别，抽剑自刎了。

这夜，项羽率八百人，从垓下突围南逃。过淮河时，只剩下一百多骑了。他们逃到阴陵（在今安徽定远县西北六十里），迷失了道路，问一个田父，田父骗他们向左边去，哪知左边是一大片沼泽地带。汉军追来了，项羽又向东逃到东城（今定远县东南五十里），跟从的只有二十八骑了，汉军追来的却有数千骑。项羽自知逃不了，却不承认自己有什么失策，在东城，对跟从他的人说："此天亡我，非战之罪也。"为了表示"非战之罪"，他驰骑斩了一名汉将，又喝退了追上前来的一名汉将。这真是至死不悟。

项羽逃到了今和县乌江镇东南的乌江边上，乌江亭长撑船靠岸，对项羽说："江东虽小，地方也有几千里，人众也有几十万，足以称王。现在只有我这一条船，请大王马上过江。汉军来了，没有船，过不了江。"项羽强笑道："天既然要亡我，我为什么要过江呢？过去，我带江东子弟八千人渡江而西，现在这八千人都不在了，我一个人东还，纵使江东父老怜我，王我，我又有何面目见江东父老呢？纵使江东父老不讲一句埋怨我的话，我心里又怎能不惭愧呢？"他拒绝渡江，把坐骑赠给了乌江亭长，与追上来的汉军徒步接战，最后自刎在乌江边上。

乌江边有一个"项亭"，相传为乌江亭长整理船只迎接项羽之处，也是项羽穷途末路，自刎而死之处，是刘邦最后战胜项羽之处。

陈胜起义在安徽，最后失败在安徽；刘邦起义在安徽，最后成功在安徽；项羽起兵虽不在安徽，但安徽是他别姬和自刎的地方。"大泽乡起义""芒砀起义""垓下之围""霸王别姬""乌江自刎"，这些著名的动人心魄的历史事件，无一不是在安徽境内发生的。安徽与我国历史上第一次农民大起义，关系特别密切。

（二）曹操、孙权在江淮之间的交锋

在我国历史上，凡是在江东建立起来的政权，要想保持生存，必须在淮南站住脚跟。反之，凡是由北方政权进行的统一战争，要打江东，也无不着重先占淮南。这种历史现象，最初出现在三国时期，出现在曹操和孙权在淮南的竞争中。

在三国时期，淮南有三个有名的地点，发生过三次带有连续性的战役。一是建安十八年（213年）的濡须坞之战，二是建安十九年（214年）的皖城之战，三是建安二十年（215年）的合肥逍遥津之战。

巢县东南有条濡须水，北接巢湖，南通大江。曹操的军队经常顺着这条水来打孙权。建安十六年（211年），吕蒙劝孙权夹濡须水口立坞。坞是用于防御的小障或痹城（小城）。别的将领都说"上岸击贼，洗（赤）足入船"，有船就行，何必立坞呢？吕蒙说："打仗从来没有百战百胜的，如果上岸碰到敌人，敌人用步兵、骑兵来压迫我们，我们连下水都顾不得，何谈赤足入船？要在江北站住脚，只有立坞。"孙权同意吕蒙的意见，遂立濡须坞。

濡须坞在哪里？一说濡须坞接巢湖，那就是在濡须水的上口，即在今巢县境内；一说濡须坞在大江边上，那就是在濡须水的下口，即在今无为县境。后一说正确。按繁昌县西北有缥缈台（宋神宗熙宁年间，改名为表里山河台），对江即濡须坞。濡须坞的形状如偃月，又名偃月坞。

建安十八年（213年）正月，曹操又顺濡须水来打孙权。孙权凭借濡须坞，与曹操在濡须水一带，周旋了一个多月。

有一天，孙权亲自带领水军，出濡须坞，来观察曹操的军队。船上打着鼓，吹着角。行了五六里，又掉头往回走，曹操知道是孙权亲自前来观察他的军队阵容，下令军中准备好弓弩。曹操看到孙权水师"舟船、器仗，军伍整肃"，不禁叹道：

"生子当如孙仲谋（孙权），刘景升（刘表）儿子若豚犬耳。"

曹操下令放箭，弓弩乱发。箭射在孙权船的一边，因为着箭太多，船都偏了。孙权命令将船掉头，另一边又着了许多箭，这才平稳。孙权从容沿濡须水退走。

孙权回来后，写了一封信给曹操，说"春水方生，公（指曹操）宜速去"，不然，吴军乘着水涨，将发起攻击。又说："足下（指曹操）不死孤（孙权自谓）不得安。"曹操看了信，笑对诸将说："孙权不欺孤（曹操自谓）。"

曹操既感到孙权水师整肃，又感到孙权水师有濡须坞做依托，很难打，遂撤军北还。在撤军时，他怕江北沿江郡县为孙权夺取，下令把这一带的老百姓向北方转移。哪知百姓反而渡江跑到江东去了。渡江民户有庐江（治舒）、九江（治阴陵在今定远县北）等郡民十多万户。长江以西，几乎无人了。合肥以南，曹操保有的只有皖城。

曹操用朱光为庐江太守，屯于皖城。皖城在今潜山县境，为皖水所经。皖水发源于皖山（天柱山），东南流入大江。皖城是淮南江北之间另一个重要的军事据点。这个据点为曹操所占。朱光在皖城"大开稻田"。吕蒙看到"皖田肥美"，一旦收割，粮食众多，到皖城去投奔朱光的人必定增加。这样一年一年下去，皖城兵精粮足，就会对孙吴造成极大的威胁。他向孙权建议拔掉这颗钉子。孙权于是决定亲征皖城。

建安十九年（214年）五月，孙权去打皖城，他引见诸将，问打的方法。诸将都劝孙权在皖城城外造土山坡以便攻城，并增添攻城器械。吕蒙觉得不妥。他说：筑土山，添攻具，需要时日。等土山筑成了，对方的城防也坚固了，援兵也赶来了，皖城就打不下来。现在是五月，皖水水深，水师可以进入。如果旷废时日，皖城再打不下来，皖水水退了，水师连出也出不去，那就太危险了。要打现在就打，皖城的守备还不牢固，不难攻克。孙权觉得吕蒙的话有道理，下令立即攻城。

吕蒙推荐甘宁为"升城督"，在前面督军士攻城。自以精锐继甘宁之后。凌晨，吴军大举攻城，吕蒙手执鼓槌，亲自擂鼓。鼓声大震，士卒蜂拥登城，到吃饭的时候，终于攻入城中，俘虏了太守朱光、参军董和以及男女数万口。张辽所领救兵在路上听到皖城已被攻破，不得不退走。

皖城的攻拔，使孙权在淮南、江北之地，又多了一个立脚点。

在濡须坞和皖城战役胜利的鼓舞下，孙权决定向合肥进军。他想夺取合肥，但没有成功。

建安二十年（215年），曹操西征张鲁，孙权是乘着这个机会来打合肥的。曹操估计到孙权会来进攻，他安排了张辽、李典、乐进三大将守合肥，并留下一通手教，嘱咐孙权来时再拆开来观看。孙权的兵到了，张辽等将拆开曹操手教，见上面写着：孙权来打时，张辽、李典二将出战，一定要打胜。乐进守护。曹操的意思是，只有先打胜了，而后防守才能牢固。孙权用来攻打合肥的兵力达十万之多。张辽说："敌众我寡，要打就要趁孙权十万大军还未合拢的时候打，才能打胜。只要仗打胜了，军心便可安定，合肥也便可守住。"于是，他便在夜间募集了八百个敢打敢拼的将士，杀牛给他们吃。第二天一早，张辽披甲持战，领着八百壮士，冲锋陷阵。张辽大呼自己的名字，连杀几十个敌人，斩了两个将军，冲到孙权大旗之下。孙权大惊，走上一个很高的坟堆，将士们以长战守卫。张辽在下面大叫：有种就下来打。孙权不敢动。惊魂甫定，孙权望见张辽兵少，便下令包围张辽。孙权军队把张辽包围了好几层。张辽一往直前，冲击包围圈。包围圈开了，张辽冲了出去。还在包围圈中的曹军大喊："张将军抛弃我们吗？"张辽听到了，反身又突入围中，救出众人。孙权军队没有敢阻挡他。自黎明打到中午，孙权军队的锐气被打掉了。

张辽回到城中，加强了城防。军心安定下来，合肥守备坚固。孙权攻城，打了十多天，打不下来，只得下令撤军。前面的军队都上路走了，孙权和凌统、甘宁二将还在逍遥津北边。张辽等人突然出现在津北，孙权急忙派人追还前兵，可兵已远去，回不来了。

逍遥津在历史上很有名。《三国志·吴志》孙权、凌统等传只提到"津"，未提到津名逍遥。《水经注》则说合肥城东有逍遥津，水上旧有梁（桥）。则逍遥津之名，至少在南北朝时，便已经有了。此津为东西向，西津上有桥，名西津桥，又名逍遥桥，即《水经注》说的旧梁。

孙权在逍遥津北为张辽所围，吴将凌统亲率二百人捍卫孙权，冲出敌围，到了西津桥上。此桥南段有一丈多长的桥板，已被张辽的军卒拆掉。孙权骑在马上，马走不过去，孙权心里又急又怕。这时，平常服侍孙权，不离孙权左右的谷利，教孙权"持鞍缓控"，他在孙权马后只一鞭，马一跃而起，跳过了被拆除的桥板，孙权得救了，向南飞奔逃去。从此，此桥又获得了"飞骑桥"之名。

凌统还在津北与敌人苦战。左右都战死了，凌统自己也负了伤，他估计孙权已经脱险，才逃出来。

张辽不认得孙权，问投降过来的吴兵，有一个紫须将军，上身长，下身短，很会骑马射箭，是哪一个？吴兵说是孙会稽（孙权为会稽富春人）。张辽和全军将士都悔恨不早知是孙权，否则，急追一定可以捉住孙权。

建安二十一年（216年），曹操又来打孙权。过合肥逍遥津，观看去年张辽打仗的地方，叹惜良久，对张辽十分称赞。"张辽威震逍遥津"，从此成了著名的历史事件。合肥之役虽然失败，但孙权在江北仍然保有濡须坞和皖城两个立脚点，凭借这两个立脚点，继续与曹魏争衡于淮南。

（三）东晋和前秦的淝水之战

383年，北方的前秦（氐人建立，都长安）和南方的东晋（都建康），在安徽江淮之间的淝水西岸，发生过一次大战。这是一次决定东晋和前秦存亡的战争，一次以八万之众抗击百万大军，最后取得胜利的战争。胜利者是东晋，失败者是前秦。此战之所以在淝水打起来，是因为前秦要亡东晋，必定要取道淮南。

就战前双方经济、政治、军事三方面的情况来看，在军事上，前秦比东晋强大。《晋书·苻坚载记下》说前秦苻坚攻晋，出动的兵力，单前锋苻融、梁成等人所部，就达二十五万人，苻坚的中军，戎卒为六十多万，骑兵为二十七万。合计在百万以上。

东晋的兵力，《晋书·苻坚载记下》说是"水陆七万"，《晋书·谢玄传》说是"众凡八万"，远比前秦要少得多，却是一支由谢玄在京口组织起来的，以北方流民为主体的训练有素的新军。京口（今江苏镇江）为东晋的"北府"，这支军队叫作"北府兵"。

在经济上，双方力量基本平衡。前秦时，北方经济已经恢复过来。苻坚在出师攻晋之前说过："今有众百仗，资仗如山。"这话表明前秦的经济力量，足以支持苻坚进攻东晋。

东晋自王导、桓温、谢安相继实行"镇之以静"的政策以来，又促进了经济的发展。到谢安时期，达到了"谷帛殷阜，几乎家给人足"的程度，也足以支持东晋对抗前秦。

在政治上，则东晋比前秦优越。这集中表现在内部的"和"与"不和"之上。

就前秦来说，严重的是民族问题没有解决。苻坚采取了"和戎之术"，不排斥其他民族。可这只是刚刚开始，真正达到"和"字，还远没有到时候，特别是上层。这一点，苻坚的大臣王猛、苻融等人，都看得很清楚。王猛对苻坚说过："鲜卑、羌虏，我之仇也。"苻坚要去打东晋，苻融曾说：鲜卑慕容垂、羌人姚苌"思闻风尘之变，冀因之以逞其凶德"。如果去打东晋，正中他们的下怀。他们都在窥测前秦的动向，伺机东山再起。可惜苻坚自己却未看到。

北方汉人则认为东晋是"正朔相承"的正统朝代，心仍在东晋，而不在前秦。

东晋则因为自王导以来，长期实行"镇之以静"的方针政策，内部远比前秦要和。这一点，几乎所有前秦的大臣都看到了。苻坚要起天下兵"薄伐南裔"，可是前秦的大臣们都认为伐不得。大家的一个共同意见是：东晋内部和而不乱。如权翼说：晋不可伐，因为晋"君臣和睦，上下同心"。即就民族关系来说，也比前秦要好得多。苻坚说："吾方命蛮夷以攻其内"，可是石越却看到"且晋中宗（元帝）藩王耳，夷、夏之情，咸共推之，遗爱犹在于人"。这虽有过美之处，但当苻坚一意孤行，去打东晋时，却未见蛮夷乘晋之危，而鲜卑、羌、羯倒在伺机反秦。

政治上的和与不和，是淝水之战晋胜秦败的根本原因。这在淝水之战中，曾经充分表现出来。这是客观条件。除此以外，打仗时候的主观条件也很重要。我们来看这次战争，双方究竟是怎样打的。

战前，前秦大军成一条线，摆在三个地方。最前方是梁成所部二万人，摆在洛涧西岸。今淮南市和蚌埠市之间有洛河，为淮河南边支流之一。洛涧便是洛河。中间是前锋都督苻融所部二十多万人，摆在寿春境内淝水西岸。淝水源出安徽合肥县紫蓬山，北流二十里，分为两支，一支向东流入巢湖，一支向北流到寿县，聚为瓦埠湖，再经寿县城北，流入淮河。淝水之战的淝水，就是这支北流的淝水。这支淝水因为在淮河以南，故有南淝河或东淝河之名。苻坚的中军摆在项城，项城即今河南项县。

苻坚在出师之前，便曾表现出十分轻敌的思想。他曾大言："以吾之众，投鞭于江，足断其流。"（成语"投鞭断流"由此而来）战前，苻融根据他得到的情报，以为"贼少易俘"，派人前往项城报告苻坚，要求苻坚"速进众军，夺擒贼帅"。苻坚得报大喜，唯恐晋军逃跑，"舍大军于项城，以轻骑八千兼道赴之"。苻融是要苻坚"速进众军"，苻坚却把大军丢在项城，只带轻骑八千到寿春去，又一次表现了轻敌思想。

再说东晋，当前秦百万大军进抵淮南之时，孝武帝把抵抗前秦的重任交给了谢安，加谢安为征讨大都督。当时的东晋，朝野震恐，谢安却"夷然无惧色"，"指授将帅，各当其任"，表现出了异乎常人的镇静。

谢安以谢石为都督，谢玄为前锋都督，率众八万，抗击秦军。谢玄以刘牢之为先锋，刘牢之率北府兵五千人直趋洛涧。

晋、秦二军首先在洛涧打了一仗。那时，秦先锋将军梁成所部摆在洛涧西，刘牢之既到洛涧，当晚，就毫不犹豫地渡洛涧，袭击梁成的营垒。刘牢之是主动求战，梁成军则是被动挨打。在这场夜战中，刘牢之大获全胜。梁成所部二万人被歼灭了一万五千人，梁成本人被斩。

洛涧之战是两军打的第一仗。这仗很重要，它长了晋军的威风，灭了秦军的锐气。

此战之后，晋军水陆并进，到达淝水东岸，和前秦前锋都督苻融所部，对峙于淝水。

苻坚想看看晋军阵容，他约苻融一同登上寿春城，眺望到达淝水东岸的晋军。苻坚见晋军"部阵齐整，将士精锐"，又见北边的八公山（在淮河南岸淝水东边寿县境内），"草木皆类人形"，不禁"怃然有惧色"，对苻融说道："此亦劲敌也，何谓少乎？"（这是成语"草木皆兵"的来源）苻坚开始是骄傲，现在是胆怯，方寸已乱。

苻坚想不战而降晋军，派朱序去劝谢玄投降。朱序本是东晋梁州刺史，苻坚攻破襄阳，俘虏了他，用他做了尚书。苻坚不了解当时汉人心理，以为朱序会向着他，实际朱序一心向着东晋。朱序一到晋营，便对谢玄说："如果苻坚百万之众到齐，便敌不住了，趁着秦军还未到齐，可以速战速决。"晋军少而精，本来就利在速战，但尚未摸清秦军情况。朱序的话，给谢玄提供了一个情报。谢玄立即向苻融发了战书，要求秦军从淝水西岸稍稍后退一点，让晋军渡过淝水，两军决一雌雄。秦军兵多，利在持久，谢玄下战书求战，秦将都说："宜阻淝水，莫令得上，我众彼寡，势必万全。"而苻坚却认为"但却（退）军令得过，而我以铁骑数十万向水逼而杀之"，可以大胜。苻融赞同苻坚的看法。皇帝和前锋都督既然意见一致，将领们再要说什么也没有用了，于是便由苻融下令"却阵"。

苻坚、苻融被谢玄调动了。秦军这一退却，造成了一个未曾想到的后果："军遂奔退，制之不可止。"谢玄抓住战机，指挥晋军蜂拥渡过淝水，猛攻秦军。朱序又在秦军后面"唱云军败"，秦军就越跑越快。苻融"驰骑略阵"，但要止住秦军不向后跑，已很困难了。虽然在淝水之南，和晋军也打了一仗，可无济于事。苻融马倒被杀，苻坚又中流矢，秦军军心涣散，听到"风声鹤唳"，都以为是晋军追来（成语"风声鹤唳"的来源）。几十万军队自相践踏，没命狂奔。加上又饥又冻，"死者十七八"。这一仗，晋军获得全胜。

前秦的军队为什么一退而不可复止呢？根本问题就出在内部的不和上。

前秦军队民族复杂。就汉人来说，他们认为东晋是正朔相承，不仅不愿意打东晋，而且有机会还反过来帮助东晋。朱序便是代表。

就少数民族来说，苻融说对了，他们的首领不过是借打东晋"以逞其凶德"。劝苻坚打东晋最起劲的是鲜卑人慕容垂。他的动机，慕容楷、慕容绍说得很明白："主上（苻坚）骄矜已甚，叔父（慕容垂）建中兴之业，在此行也。"慕容鲜卑建立过前燕，重建燕国，是慕容垂梦寐以求之事。淝水之战，"诸军悉溃，唯慕容垂一军独全"。慕容垂是前锋将领之一，秦军却阵之时，他拥军退走，根本未投入战斗。他觉得重建燕国的时候已经到了。

谁都不愿意打，是前秦军队中汉人和少数民族人民上层和底层的共同特征，苻融下令却阵，无异给了他们一个借口、一个机会，跑回老家去，或者拉走军队，自树旗帜。

晋军则完全相反，人数虽只有八万，但上下齐心，敢打敢拼。

客观条件是决定胜负的基本条件，但战争中的主观条件也是重要的。前秦的长处是兵多，如果苻坚采纳苻融的意见，"速进众军"，或接受众将的意见，"宜阻淝水，莫令得上"，则胜负尚未可预料。而骄矜使苻坚自己被谢玄调动，有利的客观条件不能发挥作用，无利的客观条件则一齐起了作用，焉得不败？晋军不利之处是兵少，但谢安、谢玄都镇定若素，摸准情况，抓住战机，决战决胜，充分发挥了自己的主观能动性，不利的客观条件被克服，有利的客观条件一齐起了作用，又怎能不胜？

（四）方腊起义在皖南

方腊是哪里人？最早的史料《青溪寇轨》说是"青溪（今浙江淳安）碣村居人"。"居人"不一定籍贯就是青溪。到元人编的《宋史》中，把"居"字去掉，于是方腊就变成了"青溪碣村人"。旧《淳安县志》进一步又把方腊说成是青溪帮源大地主宋朝基层政权爪牙方有常之子、大恶霸"三面保义"方庚之兄。这种说法是错误的。

元人徐直之写的《忠义彦通方公（方庚）传》说："有佣人方腊者，其初歙人，来隶公家。"元淳安县尹刘彭寿写的《宋故承信郎彦通公墓亭记》说："按公姓方氏，讳庚，字彦通，世居青溪。有歙人名腊者，来佣于家。"照徐、刘二人所说，方腊是歙县人，不是青溪人。徐、刘二人的说法是正确的。

新近发现的歙县金川公社《山郭方氏宗谱序》有一段话："真应祖庙，旌表大功。分支启族，洞源祖宫。四拾六世，至应细公，时衰命蹇，有始无终，因出方腊，无德无功，大逆犯上，遂失彝伦，无辜连累，避乱逃生。"

这段话中的"真应祖庙"，指的是歙、淳方氏的共同始祖方储。"分支启族"，指的是自方储以还，方氏分成了许多支派。"洞源祖宫"，指的是方应细、方腊所属支派的共同始祖方桂。

可《桂林方氏宗谱》既说到方桂为帮源（即洞源）方氏"始兴之祖"，又说到方桂后来遗弃了他在帮源的妻子儿女，"自帮源移寓歙西柘源，又娶胡氏，生子一，英，为林（柘源）始祖"。则方桂传下了两支方氏：青溪帮源方氏和歙县柘源方氏。方腊"大逆犯上"，方应细遭到"无辜连累"，即因为他虽与方腊同出于方桂，但分属两支，关系疏远。

方腊是方桂在歙县柘源留下的后裔，而不是在青溪帮源留下的后裔。起兵前，方腊到了青溪，住在碣村，受雇于方有常之家。方有常为方桂在帮源传下的第四代孙。方有常之子方庚在《上郑寺丞札子》中说过：方腊起兵时，把他家"四十余口杀戮殆尽"。把方腊说成是帮源桂林方氏方有常之子，方庚之兄，是十分荒谬的。

《续资治通鉴长编拾补》说方腊在宣和二年（1120年）十月"丙子，杀里正方有常，纵火大掠，还处帮源，遣其党四出侵扰"。杀方有常是方腊起义的开端。他杀了方有常以后，"还处帮源"，表明方有常不是在帮源被杀的。这又牵涉到方腊首义的地点问题。方腊究竟是在何处杀里正方有常，举行起义的呢？

《山郭方氏宗谱》还有一篇《方氏源流宗派是实序》，此序说到方有常一家，于"宣和庚子年（二年）十月初九日（丙子）午时，迁居徽州歙县七贤村居住"。方有常是派儿子方世熊到青溪县衙门密告方腊起义，没有成功，带着全家逃来七贤村的。住在歙县外磻村附近的"方腊党寇杨八桶匠"（今外磻村附近有杨八寨遗址），用"锸铲"杀死了方有常，又"口叫贼寇方腊部众，缚杀（方有常）家属四十二口"。方庚"跳墙走去"。此序写方腊首次起义的经过很具体，很生动。根据此序，方腊是在歙县的七贤村，会同杨八，杀里正方有常起义。

方腊还处帮源后，誓师大举。起义军占领了青溪县城和睦州，随即挥师西指，攻打歙州。歙州战役在方腊起义中十分重要。

歙州是宋朝的东南军事重镇。宋派"东南将"郭师中"驻军歙州"。

要夺取江南，先要拔除这颗钉子。方腊派出一支军队，于宣和二年（1120年）十二月十八日，首先攻占了歙州西边的休宁县，切断了敌人的退路，然后攻打歙州州城。宋兵"未战众皆溃"，起义军阵斩郭师中，一举歼灭郭师中所部江东诸郡兵，于十二月二十日，开进歙州城。

歙州大捷，是一个重大的胜利。一方面，沉重地打击了宋朝在江东的军事力量；另一方面，大大地壮大了起义军力量。至今这一带还流传着方腊曾在歙州城南的沙坡园收兵点将的故事。

方腊打下歙州之后，即以歙州为基地，向东、北、南、东南四个方向进兵。方腊自己率领一支军队，沿着新安江、钱塘江东进杭州。今歙县新安江北的周家村，还有传说中的方腊的点将台、"马南骑"（养马之地）。与旧史记述的方腊起义军的路线是相合的。北路由八大王（或说即杨八桶匠）率领，自歙州绩溪进攻宣州和广德军。南路自歙州婺源出发，分成两支，一支由郑魔王率领，南下衢州；一支由洪载率领，向东南方向进攻婺州（今浙江金华）与处州（今浙江丽水）。

这里说自歙州绩溪北上的起义军。

八大王自歙州北上，宋知广德军韩某、知宣州上官公敦，害怕起义军的威力，都借口老病告去。宋朝派李伺领"诸郡兵"来救，李伺进至宣州，屯兵不敢再进。"摄管界巡检"张禹臣带兵到了宁国，"驻溪南僧寺"，中夜见到火光，以为是起义军在火攻，"大惧，委众驰还。所过以策叩门大呼曰：'寇来矣！'"，吓得宣州"内外大扰"，李伺仓忙收拾行装，逃回江宁。

八大王于宣和二年（1120年）十二月二十二日占领了宣州宁国县。据程俱《北山小集》卷三十四《王汉之行状》记载：宣和三年（1121年）一月，八大王打到了广德军。广德军是宋朝设置在宣州东面的一个重要军事据点。又据曾协《云庄集》卷五《右中散大夫提举台州崇道观强公行状》记载：二月五日，起义军大败宋"庐州队将田某与三州巡检黄誉"于麾岭下，"直抵黄社，距（宣）州城四十里"。起义军在二月间打到了宣州城下。那时候，宣州"居民皆已迁徙，官吏亦为遁逃之计"。大官僚李纲以为宣州为江东"要害"之地，建议"急以重兵守之，毋为贼得"，以保"濒江诸郡"。也就在这时，宋朝大军到了金陵。八大王估计到直下宣州有困难，于是领兵"旁趋旌德"，在石城粉碎了鲍琢一门地主武装的顽抗，杀鲍振雷、鲍振罄等十余人，于宣和三年二月十七日，攻取宣州旌德县。宋将王可诚退守旌德三溪石壁山天险，起义军飞夺石壁天险，进入宣州泾县境内。经由浙溪、白华、巧峰洞（当地人民亦称方腊洞），进薄泾县县城。一鼓作气，拿下了泾县。

到此为止，起义军在皖南攻占了歙州所有六个县城，即歙、休宁、婺源、祁门、黟、绩溪；宣州四个县宣城、宁国、旌德、泾县，拿下了三个。州城（宣城）和广德军虽未攻克，但曾遭到攻击。

这支北上的起义军，目的在于从西翼进攻金陵（今江苏南京市）。方腊攻占杭州，从杭州又派出一支军队，由方七佛率领，取道秀州（今浙江嘉兴）北上。与八大王所部起义军，形成两把插向长江沿岸的利剑。

宋朝派重兵向起义军反扑。宋军抢先占据了金陵和镇江。然后分东西两路进攻。东路由王禀率领，对付方七佛和方腊；西路由刘延庆率领，对付八大王。这里说西路。

西路宋军由金陵南进，至宣州泾县，遭到了八大王的沉重打击。泾县防御战打得很顽强，起义军牺牲了五千人。撤退途中，起义军还发起反击。在歙县潘村，八大王曾经出动两万人，背腹夹击敌人，杀伤敌人无数。最后转移到了帮源，与由杭州撤退的方腊所部主力会合。

帮源保卫战失败，方腊被俘，标志着方腊领导的大规模的军事斗争的结束，但起义军撒下的火种，仍在各地燃烧。例如，在被方腊起义军扫荡过的宣州，之后出现过"四大寇，环处境内，合散出没，四郊骚然"。即使是在淮南，据叶梦得说："昨经方腊之后，不无余党散在州县，人情惊疑。"宋朝在江东的统治秩序被打乱了。

方腊起义在皖南的影响很大。至今皖南还流传着许多关于方腊的歌谣和传说。歙县外磻村流传着"河湾龙脉通睦杭，石塔露水腊为王"的民谚。休宁齐云山有座"方腊寨"，相传方腊曾屯兵于此……这些传说，说明了方腊起义与皖南关系很深。

（五）顺昌、采石大捷

在南宋初年的抗金斗争中，安徽占有重要的位置。金要灭亡南宋，就一定要先夺取江淮。南宋要保全自己，也一定要保全江淮。于是遂有1140年，打败金兀术数十万大军的顺昌（阜阳）大捷和1161年打败完颜亮数十万大军的采石大捷。

1140年，金兀术发动政变，推翻了与宋达成和议的挞懒，操持金朝军政大权。这年，金兀术出动大军和"铁浮图""拐子马"，取道两淮，大举进攻南宋。

金兵兵临顺昌，守顺昌的是南宋名将——太尉、沿淮制置使刘锜。金兵十万包围了顺昌城，宋守军却不到两万人。刘锜沉着应战，以计取胜。

一天黄昏，电光四起。刘锜募得壮士五百人，由骁将阎充带领，突入金营，见到有辫子的兵便杀。金兵猝不及防，被迫后撤十五里。晚上，刘锜又募得壮士一百人，埋伏在敌营附近。电光闪处，只见无数条黑影一跃而起，到处砍杀敌人；电光过了，又隐匿在黑暗中。金兵摸不着头脑，不知谁吹响了竹管子，突见黑压压一大群人又提刀猛冲过来，金兵只恨爹娘少生了两条腿。等到金兵大队人马来了，竹管子又吹响起来，黑影霎时不见。金兵以为到处都是宋兵，便把自己人当宋兵来杀，只杀得满野都是金兵尸体。

金兀术在开封听到顺昌兵败的消息，马上要来马靴，带着人马，快马加鞭，赶到顺昌。刘锜探听到金兀术来了，在城楼上召集诸将商议。将领中有人主张南撤，刘锜以为如果南撤，金兀术必定追来，不仅前功尽弃，恐怕逃也逃不脱。大家同意继续坚守顺昌，打击敌人。

金兀术有鹅车炮具，是很厉害的攻城武器。刘锜出了一条计策。他募得曹成二人，装着坠马，被金兵俘去。金兀术审问他们，他们说：宋朝想讲和，刘锜喜声伎，宋兵无斗志。几句话说得金兀术十分喜欢，他以为顺昌很容易攻破，叫来诸将，大骂诸将是饭桶，损兵折将，连一个顺昌也打不下来。为了叫金将和刘锜看看他的本领，他决定不用鹅车炮具攻城。

刘锜又派耿训到金营去下战书。金兀术大怒道："刘锜怎敢向我下战书，顺昌城我用靴尖子都可以踢倒。"耿训说："刘太尉（刘锜）不但向太子（金兀术）请战，而且说过：'量太子一定不敢渡过颍河，愿意为太子人马过河，提供五座浮桥。'"金兀术说道："那好，看我敢不敢过河。"

天明的时候，金兵果然看到颍河上搭起了五座浮桥。金兀术下令："全部人马，与我渡过颍河。"金兵几十万人都渡过河来，摆在顺昌城西北，连营十五里。刘锜却暗中派人在颍河上游和草地上撒下了毒药。那时正当盛夏，天气酷热，金兵人马饮了颍河水，吃了地面草，都中毒，病倒了很多。

刘锜又令军中于每天傍晚，擂起战鼓。鼓声震动大地，营中彻夜喧哗。金兀术不知道刘锜在搞什么名堂，天天派人马靠近顺昌城窃听，但一等到金兵来偷听，城中便什么声音都没有了，寂静得就像一座无人的古城堡。金兀术害怕中计，一到晚上，便叫金兵骑在马上，拿着蜡烛，团团守护他的大营。实在太疲劳就换班，但换下去的人也只准在马上打瞌睡，不准躺倒。刘锜用这个计策，又使尚未病倒的敌人疲惫不堪。

敌人数十万大军的战斗力大大削弱了，刘锜准备出击了。拣谁打呢？有人说拣弱的打，刘锜说，要打就打金兀术，一旦打败了金兀术，其他兵将，不打自垮。金兀术的大营驻扎在顺昌南门外，刘锜先派几百个人出西门去打金兵，以分散敌人注意力，然后派五千精兵出南门，直奔金兀术大营。这五千人手执锐斧、快刀，在统制官赵撙、韩直率领下，冲入敌阵，刀斧乱下，金兵大败，金兀术拔营北走。宋兵奋勇追赶，杀了金兵近万人。

金兀术不甘心吃败仗，打出了他的两张王牌的第一张——用"铁浮图"反扑宋军。所谓铁浮图，就是穿上重铠，戴着"铁兜牟"（铁帽子）的兵，三个人一组，用皮带连起来，每进一步，便用拒马木（拦马的木头）环卫，只进不退。刘锜早已准备好了对付铁浮图的器械，铁浮图一出动，宋军先用枪标去掉了他们的铁兜牟，然后用大斧砍断他们的臂膀，或者击碎他们的脑袋。铁浮图不中用了。

金兀术又打出了他的第二张王牌——用"拐子马"攻击宋军。所谓"拐子马",即布置在左右两翼(拐子)的骑兵(马),都是女真人,号称"常胜军"。拐子马专门用在攻坚上。仗开始打的时候并不出动,等到打得难解难分时,便突然从左右两翼冲击过来,很难抵挡得住。可是,在五千宋军快刀、利斧的奋击下,这支常胜军也失败了。

金兀术害怕刘锜用骑兵冲锋,下令用拒马木抵挡宋军。这时,宋军便坐下来吃饭。吃饱了,又奋起摧毁了金兀术的拒马木,冲入敌阵。敌人仓皇逃命,逃到河南陈县时,金兀术把怒气都发泄到将领身上,大骂将领无用,把所有的将领,都抽了一顿鞭子。

顺昌大捷,刘锜以五千人破金兵数十万大军,打垮金兀术的王牌军铁浮图和拐子马,金人亡魂丧胆,纷纷收拾重宝珍器,准备抛弃燕京以南的地方北去。顺昌是东路。与此同时,中路岳飞,西路吴玠、吴璘也取得了很大的胜利。形势对宋朝十分有利。可是,力主和议的宰相秦桧,却下令刘锜班师。刘锜退到太平府(今安徽当涂)。

1141年,岳飞在河南郾城大败金兵,形势更好。也就在这一年,南宋与金签订了屈辱的"绍兴和议",杀害了岳飞。

二十年后(1161年),金主完颜亮迁都开封,分兵四路,重新大举进攻南宋。他想一举灭掉宋朝。四路中由完颜亮亲自率领的淮西一路是主力。

要夺取江东,总是先要夺取淮南;要过江,也总是先占横江,然后由横江到采石。这个历史现象,在完颜亮的南进中,又一次表现出来。

完颜亮从寿春一带渡过淮河,进攻庐州(合肥市)。宋朝的庐州守将王权连夜逃走,完颜亮长驱到了和州(和县),占领横江渡口。王权坐在横江对岸的采石镇中。

宋高宗想逃往海上,宰相陈康伯竭力反对。高宗不得已,派知枢密院事叶义问督察江淮军马,派中书舍人虞允文到采石,参谋军事,叫他们打打看。

完颜亮于十一月初八，从横江渡江，想夺取采石。采石宋军由虞允文指挥，他准备好了蒙冲舰（车船）和霹雳炮（纸筒内装火药和石灰），对付敌人过江船只。

完颜亮兵多船小，连划桨都感到不便。宋军的蒙冲舰往来如飞，从舰上用霹雳炮轰击金军兵船。敌人许多船只被打翻了，淹死在江中的金兵，不知有多少。

完颜亮转到瓜州，不甘心采石之败，妄想孤注一掷。他限定金兵三日内过江，三日内如果过不去，兵将全部斩首。由此激起了兵变，金将射死了完颜亮，派人到临安，与南宋讲和。

完颜亮死，继位的是金世宗完颜雍。两朝和平关系保持下去。

1161年的采石之战，是历史上的一次重要的战役。它的意义不仅在捍卫了南宋的生存，而且标志着金朝转折。采石之捷，预告了完颜亮的灭亡，金世宗的改革措施即将到来。

（六）刘福通和朱元璋领导的元末农民起义

元朝末年的农民大起义（红巾军起义），与安徽关系至为密切。大起义的烈火是由颍州（今安徽阜阳）人刘福通点燃的。暴虐、腐朽的元朝，是由濠州钟离（今安徽凤阳）人朱元璋推翻的。在明朝代替元朝的过程中，安徽人民起着重要的作用。

为元朝的阶级压迫和民族压迫所激起的起义的浪潮，一年更比一年高涨。1351年，活动在颍州一带的刘福通、杜遵道、罗文素、盛文郁等人和活动在河北永年一带的白莲教教主韩山童，决定利用元朝征发黄河南北十三路民工治河的机会，发动起义。他们在即将开工的黄陵冈（河南兰考东）河道上埋了一个独眼石人，在石人背上刻了"莫道石人一只眼，此物一出天下反"十四个字，同时散布一首民谣："休道石人一只眼，挑动黄河天下反！"河工们掘出了独眼石人，见字奔走相告，人心浮动。这时只要有人一点火，大河上下，便都要燃烧起来了。

乘此时机，刘福通等人又散布韩山童是宋徽宗的八世孙，当主中国。

他们在永年杀白马、黑牛，对天地盟誓，奉韩山童为主，以"红巾"为标识，准备起兵反元。不料事机不密，韩山童被捕，刘福通等人逃到颍州，重新组织力量。反元大起义的战鼓，终于在颍州擂响了。战士们头裹红巾，人们称他们为"红巾军"。

红巾军占领了颍州。刘福通在颍州发布了声讨元朝的檄文，控诉元朝"贫极江南，富夸塞北"。这篇檄文起到了鼓舞被压迫、被剥削的各族人民的作用。元朝急忙派枢密院同知赫斯秃赤，率六千素号精悍的阿速军及各路汉军前来镇压。这支元军看到红巾军阵势严整，不禁心惊胆战。头目首先大喊"阿卜！阿卜！（走！走！）"，士卒不战而溃。刘福通发起进攻，很快就占领了今安徽、河南大片地方。人民踊跃参战，红巾军发展到了十余万人。

在红巾军胜利的鼓舞下，徐寿辉起兵于蕲、黄。布王三、孟海马起兵于湘、汉。芝麻李起兵于丰、沛。郭子兴起兵于濠州（今安徽凤阳县东北）。大江南北，淮河两岸人民，都打起了反元战旗。因为他们是起来响应刘福通的红巾军的，所以，当时都被叫作"红军"，也叫作"香军"。

1355年，刘福通派人在砀山的夹河，找到了韩山童的儿子韩林儿。刘福通把韩林儿迎到亳州（今安徽亳县），在亳州建立起了红巾军的政权机构。刘福通奉韩林儿为皇帝，又称"小明王"，建国号为"宋"，建年号为龙凤。刘福通做了丞相。中原各地的红巾军都接受了亳州大宋政权的领导，用龙凤年号。

元朝把亳州大宋政权看作大患，出动大军来打亳州。为了避开元军的攻击，刘福通带着韩林儿撤退到安丰（今安徽寿县）。1357年，在安丰，刘福通作出了重大的战略决策：分兵三路伐元。红巾军在军旗上写着："虎贲三千，直抵幽、燕之地；龙飞九五，重开大宋之天。"这是把他们推翻元朝反动统治的决心写上军旗。军旗高高飘扬，三路大军从安丰出发了。东路以毛贵为主力，直插山东、河北，指向元朝的京城大都。中路由关先生、破头潘率领，绕道山西，转攻河北，形成对大都的迂回包围。西路由白不信、李喜喜、李武等率领，经潼关和武关入陕西，以分散元军对东路和中路的压力。

1358年，刘福通攻占汴梁（今河南开封市），把韩林儿从安丰迁来，宣布以汴梁为都城。一时，"江淮、齐鲁、辽海，西至甘肃，所在兵起，势相联结"。

各路红巾军势如破竹，横扫中国北部。元朝的州郡官吏只要听到红巾军来了，便弃城逃跑。1358年，红巾军发展到了它的全盛时代。

1359年，元朝大发秦（陕西）、晋（山西）之师，由察罕帖木儿率领，来打汴梁。刘福通与韩林儿退回安丰。1363年，接受元朝太尉官衔的张士诚，派吕珍来打安丰，刘福通战死。朱元璋迎韩林儿到滁州（今安徽滁县）。1366年，朱元璋命廖永忠迎韩林儿至应天府，在瓜步渡江时翻船，韩林儿淹死。

由颖州人刘福通掀起的元末北方红巾军大起义，坚持了十三年之久，给了元朝以致命的打击，从根本上动摇了元朝的统治，为朱元璋建立明朝，奠定了基础。

刘福通起兵在颖州，开始建立政权在亳州，分兵三路伐元的决策，在安丰制定，最后战死又在安丰，这些地方都在安徽境内。安徽与元末红巾军大起义的关系是很深的。

再说朱元璋。

朱元璋是濠州钟离人。小时候，泗州发生大瘟疫，父母兄长都死了。十七岁到皇觉寺做和尚，曾云游合肥和河南诸州。1352年，参加了濠州郭子兴（定远人）领导的红巾军。郭子兴很器重他，把宿州马公之女嫁给了他，军中称他为"朱公子"。他手下有六七百人，其中有明代的开国功臣濠人徐达、汤和。

1354年，朱元璋向南攻打定远，招降驴牌寨民兵三千人，秦把头八百多人。又夜袭缪大亨于横涧山，收兵二万。随即进占滁州（今安徽滁县）。

这年，谋士定远人冯国用、冯国渊兄弟和李善长、勇将虹县（今安徽五河县西）人胡大海前来归附。郭子兴称滁阳王（古滁阳城在旧合肥县东北六十四里）。

1355年，郭子兴死，大宋皇帝韩林儿下牒以郭子兴之子郭天叙为都元帅，朱元璋为左副都元帅。这年，怀远人常遇春来投奔朱元璋。

郭子兴死后，朱元璋掌握了这支起义军的实际领导权。他这支军队，主帅、谋士、大将以至士卒，大多是沿淮一带人。这是一支继颍州人刘福通组织的红巾军之后，主要由淮南、淮北人民组成的队伍，朱元璋正是凭借这样一支基本队伍，开建明朝。

那时，在朱元璋的东面有张士诚，西面有徐寿辉，只有南方元朝的力量比较薄弱。朱元璋决定南渡长江，夺取集庆路（今江苏南京市），以集庆路为据点，在皖、浙、苏一带，发展势力。他认为江南的牛渚矶（采石矶）"前临大江，难为备御，攻之必克"，选定了牛渚矶为过江地点。1355年6月，朱元璋率领诸将从牛渚矶对岸的横江渡江，乘风扬帆，直指牛渚。朱元璋的坐船最先到达了牛渚矶下。他望见矶上有元兵守备，船在距岸尚有三丈远的江面上停了下来。这时，常遇春乘一条快船飞奔而至，朱元璋用手一挥，命他发起强攻。常遇春应声挺戈，从船上一跃上岸，直奔元军。常遇春勇不可当，矶上元军败走。后面船只纷纷靠岸，渡江成功了。

渡江后，朱元璋攻占了太平路（今安徽当涂）和芜湖、溧水等地。1356年，打下集庆路，改集庆路为应天府。从此，应天府成了朱元璋向外发展势力的根据地。

1356—1359年，朱元璋把今皖南和浙西地区当作了他施展力量的地方。1357年，他先后攻占了宁国、宣城、绩溪、休宁、徽州（今歙县）、青阳、石埭、太平、旌德等地。今皖南地区，几乎全被朱元璋夺取。在攻占徽州时，朱元璋了解到有一个休宁人，叫朱升，曾经当过元朝的池州学正，后来归隐石门。他请朱升出来，向朱升请教攻守方略。朱升说了三句话："高筑墙，广积粮，缓称王。"在群雄角逐，胜负未分的时候，这无疑是最好的攻守方略。高筑墙是加强防御力量，广积粮是为进攻做好物质准备工作，缓称王是不为对手树立攻击目标。此后数年，朱元璋正是按照朱升提出的方略行事。

1358年，朱元璋用康茂才为都水营田使，"修筑堤防，专掌水利"。又令将士屯田，"且耕且战"，"及时开垦，以收地利"，这便是"广积粮"。这些措施收到了一定的成效，在朱元璋统治地区，农民生活比较安定，军粮也有充足的供应。

在元末群雄中，称帝号最早的是徐寿辉，1351年他称帝于蕲水；张士诚，1353年称王于高邮。韩林儿，1355年称大宋于亳州。陈友谅于1360年杀了徐寿辉，自称大汉皇帝。明玉珍不久也在四川称大夏皇帝。而朱元璋到1364年才称吴王，但仍用大宋龙凤年号。1366年韩林儿死，1367年才称吴元年。这便是"缓称王"。

现在的高大而坚固的南京城墙，是朱元璋时候开始修筑的。这与"高筑墙"的政策，显然有关。

1357年，休宁朱升提出的方略，为朱元璋由弱到强时期的基本方略，极为重要。

1358—1359年，朱元璋攻占了婺州（今浙江金华）、衢州（今浙江衢县）、处州（今浙江丽水）等地。1360年，浙东士大夫刘基、宋濂、章溢、叶琛到了应天府，投奔朱元璋麾下。这年陈友谅杀徐寿辉自立。刘基向朱元璋建议：东边张士诚是"守虏"，不足为虑。西边陈友谅"劫主胁下，名号不正，地据上游，其心无日忘我"。要打便要先打陈友谅。消灭了陈友谅，张士诚便孤单了，打他很容易。待消灭了陈友谅、张士诚，"然后北向中原"，定可完成推倒元朝的大业。朱升为朱元璋制定了一条由弱到强的战略方针，刘基则为朱元璋制定了一条先陈后张，先南后北，夺取天下的战略方针。依照这条方针，朱元璋于1363年在鄱阳湖击败了陈友谅，次年征武昌，消灭了大汉政权。1365年，进攻张士诚。1367年，攻克平江（今江苏苏州市），消灭了张士诚。

也就是在1367年消灭张士诚的大局已定的时候，朱元璋兴师北伐，在宋濂等人草拟的一篇声讨元朝的檄文中，提出了"驱逐胡虏，恢复中华，立纲陈纪，救济斯民"的口号，并向蒙古人、色目人保证：只要"愿为臣民"，皆与汉人同等看待。北伐军由徐达、常遇春等人率领，先后在山东、汴梁、潼关等地打败元军。1368年7月，徐达会诸将于临清，连下德州、通州等城。8月，进占大都，推翻了元朝。

朱元璋于1367年12月称帝，1368年改元洪武，定国号为明，以应天府为京师。明朝开始了。

元朝的崩溃，明朝的建立，主要是刘福通和朱元璋两支起义军的功绩。而这两人都是安徽人，主要活动又在安徽。安徽人民在推翻元朝建立明朝的过程中，起了首创作用。

（七）纵横中原的革命劲旅——捻军

捻军起义，是我国北方一次雄伟的反对清朝的农民战争，捻军从1853年（咸丰三年）开始，到1868年（同治七年）结束，长达十六年，转战中原地区。在近代史上占有重要的位置。捻军的首领是安徽人，安徽又是捻军活动的主要地区。

捻军在起义前，称为"捻子""捻党"。这个团体或组织由来已久。"捻"的意思，多数人认为是"群聚"，"捻者，捏也"，"聚捏成群"。据1814年（嘉庆十九年）御史陶澍奏折称：每一股谓"一捻子"，小捻子数人、数十人，大捻子一二百人不等。经常在皖、苏、豫一带护送"私盐"，并与清政府发生武装冲突。由此可见，"捻"是当时北方地区以农民为主反抗清政府的一种群众团体，或组织的称谓。

随着1851年太平天国运动兴起，捻军的斗争形成一股激流。1852年（咸丰二年），捻党首领亳州（今亳县）人张乐行（一作张洛行）聚众万余攻克河南永城，出入于蒙、亳之间。1853年，太平天国北伐军经过安徽、河南，各地捻党纷纷起义响应，集结成军，起义的风雷迅猛异常，沉重打击着清朝官吏和地主豪绅，有力支援了北伐军。1855年，张乐行在雉河集（今安徽涡阳）召集各路捻军首领会盟，商讨各部捻军的联合问题。会议决定成立联盟，推张乐行为盟主，号称大汉永王（一作大汉明命王），下设军师、司马、先锋等职，并制定《行军条例》十九条，建立黄旗、红旗、蓝旗、白旗、黑旗五旗军制。五色总旗各设总旗头，称"大趟主"。总旗之下有"大旗"，是组成捻军的基本单位。大旗设大旗头，称"趟主"。个别所辖人数特别多的"趟主"，也称为"大趟主"。大旗之下有"小旗"，为最基层的组织，没有固定编制。这种五旗军制的组织形式，把处于分散状态的捻军初步统一了起来。雉河集会议对于捻军的发展，具有重大的意义，在政治上比较鲜明地提出了反对清朝的战斗任务，在组织上确定了内部编制和行动纪律，从而把捻军斗争推向了一个新的阶段。1857年，张乐行与太平军陈玉成会师霍邱，接受太平天国领导，被封为成天义，后又晋升为征北主将，又封为沃王。五旗将领各有封号，全军同太平军一样蓄发，有的部队改用太平天国旗帜。太平天国除经常遣员与捻军联系作战外，另有专任代表驻捻军中。捻军也常派人至天京，或到陈玉成等部联络。不过捻军依然保持自己的领导系统和原有制度，配合太平军作战一般只限于安徽境内及邻近地区。捻军与太平军一起战斗，转战皖、豫、苏、鲁各省，屡败清军，清朝政府大为恐慌。1862年，太平军陈玉成牺牲后，张乐行在皖北受到清军的围攻，次年3月上旬，为了分散敌人的压力，张乐行遣张宗禹带队突击，自己则率部队退往宿州，后在符离集受阻，折回雉河集。又受清兵围攻，保卫雉河集成为皖北捻军的当务之急，各路将士二十万人原野上迎战。3月19日，雉河失守，张乐行带领数百人杀出重围，23日夜到蒙城西阳集被俘牺牲。

由于皖北战役的失败，捻军遭受巨大损失，不仅丧失了蒙、亳一带基地，而且有两万多将士殉难，大大损伤了捻军的力量。1864年，捻军张宗禹与太平军赖文光部会师，整编军队，组成了一支集中统一的部队。这支部队沿用太平天国的军号、历法、封号和印信，张宗禹称梁王，任化邦为鲁王，张禹爵为幼沃王。捻军和太平军余部结为一体，组成新捻军。赖文光等用比较严格的军事制度和训练方法整编捻军，使捻军成为一支有集中领导、统一组织和纪律的革命部队，提高了捻军的战斗力。经过整编后的新捻军，发挥自己的威力，屡败清军。1865年，新捻军来到曹州高楼寨（即高庄集）一带，清将僧格林沁率兵追至高楼寨，陷入新捻军的围阵里。新捻军歼敌一万多人，并击杀了僧格林沁，取得了巨大胜利。僧格林沁的军队，是当时清朝政府的"王牌军"，这支反革命武装的覆灭，是对清政府的沉重打击。同治帝为此"震悼、辍朝三日。京师惊疑"。1866年，赖文光率东捻军转战湖北、河南、安徽、山东之间，张宗禹率西捻军进入陕西，配合回民作战。1867年底，赖文光率东捻军由山东进入江苏扬州附近仙女庙。次年1月，由仙女庙直趋扬州东北的湾头和瓦窑铺，两地都是运河渡口，他们想抢渡运河，返回皖北，再与西捻军会合。这时清军追了上来，于是展开一场激战。由于敌我力量悬殊，东捻军遭遇失败，赖文光不幸被俘，从容就义。西捻军为援救东捻军，经山西、直隶（今河北）至山东北部，1868年8月在山东茌平南镇失败。西捻军的覆没，标志捻军的最后失败。

捻军虽然悲壮地失败了，但它的历史功绩是永远不可磨灭的。捻军前赴后继，英勇斗争，充分显示了中国人民敢于同敌人斗争的民族精神。

（八）太平天国运动中的安庆保卫战

安庆保卫战前夕，太平军和清军战争中心有两个，一是争夺上海，二是争夺安庆。为什么安庆成为当时双方争夺中心呢？这是因为安庆是长江中游的战略要地，太平军陈玉成连年经营皖北，联络捻军，救援天京，都以此为根据地。九江失守后，安庆成为天京的最后一道屏障。太平军守住安庆，则大江南北军事往还，就有交通孔道，芜湖的粮食就可以从水路源源运往天京，保证军粮的供应。太平军的领袖们，对此有深刻的认识，正如干王洪仁玕说："安庆一日无恙，则天京一日无险。"而湘军要攻进天京，必须首先攻取安庆，撤去天京的屏障，截断太平军的军事交通和粮食运输。在这种战略要求之下，安庆成了双方必争的要地。太平军在破江南大营后，制定了保卫安庆的战略决策。具体步骤是：取苏、杭后，"发兵一枝，由南进江西，发兵一枝，由北进蕲、黄、合取湖北，则长江两岸俱为我有，则根本可久大矣"。1860年9月底，陈玉成到苏州与李秀成会商，决定按原定军事计划进行，分南北两路大军西进，期于次年三四月在武汉会师。

陈玉成离开苏州后，即经天京渡江北进。他没有立即率军西征，而试图直接解救安庆之围。11月下旬，陈玉成驻桐城，与湘军大战于挂车河。挂车河之战失利，陈玉成乃决意按原计划西征，奔袭武汉。1861年3月上旬，在霍山大破清军，占领霍山，3月18日攻克黄州府（黄冈），距汉口只有一百五十里了。盘踞在武汉的敌人，极为恐慌，官员纷纷逃避。这时清军主力还在安庆外围。清军急忙调遣湘军彭玉麟、李续宜部领水陆军驰援武汉，安庆外围的敌军果然被太平军吸引过来了。如果陈玉成一鼓作气，挥军急攻武汉，敌人援救不及，武汉完全有可能攻克。这样一来，围困安庆的敌军，势必全部或大部分西援，敌人的整个部署就打乱了。可是，这时英国侵略者进行干涉，派遣参赞巴夏礼到黄州会见陈玉成，搬出强盗逻辑，胡说什么根据《北京条约》规定开放的通商口岸，要保护武汉的商务，太平军进军武汉，就会妨碍英国的利益。在英国侵略者的干涉下，陈玉成踌躇起来，犹豫不进，遂致功败垂成。陈玉成留赖文光部驻守黄州，他本人率军转向湖北北部，攻占德安、随州等城。李秀成南路大军迟迟不来会师，安庆形势又日益吃紧，陈玉成便于4月下旬回师救援安庆。陈玉成军由宿松、石牌（今怀宁）回到集贤关附近，逼攻围攻的湘军。陈玉成再次部署解安庆之围的大战，调驻守六合、天长的平西主将吴定彩和黄金爱至安庆。5月1日，洪仁玕等统率二万余人，奉天王之命从天京出发西援安庆。清军见太平军如此大举增援安庆，十分紧张。曾国藩认为，"此次安庆得失，关系吾家之运气，即关系天下之安危"。因此，他全力加强安庆外围的力量，把大营由祁门移至安庆斜对岸之东流。命令鲍超、李续宜、成大吉等驰援安庆。令围困安庆的曾国荃、多隆阿，凭垒顽抗。5月初，开始了对安庆的争夺战。双方阵势犬牙交错，内线外线互相包围。经过一个多月的激战，洪仁玕等的援助均未得手。到6月初，太平军勇将刘玱琳坚守的集贤关赤冈岭营垒被攻破，精锐部队伤亡太多，形势更加不利。8月上旬，陈玉成又组织第三次增援，与杨辅清、黄文金、林绍璋、吴如孝等分兵三路向安庆外围集中，苦战十余天，终于收回集贤关。安庆城内守军吴定彩、叶芸来、张朝爵等也率兵接应，二军遥相呼应。但由于敌人阻道，终未能会合。9月5

日，清军用地道火药炸塌安庆西北门，乘势冲入。由于城内绝粮已久，守军"皆饥倒不能抵御"，一万多守军壮烈牺牲。太平军将领吴定彩、叶芸来也相继倒在血泊中。陈玉成、杨辅清、林绍璋、黄文金等率部退出集贤关。清军进城，安庆陷落，从此，太平天国在长江中上游的重镇尽失，天京失去屏障。过了三年，天京陷落。

（九）五四时期的安徽学生运动

1919年五四运动爆发后，安徽学生在5月7日开始响应。

安庆公立法政学校学生首先提出"联合安庆各中等以上学校学生立即罢课并推选代表组织学生会筹委会，以便很好地推动这个工作"的建议，立刻得到安庆市学生的赞同和支持。5月8日（一说9日）上午，全市举行罢课、游行示威、散发宣言传单、高呼口号：打倒军阀政府，打倒卖国贼曹汝霖、章宗祥、陆宗舆，打倒北洋军阀走狗集团安福系，反对日本帝国主义侵略。沿途有的市民也自动参加游行。

当时芜湖的学生也响应了这个运动，组织示威游行，他们还成立了学生会，与安庆学生配合起来。在学生的团结斗争和社会舆论的压力下，芜湖商会会长汤善福终于被迫在抵制日货令上签了字。

合肥地区学生运动也广泛开展。全市中小学校都选出了自己的代表，这些代表不仅领导组织了学生会，还组织了"商、学联合会"，担任对日货的检查工作，将所查获的大批日货运到合肥江西会馆门前空地上付之一炬。5月13日，又在合肥东大街十九家合营的"同益公司"查获了四百多包（每包200斤）日本糖，将这些糖抛到东大桥的河里。

在五四运动期间，安徽还发生了一起"六二运动"。这个运动最直接的原因，就是安徽学生为了要求改善安徽教育，增加教育经费而发生的。6月2日下午，安庆学生听说省议会迎合军阀倪道烺、马联甲的意图，提议削减已经决定增加的教育经费，用来增加军费，于是结队到省议会请愿。这时，省议员正在公宴马联甲。马联甲见到大批学生请愿勃然大怒，下令士兵开枪镇压，对手无寸铁的青年学生狠下毒手。学生面对凶残敌人，毫无畏惧，奋勇斗争。当时受伤的有五十余人，其中姜高琦身受七刀，血流遍地。

"六二"惨案发生的第二天，全市学生罢课，上街讲演。教职员罢教、商店罢市、工厂罢工，进行声援，省教育会、学校联合会、学生总会联合通电全国，并向法院提出诉讼。此后经过多次谈判，省长聂宪藩、教育厅厅长张春霆、政务厅厅长李大防于6月22日被迫接受，增加教育经费和姜高琦等被殴一案及时予以妥善处理等项条件。7月1日姜高琦逝世。但反动政府对姜高琦被殴打致死，一直采取官官相卫、敷衍搪塞的态度，迟迟不作处理引起学生强烈愤怒。最后当局在学生和群众的强大压力之下作了某些让步，姜高琦一案逐渐得到解决。"六二运动"方算基本平息。

（十）新四军在安徽

抗日战争爆发后，在1937年10月，党中央与国民党谈判达成协议，将南方八省红军游击队统一整编为新四军。1938年1月6日，新四军军部在江西南昌正式成立。这是我党抗日民族统一战线的一个巨大胜利，对于开展抗日战争和壮大人民力量具有重大战略意义。新四军在安徽的活动很多，这里简要介绍几个情况和事件。

1.新四军军部迁驻安徽

新四军成立后，1938年2月，各支队开始向皖中集中。在2月至4月间，第一、第二、第三支队先后到达皖南歙县岩寺地区集中。第四支队到达皖中舒城地区集中。4月4日，军部由南昌迁驻岩寺。7月1日，军部又从岩寺进驻皖南泾县云岭。

2.陈毅同志在南陵

1938年5月中旬，第一支队由岩寺地区向南陵开进。5月下旬，在南陵召开了全支队干部会议。陈毅同志根据我军任务、敌我情况及江南地形、社会特点，作了新的战斗条件和新的战斗任务的报告，提高了全体干部的思想水平和胜利信心，明确了部队进入敌后初期的斗争方针，对于胜利开展江南抗战局面具有重大意义。6月1日，第一支队由南陵出发，从宣城、芜湖之间穿越铁路，进入苏南敌后。

3.周恩来同志在泾县云岭

1939年2月23日，周恩来同志受党中央、毛主席的委托，绕道广西桂林等地，跋涉数千里，风尘仆仆来到云岭。周恩来同志在云岭工作了十七个日日夜夜。他向新四军军部领导人传达了党的向敌后发展的方针，确定了新四军的战略任务是：向南巩固、向东作战、向北发展。并向部队排以上党员干部精辟地阐述了毛主席《论持久战》的光辉思想，分析了抗日战争爆发后的国内外形势。他还多次到战地服务团看望广大干部战士，两次到离军部十五里远的中村教导队看望学员，和他们促膝交谈，鼓励他们为抗日民族解放战争作出贡献。并深入群众，与农抗会成员和农民交谈，关心他们的生活和生产。在周恩来同志的关怀和指导下，新四军迅速发展壮大。

4.刘少奇同志在皖东

1939年11月，刘少奇同志抵达皖东，根据党中央发展华中的战略意图，指示江北指挥部：应在皖东全境、江苏西部，积极开展地方工作，放手发动群众，迅速发展武装力量，创建一个巩固的抗日民主根据地。将第四、第五支队建设成为坚持皖东斗争的骨干和发展苏北的一支重要力量。江北指挥部遵照这个指示，对各项工作做了全面的布置。经过三个月的努力，各地普遍地建立了游击队，开展了游击战争，群众工作和统一战线工作获得了迅速的发展，新四军第四、第五支队由原来的五千余人发展到一万余人。

正当我新四军在皖东创建根据地后向津浦路西作战时，苏北韩德勤顽军以其第一一七师、独立第六旅及地方保安旅等八个团的兵力，于1940年3月19日开始围攻半塔集地区。我党在该地区仅有第五支队后方机关、学校及第八团的两个连兵力，全部约一千人。敌我兵力悬殊，路东局势非常紧急。刘少奇同志立即决定：路东部队、机关应组织一切力量，固守待援；江北指挥部即率第五支队、苏皖支队兼程东进；并调挺进纵队主力一部西援；江北游击纵队，除留一部坚持无为地区的游击活动外，主力撤至淮南路东配合第四支队坚守津浦路西阵地。我坚守路东阵地的部队，以积极防御手段，在当地自卫队的密切配合下，同十倍于我的顽军英勇奋战八昼夜，击退了顽军十余次的猛攻，终于顽强地坚守了半塔集主要阵地。这就是著名的半塔保卫战。

5.云岭保卫战

1940年10月4日，日寇为巩固江防，扩大伪化区，调集第十五、第一一六师团等各一部共万余人，向皖南我军进行空前规模的"大扫荡"。其中一路五千余人由铜陵、繁昌、南陵出犯，在空军掩护下，直向我军部驻地云岭猛扑。在叶挺军长亲自指挥和皖南广大群众踊跃支援下，我军坚守云岭外围阵地，经过十余次顽强苦战与白刃搏斗，给敌人以沉重打击，保卫了云岭。敌遭我军严重打击后，东渡青弋江向泾县窜犯。国民党守军第五十二师弃城溃逃，县城被占。我军立即渡江，与敌激战于泾县南关，九日晨攻克泾县。

6.皖南事变

1940年9月，国民党掀起了第二次反共高潮。10月19日，国民党以正、副参谋总长何应钦、白崇禧名义，致电八路军朱德总司令和新四军叶挺军长，诬蔑华中抗战的新四军和八路军"破坏团结、破坏抗战"，强令我军在一个月内全部开赴黄河以北，妄图配合日寇消灭我军。同时密令汤恩伯、李品仙、韩德勤等部三十万大军及顾祝同所部，准备向华中大举进攻。

中国共产党揭露了这一阴谋，唤起全国人民注意事态的发展，据理驳斥国民党顽固派限令八路军和新四军北移的荒谬论调。但我党为了顾全大局，避免抗日民族统一战线的破裂，争取我党在全国的有理有利地位，仍决定在皖南采取让步，部队北移。在"别了，三年的皖南啊"一片悲壮的歌声中，1941年1月4日晚，叶挺、项英率领新四军军部，一个教导团，一个特务团和第一支队、第二支队、第三支队的两个团，共九千余人，从云岭地区出发，向茂林前进。茂林地区群山环绕，断崖绝壁，国民党反动派预先在这里布置了七个师（约七万人）。1月7日，新四军到达茂林，国民党立即对我军实行包围袭击，新四军指战员在叶挺军长的指挥下，奋不顾身，英勇地抗击了国民党反动派的围攻。经七昼夜血战，终因敌我兵力悬殊，我军伤亡过大，弹尽粮绝，至1月14日，茂林地区的阵地完全被顽军占领。我军剩余部队及失散人员，继续边打边突围，在地方党及基本群众不顾生命危险的掩护下，冲破了顽军层层包围和严密搜索，分别突出重围。总计前后突围者约有两千余人，其余六千余人一部分被俘，大部分壮烈牺牲。这就是震惊中外，亲者痛仇者快的千古奇冤——皖南事变。周恩来同志得悉皖南事变后，立即向国民党提出了严重抗议，并领导《新华日报》的同志们向国民党展开了尖锐斗争。周恩来同志在报上悲愤地用大字题了"为江南死难者致哀"的悼词："千古奇冤，江南一叶；同室操戈，相煎何急！"国民党反动派企图一手掩盖皖南事变真相的阴谋终于破产。

（原为安徽省旅行游览事业管理局编《安徽旅游知识》第一集《安徽史话》，内部读物，1981年，有改动）

"百家争鸣"三题

一

百家争鸣，是我国学术文化史上的一个光荣传统，几乎每一个朝代，每一个重要的学术问题，都有过争鸣。古代哲学中的唯物主义思想，文学中的现实主义思想，就是在不断争鸣的过程中发展起来的。我们今天要把这份光荣的传统继承下来，大大发扬，用实际行动来贯彻"二百"方针，促进社会主义科学文化的日益繁荣。

这就碰到了问题：有一些同志对某些学术问题有意见，却又不拿出来。其中原因，不外乎怕错、怕浅、怕伤友情……的确，要争鸣是需要一份勇气的。历史上敢于坚持真理的，没有一个听任"怕"字围住自己转。南北朝的范缜为了坚持"神灭论"，敢和以竟陵王萧子良为首的满朝僧俗学者，开展一场大辩论。唐朝的柳宗元和韩愈是好朋友，柳宗元是无神论者，韩愈却以维护天命、道统自命；柳宗元为了发挥无神论的见解，为了把天道鬼神从自然界与社会政治生活中驱逐出去，特著《天说》一文，针锋相对地批评了韩愈的主张。

今天，人与人的关系和过去不一样，我们目标一致，友谊建立在革命的基础上，互相之间展开争鸣，还有什么可"怕"的呢？少想些个人得失，多想真理的追求。讲对了于大家有益，讲错了也会有利于自己的提高。冲破个人主义的樊篱，勇气就会自然产生。

二

也还有另外一种情形。有些同志对过去的某种学说有过研究，认为有正确的一面，只是这种学说曾经被人认为是唯心主义的，于是争鸣起来就有顾虑，更不用说以这派学说的继承者自居了。我觉得，这里应强调一下孟子的精神。孟子为了发展儒家哲学，曾和战国诸子大大斗了一场，——批驳了墨家、农家以及杨朱"为我"的学说，在孔子的基础上创建了一个儒家学派。

我们既然要繁荣社会主义的科学文化，有见解有主张就该拿出来。前人的遗产中有的唯心的成分很浓，但其中也往往有可以继承的合理部分。拿出来，正可以辨明哪些是糟粕，哪些是精华。党欢迎我们建立学派。学派不等于宗派。我们应该有战国诸子一样创建学派的气魄，我们建立学派是为了探寻真理，自然不能也不会像孟子一样，只吹自己是，专讲别人非，连服膺真理的原则也忘记了。

三

放空炮无益于争鸣。好放空炮的人，对别人的意见不好好研究，对自己的研究不狠狠下功夫。这样，反驳别人，拿不出有分量的意见，打不中要害；提出己见，也态度含糊，谈不上创见。我们既不应视争鸣为高不可攀，也不能视之为轻而易举。

历史上凡是维护真理的人，没有一个不下苦功读书，没有一个不深入研究反对者的见解。范缜发表《神灭论》之前，对古代唯物主义哲学与当时佛教学说特别是流行的小乘派死生轮回的说法，进行了长期的研究。玄奘在印度曲女城大会上宣扬《破恶见论》，驳斥了小乘邪说，到会的信奉小乘教的人，没有一个敢与他辩论。这是因为玄奘不仅精通大乘佛典，而且也精通小乘佛典，能把二者优劣讲得头头是道。从历史上看，一些压制真理、压制进步思想的人是善于放空炮的。像攻击范缜的萧子良、王琰等人，他们对范缜的"神灭论"没有研究，对自己所维护的佛教"神不灭论"也谈不上有研究。他们和范缜争论，开头只提出一些摸不着边际的问题；后来变成谩骂，说范缜不信灵魂，就是眼中没有祖先，就是忤逆不孝。小乘僧徒攻击比他们进步的大乘僧徒，也不是对大乘经典有过什么研究，而是为了他们这一派的私利。等到有一个精通大小乘佛典的、大乘派大师玄奘站在台上来讲话，他们就不敢吭气了。我当然不是说我们有些同志放空炮是站在反对进步的立场上，我只是说放空炮是过去反对进步的人所习用的法宝。我们应当避而远之，远而弃之。

（原载《安徽日报》1961年9月27日，有改动）

批点、注释和校补

批点、注释和校补，是古人成功的读书方法。这种方法经常被人们用来读自己最喜爱的或最有用的书，它不仅可以使读的人掌握书中细节和旨趣，而且可以触类旁通，获得更丰富的知识。

批点法是边读边用笔把自己认为是好的或关键性的字、词、句子和结论圈点出来（一般用红笔），并把自己的意见批在书上。批法有"旁批""眉批""尾批"等几种。旁批是在句子旁边批，眉批是在书头上批，尾批是在一段、一章或一回之后批。用这种方法读书，可以不错过一个重要的地方，不漏掉一点细微感受；它完全可以代替繁重的摘录工作，还可以为写读书心得积累丰富的材料。

脂砚斋评《红楼梦》和金圣叹批《水浒传》是用批点法读书的例子。他们随读随把自己的感受在书上批出，从而为自己而且也为后人掌握这两部思想无比丰富、情节无比复杂的名著，敞开了大门。且不谈脂评在阅读和研究《红楼梦》上的作用，也不谈金圣叹批《水浒传》的观点是如何反动，但他的一些批语是可取的。我读《水浒传》，当读到王伦拿出几锭银子，打发晁盖、吴用等人走的时候，看见金圣叹在上面批了一个"丑"字，不禁要拍案叫绝。我想，假如我们能用马列主义的观点，读一本书，批点一本书，这将是一件极有意义的工作。我们常说要活读书，这就是活读书。

注释法是应用字典和参考书，把难懂的地方注出来，把简单不明的地方补充起来的方法。应用这种方法，不仅可以把一本书中每个字、词和事例的意义，都弄明白、弄透彻，而且可以乘便翻阅许多参考书，达到触类旁通的目的。

著名的裴松之《三国志注》、郦道元《水经注》，是应用这种方法读书、治学成功的例子。陈寿的《三国志》过于简略，裴松之读《三国志》，几乎每一句话都参考了几种、几十种书籍，到底把《三国志》读通了。他为《三国志》作注，分量超过原书数倍，给后人读此书带来了极大方便。桑钦的《水经》列举了全国大小水道一百三十七条，但在他的书里，这些水道是死的。后来，这部书被郦道元读活了，他参考旁书，弄清了每条水道的变迁、流经的城邑建筑、山川名胜及地理沿革。他为《水经》作注，价值大大超过原书。这种方法实际是一种基本书、参考书并用的方法。以基本书为主，根据基本书的问题，去翻阅其他书中的有关材料，把这些材料摘录汇集起来，作为了解原书的钥匙。基本书中的问题由此可以读通，同时又达到了广泛阅读和研究的目的，真可谓"一举三得"。这种方法并非高不可攀，我们现在要读懂一本书、一篇文章，都可采用此种方法。

校补法是一种用原著或原始材料校正所读之书的错误，补充缺漏，避免盲从的方法。前人读古书，一般是用较早的版本来校订流行本。我觉得我们读现在的书，看现在的文章，也可借用此法。近人著作为了证明他的论点，往往引用经典著作和原始材料。我们如果能用原著进行校订，就可发现他引用的文字是否错误，是否曲解了原义，是否断章取义，可不可以证明他的论点。尤其是当我们发现两本同类的流行的书说法不一致的时候，更应该查考他们引用的原著。这种方法实际是一种"探源法"。前人着重版本，我们可以着重原著。采用这种方法，不仅对我们所读的书可以获得正确的了解，而且可以从多方面接触经典著作和第一手材料，提高理论和知识水平。

我们总是说要读几本基础书，同时要多读其他书，但总是苦于不知怎么读，怎么掌握，如果能分别或同时采用以上三法，我觉得不管哪一类的书，都可读深读透，比如列宁的《哲学笔记》，那里面的批语，不是每一条都闪耀着天才的光芒，成为我们批判接受黑格尔等人的学术遗产的指路明灯吗？

（原载《安徽日报》1961年11月17日，有改动）

基础容易打吗?

有人说基础知识浅,学来容易;专门知识深,学来不易。这种看法是错误的。基础知识并不浅,学来虽不能说比专门知识难,但至少不比专门知识容易。拿演员为例,一个名演员,基本功夫要深,底子要厚。而要打好底子,却非花十年、几十年的苦功不可。已故的杰出的京剧表演艺术家梅兰芳为了打好底子,练过青衣、花旦、刀马旦等各种功,每一个表情,每一种唱法,都经过几年、十几年的琢磨和练习。这是容易的吗?

说基础知识浅,容易学,这表现出对基础知识缺乏了解。一般来说,基础知识包括三个方面,一是基本理论知识,二是基本专业知识,三是基本技能或基本治学能力。三者缺一,都不能说基础好。而要学好,必须熟透精深,必须博览通识。像梅兰芳,人们都说他青衣好,实际上他不仅懂得青衣艺术,还懂得生、旦、净、末、丑等各种表演艺术;不仅懂得各种表演艺术,还懂得声乐、音韵学;晚年又勤于理论学习。正因为如此,他的每一出戏,演来才能得心应手,才能给观众以最深的美的感受,为人喜爱。

打基础绝不是单指读几本普通业务书籍。就在校的学生来说,应该把所学课程都学懂、学好。就工作人员来说,应该把基本业务知识和与专业有联系的其他人文科学、自然学科的基本知识都学深学透。专业基础书除了教材、业务书之外,还包括原始材料。有的原始材料是用古文写的,有的是用外文写的,要弄懂它还必须具备阅读古籍与外文书籍的能力。记得《人民日报》曾发表文章,劝人学点古文和外文,原因也在于此。同时,读书不能囫囵吞枣,没有理论修养,就不可能正确地理解。因此,和专业有关的基本理论知识，也必须具备。而要掌握基本理论知识，绝不是东抓一点西抓一点就可成功的，应该好好地读些理论著作，《毛泽东选集》是必读的，其他与专业有关的理论书，也应成本地读。

说基础知识浅，容易学，还表现出对基础知识和专门知识的关系缺乏认识。基础知识和专门知识不能截然分开。著名京剧武生盖叫天老先生一辈子都在练基本功，正因为他的基本功夫如此深厚，因此一举手、一抬腿都给人留下一个优美的艺术形象。就学一门社会科学或自然科学来说，教材是基本功。然而，单读教材不行，还要读近人编的参考书，这也是基本功。单读近人编的参考书还不行，还要进一步读古人或外国人写的书，这仍然是基本功。即就专门知识来说，这里面也有基础知识。譬如研究三国的历史，就必须精读《三国志》，这是基本功，单读《三国志》还不行，还必须阅读当时人的文集……这也是基本功。基础不怕深，不怕厚。最好的表演艺术，最有价值的专门知识，都是从最深最厚的基本功、基础知识中出来的。有人说他一辈子都在打基础，这不是谦虚，为学譬如造塔，下面一层是上面一层的基础，层层造上去，自然越造越高。学问无止境，我们今天的学习是为明天打基础，今年的学习是为明年打基础，基础深厚，尖端也就不招而来了。基础知识与专门知识是没有界线的。

因为对基础知识缺乏认识，有些同志不愿意在这方面下功夫，忙着搞尖端、写论文。我有一个朋友，天天研究农民战争，忙着往报刊寄文章。人家都以为他对农民战争有研究，他似乎也以农民战争问题"专家"自封。实际他的文章解决了什么问题呢？有的不过是"拾人遗唾"，或者找几条材料凑一个意见而已。真的要把农民战争问题研究好，须把有关理论及各代农民起义文献都掌握住，还要把各代历史都弄清楚。当然，我不是说这中间不可写文章，我是反对忽视基础，为文章而文章。不是在深厚的基础上写出来的文章，于学术是无补的。只有抛弃学习上的好高骛远，像造塔一样一层一层造上去，才能学到真正的知识，才能对祖国的学术文化作出贡献。

（原载《安徽日报》1962年1月5日，有改动）

研究问题要注意事物之间的联系

对于历史上的任何一个问题，都不能作孤立、静止的研究，必须充分掌握资料，注意事物之间的联系。过去，魏晋南北朝史中的一些问题似乎已经解决，已成定论。但是，当我们把相关的问题联系起来考察时，往往会发现过去的结论错了。有些问题似乎很棘手，难解决，但一放到事物的联系中去考察，就可迎刃而解。下面讲两个我感受最深的事例。

其一，关于华佗。华佗能断肠湔洗，劈脑出虫，为外科医圣，这似乎已成定论，但这只是根据《后汉书》《三国志》及《搜神记》来说的。当我读到陈寅恪先生的《寒柳堂集·三国志曹冲华佗传与佛教故事》时，不能不使我的看法发生改变。陈先生把华佗故事放到一个更大系统即天竺佛教故事中去考察，发现："东汉安世高译《㮈女耆域因缘经》所载神医耆域诸奇术，如治拘弥长者子病，取利刀破肠，披肠结处；治迦罗越家女病，以金刀披破其头，悉出诸虫，封著瓮中，以三种神膏涂疮，七日便愈。"这与华佗事迹无别。又据语言学，发现华佗二字古音与"gada"相应。天竺语有"agada"，是"药"的意思。省去"阿"字，犹如"阿罗汉"仅称"罗汉"之比。华佗本名华旉，之所以名为华佗，是因为"当时民间比附印度神话故事，因称为华佗，实以药神目之"。由此可见，在《华佗传》中，有佛教故事"辗转因袭杂糅附会于其间"。陈先生并未否定华佗其人及其医术，只是感到华佗"断肠破腹，数日即差，揆以学术进化之史迹，当时恐难臻此"。这是不少人都有的疑惑。陈先生所以能解除这个疑感，在于他能将中土的华佗故事与"五天（竺）外国"的佛学、语言学相联系，进行综合考察，他不只是根据我国的史籍，孤立地研究华佗，而是比较中印记载、语音影响，在一个大系统中进行全面研究。

其二，关于曹操的《短歌行·对酒》。从前，我每读这首诗，便感到困惑。一是诗中"对酒当歌，人生几何，譬如朝露，去日苦多"诸句，与"老骥伏枥，志在千里，烈士暮年，壮心不已"等语相比，情调极不相同，判若两人所写。二是有些诗句如"越陌度阡，枉用相存"，甚不可解。曹操在这里是在对谁讲话呢？是承蒙谁的错爱（"枉用相存"）呢？三是全诗连贯不起来，如"何以解忧，唯有杜康"，怎么一下子转到"青青子衿，悠悠我心"呢？问研究魏晋文学的同志，他们也解释不了。后来，我研究曹操底下的人物，发现他们多数都是在建安初年来到许都的。《后汉书·祢衡传》说："是时许都新建，贤士大夫四方来集。"我查了一下《三国志》，建安初，从颍川郡来到许都的有戏志才、郭嘉、荀悦，从荆州来到许都的有荀攸、赵俨、杜袭、李通、杜畿，从徐州来的有陈群、徐奕、徐宣、陈矫，从司隶来的有司马朗、卫觊、徐晃，从豫州来的有梁习、何夔，从扬州来的有刘馥、王朗、刘晔、蒋济、胡质、郑军，从辽东来的有国渊、邴原，从青州来的有孔融、祢衡，从兖州来的有凉茂。在《祢衡传》中可以看到，当时许都接待四方宾客是很忙碌的，宴会不少，宴会中要击鼓奏乐。再一联系春秋战国以来，接待宾客要唱诗，使我恍然大悟：曹操的《短歌行·对酒》是建安元年（196年）在许都接待宾客时，主人与宾客在宴会上的酬唱之辞，并非曹操一人所写。此诗八句一组，第一个八句从"对酒当歌，人生几何"到"何以解忧，唯有杜康"，是宾客的唱辞，唱出了宾客的忧思心情。第二个八句从"青青子衿，悠悠我心"到"我有嘉宾，鼓瑟吹笙"，是曹操的答辞。在"但为君故，沉吟至今"中，曹操把自己思贤若渴的心情唱了出来。第三个八句从"明明如月，何时可掇"，到"契阔谈宴，心念旧恩"，又是宾客的唱辞。"越陌度阡，枉用相存"，是宾客自言来到许都，承蒙曹操错爱。第四个八句从"月明星稀，乌鹊南飞"到"周公吐哺，天下归心"，又是曹操的答辞。"绕树三匝，何枝可依"，是说宾客们到处避难，哪里找到过可以依靠的人呢？"山不厌高，海不厌深，周公吐哺，天下归心"，说的是周公，实际是曹操自比：你们都到我这里来吧，我从不厌人才之多，只有我才是你们可信赖的依靠者。"天下归心"，寄托了曹操的胸怀。如此一解释，此诗便豁然贯通。而这种解释却是从文史结合中得来，即把此诗放到一个更大的系统中考察得来。如果只就此诗冥思苦想，永远也不能正确地解释这首诗。

由此我感到，研究历史，知识要广一点才好，中外历史、文史哲都应当去涉猎，去掌握。研究东方文明，不联系农业与家族社会是不行的。研究孙恩、卢循起兵，不了解道教是不行的。研究玄学中的派别斗争，不分析曹魏末年政治上的派别之争是不行的，如此等等。只有纵横相连，才能左右逢源，得心应手。

（原载《文史哲》1987年第1期，有改动）

史学方法新思考

中国历史经过前人的研究，结出了很多果实，但无可讳言，大量的问题仍旧不清晰。我们需要进入历史王国，去追寻，去探索。

譬如断代文化史这块园地，仍然未去开垦。政治经济史的文章虽然很多，但像廉政，自汉朝以来，我国便为循吏、良吏、良政立传，监察御史主要的职责便在监察官吏，但良政问题何以两千年未决，原因尚无人去探讨，等等。一些似乎已成定论的问题，如长城的作用，赤壁之战抑乌林之战，也只有相对的意义，不无重新探讨的价值。

要推动历史学向前发展，我感到历史研究的方法，似亦有重新考虑的必要。我深感我们的史学工作者虽然研究各有重点，但无妨去涉猎中外古今的历史；虽然以研究政治经济史为方向，但无妨去学一点文学史、宗教史、思想史。有时候一个问题的解决，有待于运用经、政、文三结合或文、史两结合的方法，以求互相发明。研究问题，列宁是主张全面占有材料，掌握一切媒介的。这确是一个好方法。

（原载《社会科学家》1989年第4期，有改动）

对文化史研究的思考

现在文化与文明两个概念常被混淆。按照摩尔根所说人类自野蛮时代进入文明时代，以文字的发明为标志，而文字的发明又是文化的开端。可知文化者，乃用文字写下来的各科知识也。简言之，就是知识；则文明是人类知识达到某一程度所显现出来的一种社会状态。用数学表示，人类文化知识水平越高，文明程度也就越高。在一个文盲众多的国家或民族中，绝对建立不了高度的文明。

因此，文化史不只是各科知识史、有关制度史，而是要把各科知识所达到的深度及所反映的文明程度揭示出来。易言之，即要揭示出黑格尔所说的"时代精神"。不然，不是成为一部无生命力的资料选编，便是成为肤浅的、自己也不知所以然的赞扬或贬抑录。

现在每每将儒家思想当成我国整个文化传统。而人们也总是不假思索，认为好像是那么一回事。其实，儒家思想只是哲学等领域中一个派别的思想。即使它被帝王利用，占了统治地位，但也只是在古代哲学思想中占了统治地位。其他各派虽被汉武帝罢黜，也就是打了下去，思想却仍旧存在。文化史绝不是儒术史，也绝不是哲学史。儒术仅仅是一个个别内容而已。其他如文学、史学、艺术、自然科学，各派经济思想、政治思想、社会思想，各族文化状况、文化交流……无一不在文化史探讨的范围中。

现在，人们对《新民主主义论》中的两句话似乎忘记了，即我国的文化传统，有民主的精华与封建的糟粕两种东西，我们研究文化史，应当区分这两种东西，剔除其封建性的糟粕，吸收其民主性的精华。这是我们研究文化史义不容辞的义务。如果不是这样，而是有意无意地去赞美那些封建的糟粕，我们就要成为历史的罪人。像孟子的民主思想很激烈，治思想史者能扬弃掉吗？

现在有一种读书无用论，影响所及，连做研究工作也多凭现成的理论与资料，不去刻苦读书，以致很多东西发现不了，或不能互相发明。陈寅恪先生史学造诣之深，即来自读书。像神灭论，第一个神灭论者是陶潜不是范缜，陈先生早已经揭示出来了。可人们却习惯于只说范缜。又像邢邵，思想史家很少知道他也是个神灭论者，更无人知道他除了神灭论，还是世界上第一个揭示"类化而相生"的进化论者。为什么人们不知呢？只因为邢邵的思想不在本传上，而在《北齐书·杜弼传》上，连大学问家也未读到。又像清商俗乐，本出自曹魏时期的铜雀台三调，因为只有《南史·王僧孺传》说到，所以连音乐史专家也不知道。又像天文宣夜一派，因为《后汉书》说了二字"不传"，就真以为不传了。而《晋书》却将宣夜一派理论写了出来，并将虞喜写的《安天论》置于宣夜派下。细读此论与宣夜主张一致。由此可以连带了解虞喜岁差学说、祖冲之大明历、张子信视运动不均匀说，都来自宣夜派理论。两晋南北朝天文、数学源流自何而来，便一目了然。可现在的自然科学史又有哪一本说到宣夜派？问起他们也就是"不传"二字，而人们每每疏忽研究文化史，我深感要有一股子精神，读书必须多读、通读、细读，才能去发掘前人尚未发掘出来的问题。问题不是少，而是多。

文化史的研究过程，从哲学上来说，就是由个性到共性，而又由共性返回个性的过程。即由研究各门具体的学科知识，到得出时代精神，而又由时代精神去研究各门具体学科知识的过程。而无论哪一门文化知识，都必须用自己的理性思维去研究，不能停留于接受论。不然，就很难有自己的看法。我看过一些文化史，都把儒学摆到第一章，论点引据雷同，就不愿看。

魏晋南北朝时代是各科文化蓬勃发展的时代，把汉朝远远抛在后头。

现在已经没有人相信什么"黑暗时代"的陈旧说法。文化何以能在此一时代得到长足的发展？鲁迅先生曾有一个说法，即此时代是一个"自觉"的时代，只是他说得不细。但他的眼光是尖锐的。细看原因有四：

其一，秦汉专制主义在这个时代被削弱，被改造。如无权、无佳丽万人、无宦官成千的皇帝的出现；"王与马，共天下"；三省制的形成。像秦皇、汉武的文化专制主义在这个时代行不通。

其二，儒术从汉代的独尊地位上跌落下来，玄学、佛教、道教兴起，激烈的反对君主专制的理论出现。连奉行儒学的司马氏、王氏也以"儒道同"代替独尊儒术。坊间哲学史好把嵇康纳入儒门，但他们却不谈嵇康对六经的痛斥，不谈《与山巨源绝交书》表态之辞"每非汤、武而薄周、孔"，更不谈"君位益侈，祸蒙山丘"。

其三，汉武帝与王莽的官营、王有制度失败，到魏晋，产生了"王者之法，不得制人之私"的发展私有经济的思想。均田制按李安世的说法，是在承认土地"悉属今主"条件下，以国家土地作酌量均平。

其四，在社会制度上，大家族制度基本上被破坏，周朗所谓大家族分家，"十之六七"是也。在社会风尚上，个性在很大程度上得到了解放，妇女的个性也在解放中，才女纷纷涌现。诗社亦在兴起。此所谓"任自然"。任自然与贵名教为西晋玄学讨论的问题。此时代更多的是任自然，是"纵化大浪中"，是追求新内容、新形式。特别是在民间。

不当之处，请指教。

（原载《中国魏晋南北朝史学会第三届学术讨论会论文集》，1992年6月；后载《文史哲》1993年第3期，有改动）

万绳楠著述编年

　　说明：《万绳楠著述编年》由先生生前亲笔撰写后提交安徽师范大学档案馆存留，专著、论文、方法论等分类标准亦由先生亲拟。本编年在先生亲笔撰写的基础上，修正了个别讹误之处，增加了部分遗漏及先生去世后的著述。

1947年
论文
《孟郊与宋诗》，郑天挺主办《经世日报·读书周刊》（北平），1947年9月；
《唐代的都督府》，郑天挺主办《经世日报·读书周刊》（北平），1947年11月。

1956年
论文
《关于曹操在历史上的地位问题》，《新史学通讯》1956年第6期；
《关于南宋初年的抗金斗争》，《新史学通讯》1956年第9期。

1957年

论文

《魏晋南北朝时代的思想主流是什么》，《史学月刊》1957年第8期。

1959年

论文

《对曹操应有的认识》，《光明日报》1959年4月9日；

《论隋炀帝》，《史学月刊》1959年第9期。

中国历史小丛书

《文天祥》，中华书局，1959年1月第1版，1959年12月第2版，1989年3月第3版。

1960年

中国历史小丛书

《文成公主》，中华书局，1960年8月第1版，1980年12月第2版。

1961年

论文

《什么是农民起义？什么人才可称为农民起义军的领袖？——评〈简明中国通史〉关于农民起义问题的论述》，《安徽大学学报》1961年第1期；

《"百家争鸣"三题》，《安徽日报》1961年9月27日。

中国历史小丛书

《隋末农民战争》，中华书局，1961年7月第1版，1980年12月第2版。

方法论

《批点、注释和校补》，《安徽日报》1961年11月17日。

1962 年

论文

《关于王安石变法的几点商榷》，《安徽日报》1962 年 1 月 6 日；

《隋末两淮人民大起义》，《安徽日报》1962 年 2 月 20 日；

《"竹林七贤"》，《安徽日报》1962 年 5 月 22 日；

《论嵇康》，《安徽日报》1962 年 8 月 4 日；

《淝水之战新探》，《安徽日报》1962 年 9 月 29 日。

方法论

《基础容易打吗?》，《安徽日报》1962 年 1 月 5 日。

1963 年

论文

《从南北朝社会经济与政治的差异看南北门阀》，《安徽大学学报（哲学社会科学版）》1963 年第 1 期；

《六朝时代江南的开发问题》，《历史教学》1963 年第 3 期；

《参加孔子学术讨论会的感想》，《安徽日报》1963 年 2 月 16 日；

《谈谈王安石变法》，《安徽日报》1963 年（日期不明）。

1964 年

论文

《曹魏政治派别的分野及其升降》，《历史教学》1964 年第 1 期；

《"太平道"与"五斗米道"》，《历史教学》1964 年第 6 期；

《魏末北镇暴动是阶级斗争还是统治阶级内部斗争》，《史学月刊》1964 年第 9 期。

1965 年

论文

《南朝时代江南的田庄制度》，《历史教学》1965 年第 11 期。

1975 年

论文

《关于方腊的出身和早期革命活动》，《安徽师大学报（哲学社会科学版）》1975 年第 3 期（署名为"安徽师大历史系方腊调查组"）；

《方腊是雇工出身的农民起义领袖》，《光明日报》1975 年 12 月 4 日（署名为"安徽师大历史系方腊调查组"）。

1978 年

论文

《论诸葛亮的"治实"精神》，《安徽师大学报（哲学社会科学版）》1978 年第 3 期；

《宋江打方腊是难以否定的》，《光明日报》1978 年 12 月 5 日。

1979 年

论文

《东汉窦宪打北匈奴是什么性质的战争》，《历史教学》1979 年第 5 期；

《木兰诗产生于何时》，《安徽师大报》1979 年 10 月 15 日；

《嵇康新论》，《江淮论文》1979 年第 1 期。

1980 年

论文

《南朝田庄制度的变革》，《安徽师大学报（哲学社会科学版）》1980 年第 2 期；

《方腊领导的军事斗争》，收入《方腊起义研究》，安徽人民出版社，1980 年 7 月第 1 版；

《方腊起义的规模和范围》，收入《方腊起义研究》，安徽人民出版社，1980 年 7 月第 1 版；

《东晋的镇之以静政策和淝水之战的胜利》，《江淮论坛》1980 年第4期。

"安徽纵横谈"（《安徽日报通讯》约稿）

《安徽的开发》，1980年7月；

《谈孔雀东南飞的产生》，1980年10月；

《安徽近代民歌中的史诗》，1980年11月；

《方腊是哪里人》，1980年12月。

中国历史小丛书

《冼夫人》，中华书局，1980年3月第1版。

1981年

论文

《五斗米道与孙恩起兵》，《江淮论坛》1981年第5期；

《"江左第一"的音乐家桓伊》（与卞恩才合著），《艺谭》1981年第3期；

《皖山与皖省》，《安徽师大报》1981年6月15日；

《夏朝的建立与安徽》，《安徽师大报》1981年12月16日。

"安徽纵横谈"（《安徽日报通讯》约稿）

《李白在安徽的漫游》，1981年1月；

《徽州徽商与徽学》，1981年2月；

《汉唐文章在皖北》，1981年4月；

《相对论的发祥地——濠水之滨》，1981年6月；

《睢、涣之间出文章》，1981年8月；

《诗人揭开了黄山的秘密》，1981年11月。

历史小故事丛书

《民族英雄文天祥》，河南人民出版社，1981年11月第1版。

安徽旅游知识丛书

《安徽史话》（与卞恩才、黄传新合著，负责古代史部分，占大部分篇幅），安徽省旅行游览事业管理局编，1981年2月出版（内部读物）。

1982年

论文

《晋、宋时期安徽侨郡县考》,《安徽师大学报(哲学社会科学版)》1982年第2期;

《改革不息——谈文天祥的爱国主义思想》,《今昔谈》1982年第10期,后收入安徽省历史学会编《1982年年会论文选》;

《安徽是商朝的发祥地》,《安徽师大报》1982年2月22日;

《淮夷——安徽古代的重要民族》,《安徽师大报》1982年4月8日;

《安徽是相对论的故乡》,《安徽师大报》1982年6月3日;

《唯物论在安徽的兴起》,《安徽文化报》1982年8月29日;

《秦末起义与安徽》,《安徽师大报》1982年9月6日。

"安徽纵横谈"(《安徽日报通讯》约稿)

《〈文山诗史〉记宋元安徽之战》,1982年1月;

《谈胡仔的〈渔隐诗评丛话〉》,1982年2月;

《汪道昆"大雅堂四种"》,1982年7月;

《南朝时期皖南文化的兴起》,1982年9月;

《吴均体》,1982年11月。

1983年

专著

《魏晋南北朝史论稿》(28万字),安徽教育出版社,1983年8月第1版。

论文

《南朝的阶级分化问题》,《安徽师大学报(哲学社会科学版)》1983年第2期,中国人民大学书报资料中心全文复印;

《方腊起义中的几个争论问题》,收入《宋史论集》,中州书画社,1988年。

"安徽纵横谈"（《安徽日报通讯》约稿）

《谈三曹优劣》，1983年1月；

《吕本中和江西诗派》，1983年7月；

《唐代围绕平淮西展开的文学活动》，1983年8月。

1984年

论文

《赤壁之战应为乌林之战》，《光明日报》1984年4月18日，《新华文摘》1984年第7期全文转载；

《研究历史要尽量避免片面性》，《光明日报》1984年5月9日；

《安徽在先秦历史上的地位》，《安徽史学》1984年第4、5期。

"安徽纵横谈"（《安徽日报通讯》约稿）

《包拯与元人包拯杂剧》，1984年4月；

《张孝祥与他的诗词》，1984年5月；

《徽商与明朝的短篇小说》，1984年6月。

1985年

专著

《文天祥传》（27.4万字），河南人民出版社，1985年3月第1版。

论文

《从陈、齐、周三方关系的演变看隋的统一》，《安徽师大学报（哲学社会科学版）》1985年第4期，中国人民大学书报资料中心全文复印。

方法论

《正确指导静心培育》，收入安徽省高校招生办公室编《安徽研究生工作》，1985年8月；

《教学科研并进努力培养学生智能》，《高教新探》创刊号，1985年9月。

1986年

论文

《关于土断的若干问题》，收入《魏晋南北朝史论集》，华东师范大学出版社，1986年；

《论黄白籍、土断及其有关问题》，原载《中国魏晋南北朝史学会成立大会暨首届学术讨论会论文集》，1984年6月，后收入《魏晋南北朝史研究》，四川省社会科学院出版社，1986年3月第1版。

1987年

专著

《陈寅恪魏晋南北朝史讲演录》（20万字），黄山书社，1987年4月第1版。

方法论

《研究问题要注意事物之间的联系》，《文史哲》1987年第1期。

1988年

论文

《廓清曹操少年时代的迷雾》，《安徽师大学报（哲学社会科学版）》1988年第2期，后收入《纪念陈寅恪教授国际学术讨论会文集》，中山大学出版社，1989年6月第1版。

1989年

专著

《魏晋南北朝文化史》（32万字），黄山书社，1989年12月第1版。

论文

《解开千年之谜〈短歌行·对酒当歌〉》，收入《纪念陈寅恪先生诞辰百年学术论文集》，北京大学出版社，1989年12月第1版；

《生死路——文天祥》，收入《历史的顿挫：古中国的悲剧·人物卷》，

中州古籍出版社,1989年4月第1版;

《萧墙祸——侯景之乱》,收入《历史的顿挫:古中国的悲剧·事变卷》,中州古籍出版社,1989年4月第1版。

方法论

《史学方法新思考》,《社会科学家》1989年第4期。

1991年

论文

《赤壁之战拾遗》,《南京史志》1991年第3期,《安徽师大学报(哲学社会科学版)》1991年第2期修订重刊,中国人民大学书报资料中心全文复印。

小说

《南朝宫闱秘史》(署名南木,17万字),黄山书社,1991年8月第1版。

1992年

论文

《江东侨郡县的建立与经济的开发》,《中国史研究》1992年第3期;

《鲍敬言:横迈时空的预言家》,收入《伟人的困惑:古中国思想者卷》,辽宁人民出版社,1992年。

方法论

《对文化史研究的思考》,初稿载《中国魏晋南北朝史学会第三届学术讨论会论文集》,1992年6月,后载《文史哲》1993年第3期。

1994年

论文

《扑朔迷离话赤壁》,收入《冰茧彩丝集——纪念缪钺教授九十寿辰暨从教七十年论文集》,成都出版社,1994年;

《略谈玄学的产生、派别与影响》，《孔子研究》1994年第3期；

《武则天与进士新阶层》，《中国史研究》1994年第3期。

1996年

专著

《中国娼妓漫话》（15.2万字），黄山书社，1996年12月第1版。

论文

《白门新考》，《南京史志》1996年第2期；

《诗史奇观——文天祥〈集杜诗〉》，《中华魂》1996年第5期。

去世后出版专著

《中国长江流域开发史》（与庄华峰、陈梁舟合著，50万字），黄山书社，1997年6月第1版；

《曹操诗赋编年笺证：手稿本》（10万字），贵州教育出版社，2016年5月第1版。

编后记

历时四载，经过大家的辛勤努力，《万绳楠全集》今天与大家见面了！

万绳楠（1923—1996），江西南昌人，安徽师范大学教授，著名历史学家。1942年万绳楠先生考入西南联合大学历史系，受教于翦伯赞、陈寅恪、吴晗等。1946年大学毕业后他考取清华大学历史研究所，师从陈寅恪教授。新中国成立后，先生先后任教于安徽大学、合肥师范学院、安徽师范大学，是安徽师范大学历史系创办者之一。

万绳楠先生在其近50年的治学生涯中，始终潜心育人，笔耕不辍，在魏晋南北朝史、宋史、区域经济社会史等诸多领域都作出了重要学术贡献，而于魏晋南北朝史研究用力最勤。先生著述宏富，发表专业论文近百篇，著有《魏晋南北朝史论稿》《魏晋南北朝文化史》《陈寅恪魏晋南北朝史讲演录》《文天祥传》《中国长江流域开发史》等著作。先生治学不因陈说，锐意创新，持之以恒，晚年生病住院期间，仍坚持写作，带病完成《中国长江流域开发史》等著作。除了在史学研究上的成就外，先生在人才培养方面也做出了杰出贡献，他于20世纪80年代即招收研究生，为史学界培养了许多杰出人才。

安徽师范大学历史学院历来注重学术传承，近年来先后整理了诸如胡澱咸、陈正飞、光仁洪、张海鹏、陈怀荃、王廷元、杨国宜等老一辈的文集十余种。2019年学院又组织专门力量，启动汇编《万绳楠全集》工作，通过整理先生著作，继承先生事业，光大师大史学，并为2023年纪念先生百年诞辰做准备。本次整理先生全集，除了汇编先生已经出版的论著外，我们还通过多方努力征集先生手稿，收集先生文稿，将先生发表在各种报刊、文集中的文章和尚未发表的40余万字成果编入全集中。先生治学功力深厚，著述宏富，因整理者学力不逮而导致的错漏在所难免，请读者批评指正，以俟来日修正。

借此机会，向指导和帮助全集整理和出版工作的汪福宝、卜宪群、陈力、马志冰、庄华峰、于志斌等表示诚挚的感谢！万先生文稿收集和全集编纂的具体工作由安徽师范大学历史学院庄华峰、刘萃峰、张庆路、林生海、康健等老师负责，尤其是刘萃峰老师，在协调和统校方面做了大量工作。参与收集、录入、校对工作的有蒋振泽、谭书龙、马晓琼、丁雨晴、白晓纬、姜文浩、李英睿、庞格格、罗世淇、王吉永、刘春晓、蔡家锋、谷汝梦、黄京京、吴倩、武婷婷、姚芳芳、刘曈玥、张丽雯、高松、张昕妍、宋雨薇、陶雅洁、王宇、郑玖如、冯子曼、程雯裕、包准玮、李静、李金柱、欧阳嘉豪、郭宇琴等师生。在此，对参与全集整理工作的师生们表示衷心感谢！

还要感谢安徽师范大学出版社的张奇才、戴兆国、孙新文、何章艳、蒋璐、李慧芳、翟自成、王贤等同志，他们对文稿的编校至勤至谨，付出很多。安徽师范大学档案馆提供了万先生手迹、照片等珍贵资料，庄华峰为全集书写了题签，在此也一并致以谢忱！

还要特别感谢万先生哲嗣万小青、女儿万小莉的无私授权和大力支持，使我们能够顺利完成全集的整理和出版工作。

2023年是万绳楠先生一百周年华诞，这部《万绳楠全集》的出版，是我们对先生最好的纪念！

安徽师范大学历史学院

2023年10月